조계고승전
曹溪高僧傳

| 동국대학교 불교기록문화유산아카이브사업단(ABC)
본서는 문화체육관광부 지원으로 동국대학교 불교학술원에서 간행하였습니다.

한글본 한국불교전서 조선 55
조계고승전

2020년 5월 20일 초판 1쇄 인쇄
2020년 5월 30일 초판 1쇄 발행

엮은이 금명 보정
옮긴이 김용태·김호귀
펴낸이 윤성이
펴낸곳 동국대학교출판부

주소 04620 서울시 중구 필동로 1길 30
전화 02-2260-3483~4
팩스 02-2268-7851
Homepage http://dgpress.dongguk.edu
E-mail book@dongguk.edu
출판등록 제2-163(1973. 6. 28)
편집디자인 꽃살무늬
인쇄처 네오프린텍(주)

© 2020, 동국대학교(불교학술원)

ISBN 978-89-7801-979-8 93220

값 22,000원

이 책의 무단 전재나 복제 행위는 저작권법 제98조에 따라 처벌받게 됩니다.

한글본 한국불교전서 조선 55

조계고승전
曹溪高僧傳

금명 보정錦溟寶鼎 엮음
김용태·김호귀 옮김

동국대학교출판부

조계고승전曹溪高僧傳 해제

김 용 태
동국대학교 불교문화연구원 HK교수

1. 개요

『조계고승전』은 19세기 후반에서 20세기 전반의 격동기를 살았던 금명 보정錦溟寶鼎(1861~1930)이 편술한 책이다. 보정은 순천 송광사 승려로서 조선 후기 양대 불교 계파 중 하나인 부휴계浮休系의 법맥을 이었다. 이를 반영하여 본서는 송광사를 매개로 하여 고려 후기 보조 지눌普照知訥과 수선사修禪社 계통의 조사와 조선 후기 부휴계 계보를 잇는 주요 승려들의 승전을 엮었다. 모두 388명의 고승을 조계종曹溪宗의 종사로 거명하였고 이 가운데 승전이 수록된 이는 97명이다. 이 책의 서명에 '조계'를 넣은 것은 지눌에서 부휴계로 이어지는 조계산 송광사의 전통을 계승하는 한편 역사상에 존재했던 조계종을 선양하고 되살리려는 의도에서다. 1930년에 이 책이 편술되면서 조계종 종명과 함께 보조 지눌이 불교계와 학계에서 거듭 주목 받게 되었고, 결과적으로 1941년 한국 불교의 종명이 조계종으로 정해지기에 이르렀다. 현재 대한불교 조계종의 명칭도 그로부터 비롯된 만큼 한국 불교사 인식과 현실적 계승 문제에서 본서가 차지하는 위상은 과소평가할 수 없다.

2. 저자

금명 보정은 1861년 전라도 곡성에서 태어났다. 가계는 인조 대의 공신인 학성군鶴城君 김완金完의 후손이고 본관은 김해이다. 15세가 되는 1875년에 송광사의 금련 경원金蓮敬圓에게 출가하였고 2년 후 경파景坡에게 구족계를 받았다. 이후 당대의 유명한 종장들을 찾아다니며 교학을 배웠고 송광사 출신 허주 덕진虛舟德眞을 만나 의심을 깨쳤다. 30세에 양육사 경원의 법을 이어 개당한 이래 송광사를 중심으로 화엄사 등 부휴계 사찰에서 강석을 열었다. 38세 때인 1898년에는 선교양종 자헌資憲의 품계를 받고 당시 송광사 주지직에 해당하는 도총섭직을 맡았다. 이 무렵은 대한제국이 세워진 직후로서 고종은 1899년에 칙명으로 해인사 팔만대장경을 종이에 찍어서 삼보사찰인 통도사, 해인사, 송광사에도 봉안하게 하였다. 이때 보정은 송광사 승려 50명을 해인사에 파견하였고 송광사 장경전에 대장경 인출본을 안치하였는데, 잡역 등의 혁파 조치가 동시에 내려졌다.

당시에는 황실의 번영을 기원하는 불사와 법회에 황제와 황실, 정부 기관이 직접 재정을 지원하고 후원하였다. 1902년 4월에는 궁내부 칙령에 의해 사찰을 공식적으로 관리·통제하는 기관인 사사관리서가 설립되어 대법산인 원흥사에 두어졌고 '대한사찰령'과 '사사관리세칙'이 반포되었다. 이때 '사원의 잡역 등을 혁파하고 관속 및 민간 잡배의 토색과 주구 등을 일체 금지'하는 조치가 전국적으로 취해졌고 송광사는 16중법산의 하나로 지정되었다. 이때 총섭을 맡고 있던 보정은 송광사의 공무를 위해 서울에 왕래하였는데, 1902년 10월 고종의 환갑에 맞추어 원당 설립을 추진하면서 원흥사에서 열린 화엄회에서 강설하였다. 1903년 5월에는 고종이 탁지부를 통해 원당 축조 비용으로 금 1만 관을 내렸고 정3품관 정명원鄭明源이 내려와 송광사에 성수전을 건립하고 위패를 봉안하였다. 이에 대해 보정은 "승려 또한 신하이며 군주를 위하는 마음은 본래 부처를 위하는 데 뜻이 있으므로 임금에게 충성하는 것은 곧 부처를 공경하는 것"이라고 기술하였다. 실제로 1919년 고종이 붕어하자 송광사에서는 백일재가 열렸고 보정은 천도문을 써서 후세에 제왕으로 다시 태어나기를 염원하기도 하였다.

금명 보정은 1904년 총섭직을 그만두었지만 1908년 의병이 조계산에 숨어들면서 일본군의 방화로 보조암 등이 불에 타고 송광사 전체가 화마에 휩쓸릴 위기에 처하게 되자 절을 지키고 순교할 것을 서약하였다. 당시 그는 인의, 대동 등의 덕목과 도덕을 중시하는 전통주의자로서 기울어가는 나라의 운세와 혼란이 극에 달한 시대상을 우려하였다. 1911년에는 총독부에 의해 사찰령이 반포되고 30본산제가 시행되었는데, 이때 송광사는 30본산의 하나가 되었고, 1913년 2월에 사법寺法이 인가되었다. 사찰령은 총독과 지방장관이 30본사와 말사 주지의 임면권과 재산 처분권을 행사하는 것을 골자로 하였고, 이는 불교의 종교적 자율성을 크게 침해하는 법령이었다.

한편 시세의 변화에 맞추어 1910년 송광사에 신학문을 가르치는 학교가 세워지자 보정은 한문과 불교를 가르쳤고, 1914년 2월에는 송광사 보제당에 강원을 설치하여 강석에 부임하였다. 보정은 진정한 개화를 위해서는 세계 풍류와 동서양의 철학을 함께 배워야 한다고 보았고, 송광사의 승려 교육은 안으로는 전통적인 선, 교, 염불을 가르치고, 밖으로는 소학교, 중학교 등을 두어 단계적으로 배우는 것이라고 하여 전통과 근대적 교육 방식의 결합을 지향하였다. 1915년 이후에는 지리산 천은사를 시작으로 대흥사, 태안사 등으로 옮겨 다니며 저술에 전념하였고, 1922년 송광사 보제당으로 돌아왔다. 1923년에는 벌교에 송광사 학당인 송명교당 松明校堂이 세워졌는데 그는 이 교당이 불교의 포교당으로 시작하여 민족 교육의 전당이 되어야 한다고 역설하였다. 이처럼 보정은 말년에 후학 양성을 위해 매진하다가 1930년 2월에 입적하였다.

금명 보정은 송광사 부휴계의 정통 법맥을 이었지만 계파를 뛰어넘어 함명 태선函溟太先, 원화 덕주圓華德柱 등 유명한 화엄강사의 강학에 참여하여 교학을 연찬하였고 비문에서도 '화엄종주'로 칭해졌다. 또한 그는 청허계淸虛系를 대표하는 편양鞭羊문파의 법맥을 이은 대둔사(현 대흥사) 범해 각안梵海覺岸에게 배우고 그로부터 큰 영향을 받았다. 보정은 자신을 문생으로 지칭하며 각안을 선, 교, 염불 3교 학인의 교부이자 대둔사 12종사의 적손이라고 평가하면서 행장과 시집의 발문을 직접 썼다. 각안은 삼국시대부터 19세기까지 고승들의 전기를 망라한 『동사열전東師列傳』의 편자였고 역사서뿐 아니라 개념어 사전, 경전 해설 기문 등을 쓰는 등 불교의 역사 전통을 집성하는 데 온 힘을 기울인 인물이었다. 보정이 『조계고승전』 등을 편술한 것도 각안이 걸었던 길과 다르지 않았는데, 다만 편양파가 아닌 부휴계 위주의 법맥 계승 인식을 표방했다는 점에서 양자의 차이가 있다.

보정의 법제자나 수강생 가운데 대표적인 이로는 용은 완섭龍隱完燮, 만암 종헌曼庵宗憲, 기산 석진綺山錫珍을 들 수 있다. 용은 완섭은 송광사 감무를 지냈고 스승의 비 건립을 주도하여 보정과 절친했던 송태회宋泰會에게 비문을 의뢰하였다. 백양사 출신인 만암 종헌(송만암)은 근대기의 학장인 영호 정호映湖鼎鎬(박한영)에게 교학을 배우고 불교전수학교 교장을 지냈으며 해방 후에 고불총림을 만들어 전통 불교의 계승을 표명하였고 조계종 종정까지 역임하였다. 기산 석진(임석진)은 송광사 주지 출신으로 불교중앙학림을 졸업하고 송광사 지방학림 교사와 전문강원 강사를 지냈는데, 그가 편찬한 『송광사지松廣寺誌』 교열을 보정이 맡아보았다. 이 밖에 보정의 강석을 이어받은 해은 재선海隱裁善도 선과 교에 두루 밝았고『송광사지』교열에도 참여하였다.

금명 보정은 수많은 편저를 남겼는데 무엇보다도 사적을 모으고 불교사를 정리하는 데 많은 노력을 기울였다. 그의 행록과 비문에 의하면 저술로는『시고詩稿』3권,『문고文稿』2권,『불조찬영佛祖讚詠』1권,『정토백영淨土百詠』1권의 4종이 있고, 편록으로는 본서『조계고승전』1권과『석보약록釋譜畧錄』1권,『저역총보著譯叢譜』1권,『삼장법수三藏法數』1권,『속명수집續名數集』1권,『염불요해念佛要解』1권, 그리고『대동영선大東詠選』,『질의록質疑錄』,『향사열전鄕史列傳』의 9종이 있는 것으로 나온다. 과문으로는「십지경과十地經科」,「능엄경과도楞嚴經科圖」2종을 남겼다. 서명은 약간 차이가 있지만 이 가운데 시문집인『다송시고茶松詩稿』3권과『다송문고茶松文藁』2권,『불조록찬송佛祖錄贊頌』1권,『정토찬백영淨土讚百詠』1권,『염불요문과해念佛要門科解』1권,『조계고승전』1권,『저역총보』4권,『대동영선』1권,『질의록』1권이『한국불교전서』제12책에 수록되었다. 여기에 비문 등에 기재되지 않은『보살강생시천주호법록菩薩降生時天主護法錄』1권,『백열록栢悅錄』1권도 추가되어『한국불교전서』제12책에는 총 11종의 편저서가 실려 있다.

이들 저술을 주제별로 분류해 보면, 역사서에 해당하는 것으로『조계고승전』,『석보약록』,『불조록찬송』,『향사열전』을 들 수 있다.『저역총보』는 불서를 중심으로 한 도서 목록,『삼장법수』,『속명수집』,『질의록』,『보살강생시천주호법록』은 불교 용어 사전 및 교리서에 해당한다. 또『대동영선』은 게송과 불교 시를 엄선하여 수록한 책이고,『백열록』은 조선 후기 불교 관련 기문과 시문을 추린 것이다. 이들 책은 한마디로 '전통의 집성' 차원에서 이루어진 성과물로서 역사서, 사전류, 족보, 문집 등이 다량으로 저술·편찬되던 시대 조류와도 일맥상통한다. 불교계에서도 19세기에『동사열전』,『산사약초山史略抄』등 불교 사서와 함께 각종 사지寺誌가 만들어졌고 연담 유일蓮潭有一의 『석전유해釋典類解』와 같은 사전류도 18세기 말에 나온 바 있다.

금명 보정의 저작은 선, 교, 염불을 함께 연마하는 조선 후기 '삼문수업' 체계와도 부합된다. 그의 선승으로서의 면모는 『다송시고』 등에 나오는 시와 게송을 통해 엿볼 수 있고, 교학은 「십지경과」, 「능엄경과도」 등의 과문과 불교 개념어 사전에, 염불의 기풍은 『정토찬백영』, 『염불요문과해』에 녹아들어 있다. 보정은 평생 여덟 곳의 사찰에서 10회에 걸쳐 개당·강설하였고 화엄강주로 칭해진 교학자이면서 선과 염불에도 정통하여 이처럼 다량의 저술을 남겼다. 이뿐 아니라 19세기 말에서 20세기 초 송광사의 운영과 대외 교섭을 담당하면서 활발한 활동을 펼쳤고 송광사 부휴계의 정통성을 계승한다는 자의식을 표방하며 조계종과 보조 유풍을 선양하는 데 앞장선 인물이다.

3. 서지 사항

본서 『조계고승전』의 판본은 송광사 소장 한문 필사본이 유일하다. 편저자인 보정의 서문은 1920년 1월에 조계산 다송실에서 쓰였지만, 이 책에 수록된 「기산 선사전」에는 기산 석진이 1929년 봄에 송광사 전문강원의 강사로 취임하여 내규를 혁신하였다는 내용이 나오고, 본서의 제일 말미에 있는 「용은 선사전」에는 용은 완섭이 1930년 정월에 송광사의 법무 직책을 맡았다는 기사가 보인다. 따라서 본서의 편술은 1920년에 일차 완료되었지만 보정이 입적하기 직전인 1930년 1월까지 내용이 계속 증보 기술되었음을 알 수 있다. 이 책은 동국대 한국불교전서 편찬위원회에서 1996년에 펴낸 『한국불교전서』 제12책에 수록되었다. 서문에 이어 '曹溪高僧傳 卷第一'이라는 권수제가 나오고 바로 다음 행 하단에 '曹溪後學

寶鼎 錄'이라고 명기되어 있다.

4. 내용과 성격

본서에는 모두 388명의 승려명이 기재되어 있는데 이 중 제일 처음 나오는 보조 지눌부터 마지막인 용은 완섭까지 총 97명의 승전이 수록되었다. 앞부분에는 여말선초의 수선사 관련 고승들에 이어 임제 태고 법통의 적전 계보를 이은 조사들의 승전을 채록하였는데, 부휴 선수浮休善修로부터 20세기 초까지 부휴계 승려들의 승전이 본서의 대부분을 차지한다. 보정이 찬술한 『불조록찬송』(1921)에는 서천 28조(28명), 동토 조사(89명), 화엄역저송華嚴譯著誦 제사(86명), 해동신라 열조(22명), 구산 조사(9명), 해동 열조(112명), 조계종사(105명)의 명단과 함께 주요 조사에 대한 간략한 전기와 찬송이 붙어 있다. 이는 인도와 중국의 조사, 중국 화엄 조사에 이어 신라와 구산선문, 고려의 조사를 조계종사와 함께 망라해 놓은 것으로 본서와 마찬가지로 보조 지눌 이후 조계종의 계보는 조계종사 항목에 별도로 정리해 놓았다. 이는 조선 후기 화엄교학의 전통을 의식하면서 조선시대 불교를 조계종이라는 틀 속에서 바라보았다는 점에서 매우 독특한 불교사 인식이라고 할 수 있는데, 수선사에서 부휴계로 이어지는 송광사 전통을 조계종의 역사로 묶은 것은 본서와 상통하는 지점이 있다.

『조계고승전』의 제일 앞에 나오는 「서문」(1920)에서 보정은 중국과 한국의 역대 고승전 찬술의 역사에 대해 간략히 정리하였다. 그는 중국의 승전은 남조의 양나라 때 인물인 혜교惠皎의 『양고승전梁高僧傳』, 보창寶唱의 『명승전名僧傳』에서 시작하여 당唐 의정義淨의 『대당서역구법고승전大唐西域求法高僧傳』, 도선道宣의 『속고승전續高僧傳』이 나왔고, 이후 송의 찬녕贊寧과 지륜智輪의 『송고승전宋高僧傳』으로 이어져 왔음을 밝혔다. 또 해동에서

도 명승이 많이 배출되었지만 승전은 신라 원효元曉의 『신승전神僧傳』, 고려 담악曇噩의 『학승전學僧傳』, 각훈覺訓의 『해동고승전海東高僧傳』 정도밖에 없고 그나마 근래에 범해 각안이 『동사열전』을 지어 불가의 전등을 기록하였다고 보았다. 다만 여기서 각 고승전의 연대 비정에 오류가 보이고, 『신승전』은 원효의 저술이 아니라 명나라 영락제의 칙명으로 1419년에 완성된 책이며 『학승전』도 고려의 승전이 아니다. 『해동고승전』은 1215년 (고려 고종 2) 각훈이 편찬한, 한국에 현존하는 가장 오래된 승전으로서 불교 도입부터 당시까지의 고승 전기를 수록하였다. 하지만 현재 2권 1책만 전하고 있어 삼국시대의 승전 일부만 확인된다.

이어서 보정은 본서를 조계종의 고승전이라고 한 이유를 밝히고 있다. 그는 보조 국사 지눌이 구산선문의 장벽을 허물고 선교종禪敎宗을 만들었으며 여러 유파를 합하여 조계종을 세운 이후 구산이 하나의 도가 되고 양종이 하나의 종이 되었으므로 이를 기록하지 않을 수 없다고 강조한다. 그렇기에 본서에서는 개창주인 지눌로부터 조계종과 관련된 산문 유파들을 함께 넣어 수록했다고 하였다. 다만 비문과 행장이 있는 경우는 원본을 요약해 채록했지만 기록이 없는 이들은 이름만 나열할 수밖에 없었으며, 이 책을 편술할 당시의 고승은 자신이 추천하여 행장을 직접 지었다고 밝혔다. 또 조계종주 지눌이 종파를 세운 은혜에 보답하고, 여러 조사의 높은 도와 이름난 덕이 사라지지 않기를 희망하기 때문에 이처럼 전등 사서를 쓰게 되었다고 부연하였다.

조계종 선양을 목적으로 하는 본서의 특징 때문에 수록된 고승 승전의 시호와 법호 앞에는 조계종이나 조계종사를 넣어 '조계종 진각 원소 국사전', '조계종사 부휴 등계 존자전' 식으로 제목을 붙였다. 조계종의 종조로 추앙된 보조 지눌은 '대조계종주 불일 보조 국사전'이라고 하여 대조계종주를 특기하였다. 한편 본서에 승전이 수록된 97명은 대개 비문과 행장이 남아 있어 이를 참조하여 기재하였지만, '조계종사 삼중 신화神化 선사전',

'조계종사 삼중 신정神定 선사전' 등은 비문이나 관련 기록이 없어서 관고 官誥를 참조해 기록하였다고 부기하였다. 여기서 '삼중三重'은 고려 시대에 승과에 합격한 고승에게 주어지는 승계僧階 가운데 하나이다.

이 책의 제일 처음에 나오는 보조 지눌과 제자 진각 혜심眞覺慧諶, 그리고 청진 몽여淸眞夢如, 진명 혼원眞明混元, 원오 천영圓悟天英, 원감 충지圓鑑沖止, 혜감 만항惠鑑萬恒, 각진 복구覺眞復丘, 고봉 법장高峯法藏의 9명은 일명 송광사 16국사에 들어가는 이들이다. 행적이 알려져 있지 않은 나머지 7명은 명단에는 있지만 승전은 수록되지 않았다. 이어 몇몇 수선사 계통 고승들의 승전이 있고 송광사와 관련이 있는 나옹 혜근懶翁惠勤과 그 제자 무학 자초無學自超, 나옹계의 묘각 수미妙覺守眉가 수록되어 있다. 한편 임제 태고 법통에서 내세운 적전 계보인 태고 보우太古普愚, 환암 혼수幻庵混脩, 구곡 각운龜谷覺雲, 벽계 정심碧溪淨心, 벽송 지엄碧松智嚴, 부용 영관芙蓉靈觀이 들어 있다. 또한 영관의 제자이자 부휴 선수의 동문인 청허 휴정淸虛休靜과 그의 수계사인 묘향산 보현사의 경성 일선敬聖一禪의 승전도 확인된다. 이 밖에 조선 전기의 경우 『현정론顯正論』의 저자이자 많은 주석서를 남긴 함허 기화涵虛己和는 명단에는 나오지만 승전은 수록되지 않았으며 명종 대 문정왕후에 의해 일시 재건된 선교양종의 선종판사 허응 보우虛應普雨는 이름 자체가 보이지 않는다.

본서의 대부분을 차지하는 것은 조선 후기 부휴계 고승들이다. 부휴 선수에 이어 벽암 각성碧巖覺性, 취미 수초翠微守初, 백암 성총栢庵性聰, 무용 수연無用秀演, 영해 약탄影海若坦, 풍암 세찰楓巖世察, 묵암 최눌默庵最訥 등 부휴계의 정통을 잇는 적전 계보가 모두 수록되었다. 또한 비록 법맥상은 방계이지만 대가 희옥待價希玉, 백곡 처능白谷處能 등 일세를 풍미했던 부휴계 고승들도 승전이 기술되었다. 본서의 편자인 금명 보정이 법맥을 잇고 있는 응암 낭윤應庵朗允이나 부휴계가 소략하게 다루어진 데 불만을 품고 『해동불조원류海東佛祖源流』의 판목을 불태운 벽담 행인碧潭幸仁, 19세기

해제 • 13

전반 송광사 중창주인 용운 처익龍雲處益 등 18~19세기 부휴계를 대표하는 이들도 승전이 실려 있다. 끝에는 책의 편술 당시에 활동하던 이들과 함께 보정의 사법제자 용은 완섭이 대미를 장식하였다.

5. 가치

본서는 고려 후기의 『해동고승전』과 19세기 말 『동사열전』의 계보를 잇는 승전 사서이다. 19세기에 유학자에 의해 찬술된 것으로 추정되는 『동국승니록東國僧尼錄』도 「명승」, 「니고」, 「시승」, 「역승」, 「간승」의 항목에서 신라·고려의 고승들과 조선 중기 허응 보우, 청허 휴정, 사명 유정四溟惟政 등의 행장과 활동 내용을 소개한 책이어서 고승전의 범주에 들어간다. 한편 18세기 후반부터 19세기에 걸쳐 『해동불조원류』, 『산사약초』와 같은 전등서 및 불교 사서가 나왔고 『대둔사지大芚寺志』를 비롯한 사지류도 많이 만들어졌다. 본서는 근대기인 1930년에 완성되었지만 불교 역사 전통의 집성이라는 이전 시대의 풍조를 이은 것이다.

본서의 편자 금명 보정은 19세기 후반과 20세기 전반의 혼란기에 송광사를 중심으로 활동한 부휴계 승려이다. 그는 전통적 방식으로 불교사를 인식하고 서술한 마지막 세대로서 송광사의 보조 유풍과 부휴계 법맥을 중시하였고 이를 매개로 하여 조계종의 정통성을 대내외에 현창하려 하였다. 본서 『조계고승전』도 그러한 불교사 인식을 투영하여 보조 지눌과 수선사 계보, 조선 후기 부휴계 법맥을 중심으로 엮은 책이다. 본서에서 가장 큰 비중을 차지하는 조선 후기 고승전의 경우 청허계 승려는 거의 수록하지 않았고 철저히 부휴계 위주로 채록하였다. 이는 청허계 편양파를 중심으로 편집된 범해 각안의 『동사열전』과 대별되는 점이다. 다만 조선 후기에 공식화된 임제 태고 법통은 청허계뿐만 아니라 부휴계에서도 수용하였으므로 본서에도 태고 보우로부터 부용 영관까지 법통상 적전의 승전이 포함되었다.

　보정이 이 책과 『불조록찬송』 등을 통해 제기한 보조 종조론과 조계종 정통론은 1941년에 조선 불교의 종명을 조선불교선교양종에서 조계종으로 개칭하는 결과로 이어졌다. 당시 종명은 조계종, 총본사는 태고 법통에서 연유한 태고사로 확정되었는데, 이러한 이중적 결합은 보조와 태고를 놓고 벌어진 종조 논쟁의 불씨를 떠안게 되었다. 보정 자신도 조선 선종의 법맥에 대해 "부휴와 청허가 부용 영관의 골수를 얻어 전법의 비조가 되었고 원효와 보조는 신라와 고려의 도를 얻은 산종散宗"이라고 보았는데, 이는 그가 보조 지눌을 조계종의 종조로 내세우면서도 법통상 태고 보우의 지위를 인정해야 했던 고뇌의 산물이었다. 그럼에도 그는 지눌을 조계종의 창립자이면서 선종, 교종, 염불종을 겸행하여 조선 후기 삼문의 종주가 된다고 추숭하였다. 나아가 보조의 유풍을 부휴계가 이어받았다고 하여 지눌의 조계종과 송광사 부휴계를 연결시킨 불교사 인식을 제시하였다.

　이처럼 금명 보정은 보조 지눌로부터 내려온 송광사의 유구한 전통과 부휴계 법맥의 정통성을 강조하는 계파적 편향성을 드러내기는 했지만, 근대기에 들어 조계종명과 보조 종조론을 처음 적극적으로 제기하고 또 그것이 결과적으로는 조계종 종명의 현실화로 이어졌다는 점에서 한국 불교사의 전개에 기여한 바가 크다. 따라서 그의 불교사 인식이 그대로 투영된 이 책이 불교사학사에서 점하는 위치 또한 작지 않다. 또한 조선 후기 최대 문파였던 편양파에서 만들어진 기존의 전등서와 불교 사서에서 정당한 지분을 갖지 못하고 배제된 부휴계 승려들의 면면을 소개하는 역사 기록물이라는 점에서 자료적 가치를 지니며, 조선 후기 불교의 실상에 접근하고 그 외연을 넓힐 수 있는 가능성을 제공하고 있다.

6. 참고 자료

김성순, 「『質疑錄』에 나타난 錦溟寶鼎의 불교인식과 정토관」, 『보조사상』 48, 2017.
김용태, 「浮休系의 계파인식과 普照遺風」, 『보조사상』 25, 2006.
_____, 「錦溟 寶鼎의 浮休系 정통론과 曹溪宗 제창」, 『한국문화』 37, 2006.
_____, 『조선 후기 불교사 연구 : 임제법통과 교학전통』, 신구문화사, 2010.
현봉, 『솔바람 차 향기 : 茶松子 錦溟寶鼎의 생애와 사상』, 송광사, 2017.

차례

조계고승전曹溪高僧傳 해제 / 5
일러두기 / 31
조계고승전 서문 / 33

1. 대조계종주 불일 보조 국사전大曹溪宗主佛日普照國師傳 ········ 39
2. 조계종 진각 원소 국사전曹溪宗眞覺圓炤國師傳 ········ 42
3. 조계종 청진 자운 국사전曹溪宗淸眞慈雲國師傳 ········ 45
4. 조계종 진명 보광 국사전曹溪宗眞明普光國師傳 ········ 48
5. 조계종 자진 원오 국사전曹溪宗慈眞圓悟國師傳 ········ 51
6. 조계종 원감 보명 국사전曹溪宗圓鑑寶明國師傳 ········ 54
7. 조계종 자정 국사전曹溪宗慈靜國師傳 ········ 56
8. 조계종 자각 국사전曹溪宗慈覺國師傳 ········ 57
9. 조계종 담당 국사전曹溪宗湛堂國師傳 ········ 57
10. 조계종 혜감 광조 국사전曹溪宗慧鑑廣照國師傳 ········ 58
11. 조계종 묘엄 국사전曹溪宗妙嚴國師傳 ········ 60
12. 조계종 혜각 국사전曹溪宗慧覺國師傳 ········ 60
13. 조계종 각엄 각진 국사전曹溪宗覺儼覺眞國師傳 ········ 61
14. 조계종 정혜 국사전曹溪宗靜慧國師傳 ········ 63
15. 조계종 홍진 국사전曹溪宗弘眞國師傳 ········ 63
16. 조계종 고봉 화상전曹溪宗高峯和尙傳 ········ 64
17. 조계종 혜소 국사전曹溪宗慧炤國師傳 ········ 67
18. 조계종 정각 국사전曹溪宗靜覺國師傳 ········ 68
19. 조계종 중인 조사전曹溪宗中印祖師傳 ········ 71
20. 조계종 원진 국사전曹溪宗圓眞國師傳 ········ 72
21. 조계종 경지 선사전曹溪宗鏡智禪師傳 ········ 75
22. 조계종 보각 정조 국사전曹溪宗普覺靜照國師傳 ········ 76
23. 조계종 상제 선사전曹溪宗尙濟禪師傳 ········ 79

24. 조계종 보감 묘응 국사전曹溪宗寶鑑妙應國師傳 ········ 80
25. 조계종 천경 선사전曹溪宗天鏡禪師傳 ········ 82
26. 조계종 대감 국사전曹溪宗大鑑國師傳 ········ 83
27. 조계종 상혜 선사전曹溪宗尙惠禪師傳 ········ 85
28. 조계종 나옹 보제 존자전曹溪宗懶翁普濟尊者傳 ········ 86
29. 조계종 원규 선사전曹溪宗元珪禪師傳 ········ 90
30. 조계종 태고 원증 국사전曹溪宗太古圓證國師傳 ········ 91
31. 조계종 자운 선사전曹溪宗慈雲禪師傳 ········ 93
32. 조계종 환암 보각 국사전曹溪宗幻庵普覺國師傳 ········ 94
33. 조계종 천봉 만우 선사전曹溪宗千峯卍雨禪師傳 ········ 98
34. 조계종 무학 묘엄 존자전曹溪宗無學妙嚴尊者傳 ········ 99
35. 조계종 혜명 선사전曹溪宗慧明禪師傳 ········ 103
36. 조계종 대지 혜월 국사전曹溪宗大智慧月國師傳 ········ 104
37. 조계종 소지 선사전曹溪宗小止禪師傳 ········ 107
38. 조계종 구곡 각운 선사전曹溪宗龜谷覺雲禪師傳 ········ 108
39. 조계종 벽계 정심 선사전曹溪宗碧溪淨心禪師傳 ········ 109
40. 조계종 경관 선사전曹溪宗慶觀禪師傳 ········ 109
41. 조계종 벽송 지엄 선사전曹溪宗碧松智嚴禪師傳 ········ 110
42. 조계종 탁연 선사전曹溪宗卓然禪師傳 ········ 113
43. 조계종 묘각 수미 왕사전曹溪宗妙覺守眉王師傳 ········ 114
44. 조계종사 고암 선사전曹溪宗師呆庵禪師傳 ········ 116
45. 조계종사 정련 선사전曹溪宗師淨蓮禪師傳 ········ 116
46. 조계종사 혜각 선사전曹溪宗師慧覺禪師傳 ········ 116
47. 조계종사 석굉 선사전曹溪宗師釋宏禪師傳 ········ 117
48. 조계종사 고경 선사전曹溪宗師古鏡禪師傳 ········ 117
49. 조계종사 홍월 선사전曹溪宗師洪月禪師傳 ········ 117
50. 조계종사 함허 선사전曹溪宗師涵虛禪師傳 ········ 117
51. 조계종사 부용 영관 선사전曹溪宗師芙蓉靈觀禪師傳 ········ 118
52. 조계종사 경성 선화자 선사전曹溪宗師敬聖禪和子禪師傳 ········ 122
53. 조계종사 법융 영응 선사전曹溪宗師法融靈應禪師傳 ········ 124

54. 조계종사 삼중 신화 선사전曹溪宗師三重神化禪師傳 ········ 125
55. 조계종사 삼중 신정 선사전曹溪宗師三重神定禪師傳 ········ 128
56. 조계종사 청허 휴정 선사전曹溪宗師淸虛休靜禪師傳 ········ 131
57. 조계종사 청하 법융 선사曹溪宗師靑荷法融禪師 ········ 133
58. 조계종사 대선 정원 선사 曹溪宗師大選淨源禪師 ········ 133
59. 조계종사 신옹 선사曹溪宗師信翁禪師 ········ 134
60. 조계종사 영지 선사曹溪宗師靈芝禪師 ········ 134
61. 조계종사 부휴 등계 존자전曹溪宗師浮休登階尊者傳 ········ 135
62. 조계종사 벽암 각성 선사전曹溪宗師碧嵒覺性禪師傳 ········ 138
63. 조계종사 대가 선사전曹溪宗師待價禪師傳 ········ 142
64. 조계종사 백곡 선사전曹溪宗師白谷禪師傳 ········ 144
65. 조계종사 영월 선사전曹溪宗師詠月禪師傳 ········ 145
66. 조계종사 침굉 선사전曹溪宗師枕肱禪師傳 ········ 147
67. 조계종사 홍변 선사전曹溪宗師洪辯禪師傳 ········ 150
68. 조계종사 송계 선사전曹溪宗師松溪禪師傳 ········ 150
69. 조계종사 취미 선사전曹溪宗師翠微禪師傳 ········ 151
70. 조계종사 숭인 설은전曹溪宗師崇仁雪訔傳 ········ 155
71. 조계종사 추월 조능전曹溪宗師秋月祖能傳 ········ 155
72. 조계종사 원오 일진전曹溪宗師圓悟一眞傳 ········ 156
73. 조계종사 경헌 선사전曹溪宗師敬軒禪師傳 ········ 156
74. 조계종사 보광 선사전曹溪宗師葆光禪師傳 ········ 156
75. 조계종사 혜관 선사전曹溪宗師惠寬禪師傳 ········ 156
76. 조계종사 득우 선사전曹溪宗師得牛禪師傳 ········ 156
77. 조계종사 철웅 선사전曹溪宗師哲雄禪師傳 ········ 157
78. 조계종사 모운 진언 선사曹溪宗師暮雲震言禪師 ········ 157
79. 조계종사 석실 명안 선사曹溪宗師石室明眼禪師 ········ 157
80. 조계종사 완화 처해 선사曹溪宗師玩華處解禪師 ········ 157
81. 조계종사 보광 원민 선사曹溪宗師葆光圓旻禪師 ········ 157
82. 조계종사 회암 정혜 선사曹溪宗師晦庵定慧禪師 ········ 158
83. 조계종사 중봉 우징 선사曹溪宗師中峯宇澄禪師 ········ 158

84. 조계종사 원조 태휘 선사曹溪宗師圓照太輝禪師 158
85. 조계종사 신암 비현 선사曹溪宗師愼庵丕玹禪師 158
86. 조계종사 각흘 선사전曹溪宗師覺屹禪師傳 158
87. 조계종사 해란 선사전曹溪宗師海蘭禪師傳 159
88. 조계종사 민기 선사전曹溪宗師敏機禪師傳 159
89. 조계종사 철조 선사전曹溪宗師喆照禪師傳 159
90. 조계종사 광륵 선사전曹溪宗師廣勒禪師傳 159
91. 조계종사 설명 선사전曹溪宗師雪明禪師傳 159
92. 조계종사 돈정 선사전曹溪宗師頓淨禪師傳 160
93. 조계종사 만리 선사전曹溪宗師萬里禪師傳 160
94. 조계종사 명진 선사전曹溪宗師明眞禪師傳 160
95. 조계종사 덕균 선사전曹溪宗師德均禪師傳 160
96. 조계종사 법안 선사전曹溪宗師法顔禪師傳 160
97. 조계종사 이암 희열 선사曹溪宗師怡庵希悅禪師 161
98. 조계종사 용암 채청 선사曹溪宗師龍庵采晴禪師 161
99. 조계종사 송암 탈원 선사曹溪宗師松庵脫遠禪師 161
100. 조계종사 우암 호경 선사曹溪宗師雨庵護敬禪師 161
101. 조계종사 서악 도태 선사曹溪宗師西嶽道泰禪師 161
102. 조계종사 문곡 영아 선사曹溪宗師文谷永訝禪師 162
103. 조계종사 한암 성안 선사曹溪宗師寒嵓性眼禪師 162
104. 조계종사 추파 홍유 선사曹溪宗師秋坡弘宥禪師 162
105. 조계종사 설봉 경오 선사曹溪宗師雪峯景旿禪師 162
106. 조계종사 매곡 경일 선사曹溪宗師梅谷敬一禪師 162
107. 조계종사 섭허 인규 선사曹溪宗師攝虛印圭禪師 163
108. 조계종사 송암 계익曹溪宗師松庵戒益 163
109. 조계종사 뇌정 응묵曹溪宗師雷靜應默 163
110. 조계종사 고한 희언曹溪宗師孤閑希彦 163
111. 조계종사 해련 선택曹溪宗師海蓮善澤 163
112. 조계종사 보감 혜일曹溪宗師寶鑑惠日 164
113. 조계종사 환적 인문曹溪宗師幻寂印文 164

114. 조계종사 포허 담수 曹溪宗師抱虛談守 164
115. 조계종사 고운 정특 曹溪宗師孤雲挺特 164
116. 조계종사 동림 혜원 曹溪宗師東林慧遠 164
117. 조계종사 벽천 정현 曹溪宗師碧川正玄 165
118. 조계종사 월파 인영 曹溪宗師月波印英 165
119. 조계종사 무의 천연 曹溪宗師無依天然 165
120. 조계종사 제하 청순 曹溪宗師霽霞淸順 165
121. 조계종사 유곡 충경 曹溪宗師幽谷冲冏 165
122. 조계종사 한계 현일 曹溪宗師寒溪玄一 166
123. 조계종사 연화 인욱 曹溪宗師蓮花印旭 166
124. 조계종사 나암 진일 曹溪宗師懶庵眞一 166
125. 조계종사 침허 율계 曹溪宗師枕虛律戒 166
126. 조계종사 회은 응준 曹溪宗師晦隱應俊 166
127. 조계종사 허월 승준 曹溪宗師虛月勝俊 167
128. 조계종사 회적 성오 曹溪宗師晦迹性悟 167
129. 조계종사 함화 혜인 曹溪宗師含花慧認 167
130. 조계종사 반운 상욱 曹溪宗師伴雲尙旭 167
131. 조계종사 동계 경일 曹溪宗師東溪敬一 167
132. 조계종사 뇌음 경연 曹溪宗師雷音敬演 168
133. 조계종사 애운 천홍 曹溪宗師靉雲天弘 168
134. 조계종사 섭허 인규 曹溪宗師攝虛印圭 168
135. 조계종사 쌍산 인행 曹溪宗師雙山印行 168
136. 조계종사 설봉 희안 曹溪宗師雪峯希安 168
137. 조계종사 영원 담희 曹溪宗師靈源曇熙 169
138. 조계종사 청담 혜휘 曹溪宗師淸潭慧輝 169
139. 조계종사 송봉 삼우 曹溪宗師松峯三愚 169
140. 조계종사 금파 신여 曹溪宗師金波信如 169
141. 조계종사 고운 설우 曹溪宗師孤雲雪祐 169
142. 조계종사 제하 정특 曹溪宗師霽霞挺特 170
143. 조계종사 곤륜 준극 曹溪宗師崑崙準極 170

144. 조계종사 원응 보문曹溪宗師圓應寶文 170
145. 조계종사 고한 희연曹溪宗師高閑希演 170
146. 조계종사 환호 유문曹溪宗師煥乎有文 170
147. 조계종사 한영 신홍曹溪宗師寒影信弘 171
148. 조계종사 선화 경림曹溪宗師禪和敬林 171
149. 조계종사 성영 선일曹溪宗師性英禪一 171
150. 조계종사 나묵 경눌曹溪宗師懶默敬訥 171
151. 조계종사 민성 의현曹溪宗師敏性義賢 171
152. 조계종사 취암 해란曹溪宗師翠嵓海瀾 172
153. 조계종사 설파 민기曹溪宗師雪波敏機 172
154. 조계종사 성곡 철조曹溪宗師聖谷徹照 172
155. 조계종사 휴암 천해曹溪宗師休嵓天海 172
156. 조계종사 채진 각현曹溪宗師採眞覺玄 172
157. 조계종사 청담 처신曹溪宗師淸潭處信 173
158. 조계종사 현해 각선曹溪宗師懸解覺先 173
159. 조계종사 구봉 광륵曹溪宗師龜峯廣泐 173
160. 조계종사 설계 천기曹溪宗師雪溪天機 173
161. 조계종사 태진 지삼曹溪宗師太眞智森 173
162. 조계종사 조계 초화曹溪宗師曹溪楚和 174
163. 조계종사 취죽 인정曹溪宗師翠竹仁靜 174
164. 조계종사 혜공 상회曹溪宗師慧空尙懷 174
165. 조계종사 설계 처림曹溪宗師雪溪處林 174
166. 조계종사 취암 혜영曹溪宗師翠嵓惠英 174
167. 조계종사 구련 묘운曹溪宗師九蓮妙雲 175
168. 조계종사 옥뢰 양열曹溪宗師玉瀨良悅 175
169. 조계종사 적조 경념曹溪宗師寂照敬念 175
170. 조계종사 종암 천눌曹溪宗師鍾嵓天訥 175
171. 조계종사 금파 옥균曹溪宗師金波玉均 175
172. 조계종사 월인 방흠曹溪宗師月印方欽 176
173. 조계종사 성우 호련曹溪宗師性宇瑚璉 176

174. 조계종사 서암 만훈曹溪宗師瑞嵓萬訓 176
175. 조계종사 조봉 준각曹溪宗師祖峯雋覺 176
176. 조계종사 우계 준익曹溪宗師友溪雋益 176
177. 조계종사 벽오 초경曹溪宗師碧梧初冏 177
178. 조계종사 명곡 현안曹溪宗師明谷玄眼 177
179. 조계종사 청파 혜영曹溪宗師淸波惠英 177
180. 조계종사 송암 위재曹溪宗師松嵓偉哉 177
181. 조계종사 설애 성학曹溪宗師雪涯聖學 177
182. 조계종사 태고 성수曹溪宗師太古性修 178
183. 조계종사 회암 운권曹溪宗師檜岩雲捲 178
184. 조계종사 퇴한 성민曹溪宗師退閑性敏 178
185. 조계종사 지족 충면曹溪宗師知足忠勔 178
186. 조계종사 벽하 경영曹溪宗師碧霞慶永 178
187. 조계종사 삼기 각현曹溪宗師三幾覺玄 179
188. 조계종사 덕민 청변曹溪宗師德敏淸卞 179
189. 조계종사 원변 응찬曹溪宗師圓卞應贊 179
190. 조계종사 쇄연 인현曹溪宗師灑然仁賢 179
191. 조계종사 함영 상징曹溪宗師涵影尙澄 179
192. 조계종사 악서 취심曹溪宗師樂西翠諶 180
193. 조계종사 만성 대기曹溪宗師晚成大機 180
194. 조계종사 운암 취호曹溪宗師雲嵓就浩 180
195. 조계종사 만리 붕척曹溪宗師萬里鵬陟 180
196. 조계종사 은봉 지명曹溪宗師隱峯智明 180
197. 조계종사 덕봉 회탄曹溪宗師德峯懷坦 181
198. 조계종사 무쟁 취적曹溪宗師無爭趣寂 181
199. 조계종사 금파 달진曹溪宗師金波達眞 181
200. 조계종사 선운 영훈曹溪宗師船運穎訓 181
201. 조계종사 금봉 학수曹溪宗師金峯鶴樹 181
202. 조계종사 보응 위정曹溪宗師普應偉鼎 182
203. 조계종사 두륜 청성曹溪宗師頭崙淸性 182

204. 조계종사 빙암 현단曹溪宗師冰庵顯端 182
205. 조계종사 정흠 돈오曹溪宗師淨欽頓悟 182
206. 조계종사 삼백曹溪宗師三白 182
207. 조계종사 서유 축한曹溪宗師西游竺閑 183
208. 조계종사 벽정 붕민曹溪宗師碧井鵬敏 183
209. 조계종사 연화 숭신曹溪宗師蓮花崇信 183
210. 조계종사 홍파 적우曹溪宗師洪波的宇 183
211. 조계종사 율봉 담정曹溪宗師栗峯湛淨 183
212. 조계종사 죽암 창익曹溪宗師竹庵暢益 184
213. 조계종사 환원 창규曹溪宗師還源暢奎 184
214. 조계종사 수월 징혜曹溪宗師水月澄慧 184
215. 조계종사 백매 재휴曹溪宗師白梅載烋 184
216. 조계종사 구암 승각曹溪宗師龜庵勝覺 184
217. 조계종사 식암 진명曹溪宗師息庵眞明 185
218. 조계종사 백운 문연曹溪宗師白雲文演 185
219. 조계종사 해운 척제曹溪宗師海雲尺濟 185
220. 조계종사 경암 성일曹溪宗師鏡嵒性一 185
221. 조계종사 옥암 성천曹溪宗師玉嵒性天 185
222. 조계종사 벽허 탄원曹溪宗師碧虛坦圓 186
223. 조계종사 침계 삼인曹溪宗師枕溪三忍 186
224. 조계종사 대지 해연曹溪宗師大池海淵 186
225. 조계종사 설빈 사순曹溪宗師雪貧思順 186
226. 조계종사 혹암 현정曹溪宗師惑庵玄挺 186
227. 조계종사 해운 민오曹溪宗師海雲敏悟 187
228. 조계종사 회은 사원曹溪宗師晦隱思遠 187
229. 조계종사 사암 치철曹溪宗師思嵒致哲 187
230. 조계종사 무구 성조曹溪宗師無垢性照 187
231. 조계종사 유영 원철曹溪宗師柳影圓哲 187
232. 조계종사 우암 혜림曹溪宗師愚嵒慧林 188
233. 조계종사 취은 옥수曹溪宗師翠隱玉修 188

234. 조계종사 구련 선하曹溪宗師九蓮善荷 188

235. 조계종사 구봉 처열曹溪宗師九峯處悅 188

236. 조계종사 반송 연우曹溪宗師伴松延祐 188

237. 조계종사 이곡 효선曹溪宗師梨谷曉善 189

238. 조계종사 소연 해천曹溪宗師蕭然海天 189

239. 조계종사 금파 성탄曹溪宗師金波星坦 189

240. 조계종사 백암 성총 선사전曹溪宗師栢庵性聰禪師傳 190

241. 조계종사 무용 수연 선사전曹溪宗師無用秀演禪師傳 192

242. 조계종사 영해 약탄 선사전曹溪宗師影海若坦禪師傳 194

243. 조계종사 풍암 세찰 선사전曹溪宗師楓巖世察禪師傳 198

244. 조계종사 묵암 선사전曹溪宗師默庵禪師傳 200

245. 조계종사 응암 선사전曹溪宗師應庵禪師傳 203

246. 조계종사 두월 선사전曹溪宗師斗月禪師傳 206

247. 조계종사 제운 선사전曹溪宗師霽雲禪師傳 208

248. 조계종사 벽담 선사전曹溪宗師碧潭禪師傳 210

249. 조계종사 해담 선사曹溪宗師海曇禪師 211

250. 조계종사 충암 선사曹溪宗師忠庵禪師 211

251. 조계종사 화봉 선사曹溪宗師華峯禪師 212

252. 조계종사 운봉 징안 선사曹溪宗師雲峯澄眼禪師 212

253. 조계종사 백화 팔정 선사曹溪宗師白華八晶禪師 212

254. 조계종사 송담 신상 선사曹溪宗師松潭信祥禪師 212

255. 조계종사 정암 사인 선사曹溪宗師靜庵思仁禪師 212

256. 조계종사 화월 현간 선사曹溪宗師華月玄侃禪師 213

257. 조계종사 해운 상린 선사曹溪宗師海雲尙璘禪師 213

258. 조계종사 오봉 은현 선사曹溪宗師五峯隱玄禪師 213

259. 조계종사 묵암 최눌 선사曹溪宗師默庵寂訥禪師 213

260. 조계종사 응암 낭윤 선사曹溪宗師應庵朗允禪師 213

261. 조계종사 송파 여심 선사曹溪宗師松坡呂諶禪師 214

262. 조계종사 제운 해징 선사曹溪宗師霽雲海澄禪師 214

263. 조계종사 청파 성우 선사曹溪宗師靑坡性宇禪師 214

264. 조계종사 유악 책현 선사曹溪宗師維嶽策賢禪師 214
265. 조계종사 선악 간혜 선사曹溪宗師禪嶽偘惠禪師 214
266. 조계종사 경암 돈화 선사曹溪宗師景庵頓和禪師 215
267. 조계종사 벽담 행인 선사曹溪宗師碧潭幸仁禪師 215
268. 조계종사 사월 극원曹溪宗師沙月極願 215
269. 조계종사 설곡 관혜 선사曹溪宗師雪谷冠惠禪師 215
270. 조계종사 모암 도일 선사曹溪宗師母庵道一禪師 215
271. 조계종사 서암 혜학曹溪宗師西庵慧學 216
272. 조계종사 신파 행수曹溪宗師信波幸修 216
273. 조계종사 동곡 치한曹溪宗師桐谷致閑 216
274. 조계종사 처송 식민曹溪宗師處松湜敏 216
275. 조계종사 무송 의인曹溪宗師撫松義仁 216
276. 조계종사 낙암 해정曹溪宗師洛庵海淨 217
277. 조계종사 보봉 맹척曹溪宗師寶峯孟陟 217
278. 조계종사 충담 영수曹溪宗師忠潭永守 217
279. 조계종사 금성 성운曹溪宗師錦性性云 217
280. 조계종사 팔송 승혜曹溪宗師八松勝慧 217
281. 조계종사 오운 기령曹溪宗師五雲璣玲 218
282. 조계종사 성봉 장언曹溪宗師聖峯莊彦 218
283. 조계종사 해붕 전령曹溪宗師海鵬展翎 218
284. 조계종사 와월 교평曹溪宗師臥月教萍 218
285. 조계종사 죽암 회은曹溪宗師竹嵓會銀 218
286. 조계종사 완허 성서曹溪宗師翫虛性瑞 219
287. 조계종사 완월 축행曹溪宗師翫月竺行 219
288. 조계종사 봉월 광찬曹溪宗師鳳月廣粲 219
289. 조계종사 구봉 천유曹溪宗師九峯天有 219
290. 조계종사 경담 진현曹溪宗師鏡潭振賢 219
291. 조계종사 영봉 표정曹溪宗師影峯表正 220
292. 조계종사 화악 재운曹溪宗師華嶽再芸 220
293. 조계종사 호명 약운曹溪宗師虎鳴若運 220

294. 조계종사 화악 평삼曹溪宗師華嶽評三 ········ 220
295. 조계종사 영암 등찬曹溪宗師影庵等讚 ········ 220
296. 조계종사 무봉 섭화曹溪宗師鵡峯攝化 ········ 221
297. 조계종사 용운 어종曹溪宗師龍雲語宗 ········ 221
298. 조계종사 금봉 여옥曹溪宗師錦峯勵玉 ········ 221
299. 조계종사 몽성 지인曹溪宗師夢惺智仁 ········ 221
300. 조계종사 벽파 계파曹溪宗師碧波戒坡 ········ 221
301. 조계종사 인봉 영준曹溪宗師麟峯英俊 ········ 222
302. 조계종사 지성 선사曹溪宗師智性禪師 ········ 222
303. 조계종사 한총 선사曹溪宗師翰聰禪師 ········ 222
304. 조계종사 완해 의준曹溪宗師翫海義準 ········ 222
305. 조계종사 인봉 우현曹溪宗師仁峯友玹 ········ 222
306. 조계종사 응봉 의수曹溪宗師應峯義修 ········ 223
307. 조계종사 보광 경련曹溪宗師葆光敬璉 ········ 223
308. 조계종사 운한 장로曹溪宗師雲閑長老 ········ 223
309. 조계종사 해암 장로曹溪宗師海嵓長老 ········ 223
310. 조계종사 환응 장로曹溪宗師喚應長老 ········ 223
311. 조계종사 봉곡 선사曹溪宗師鳳谷禪師 ········ 224
312. 조계종사 궤운 선사曹溪宗師軌雲禪師 ········ 224
313. 조계종사 성암 정은曹溪宗師聖庵定垠 ········ 224
314. 조계종사 인파 선사曹溪宗師印坡禪師 ········ 224

315. 조계종 화운曹溪宗華雲 ········ 224
316. 조계종 보광曹溪宗葆光 ········ 225
317. 조계종 도봉曹溪宗道峯 ········ 225
318. 조계종 송악 투명曹溪宗松嶽透明 ········ 225
319. 조계종 중봉 문성曹溪宗中峯文性 ········ 225
320. 조계종 와암 획린曹溪宗臥嵓獲獜 ········ 225
321. 조계종 악련 등수曹溪宗樂蓮等守 ········ 226
322. 조계종 영송 염화曹溪宗咏松念華 ········ 226
323. 조계종 눌암 조훈曹溪宗訥庵照君 ········ 226

324. 조계종 중봉 우징曹溪宗中峯宇澄 226

325. 조계종 성월 서유曹溪宗聖月瑞蕅 226

326. 조계종 봉성 위신曹溪宗鳳城偉信 227

327. 조계종 밀암 경찬曹溪宗密庵敬贊 227

328. 조계종 호봉 행정曹溪宗護鳳幸正 227

329. 조계종 남파 각초曹溪宗南波覺初 227

330. 조계종 퇴암 화일曹溪宗退庵華一 227

331. 조계종 성암 의수曹溪宗聖庵義修 228

332. 조계종 대운曹溪宗大雲 228

333. 조계종 정담曹溪宗靜潭 228

334. 조계종 금담曹溪宗錦潭 228

335. 조계종 한담曹溪宗漢潭 228

336. 조계종 경담曹溪宗鏡潭 229

337. 조계종사 봉암 선사전曹溪宗師鳳巖禪師傳 230

338. 조계종사 환해 선사전曹溪宗師幻海禪師傳 232

339. 조계종사 회계 선사전曹溪宗師會溪禪師傳 234

340. 조계종사 퇴은 선사전曹溪宗師退隱禪師傳 236

341. 조계종사 와월 선사전曹溪宗師臥月禪師傳 239

342. 조계종사 기봉 선사전曹溪宗師奇峯禪師傳 243

343. 조계종사 침명 선사전曹溪宗師枕溟禪師傳 246

344. 조계종사 이봉 선사전曹溪宗師离峯禪師傳 249

345. 조계종사 용운 선사전曹溪宗師龍雲禪師傳 250

346. 조계종사 기룡 선사전曹溪宗師麒龍禪師傳 253

347. 조계종사 허주 선사전曹溪宗師虛舟禪師傳 255

348. 조계종사 우담 선사전曹溪宗師優曇禪師傳 261

349. 조계종사 화산 선사전曹溪宗師華山禪師傳 263

350. 조계종사 침연 선사전曹溪宗師枕淵禪師傳 266

351. 조계종사 연봉 선사전曹溪宗師蓮峯禪師傳 268

352. 조계종사 동명 선사전曹溪宗師東溟禪師傳 270

353. 조계종사 원화 선사전曹溪宗師圓華禪師傳 273

354. 조계종사 남화 선사전曹溪宗師南華禪師傳 **276**
355. 조계종사 보명 선사전曹溪宗師葆明禪師傳 **279**
356. 조계종사 대붕 선사전曹溪宗師大鵬禪師傳 **281**
357. 조계종사 구연 선사전曹溪宗師九淵禪師傳 **283**
358. 조계종사 경해 선사전曹溪宗師鏡海禪師傳 **285**
359. 조계종사 원해 선사전曹溪宗師圓海禪師傳 **287**
360. 조계종사 포우 선사전曹溪宗師布雨禪師傳 **289**
361. 조계종사 하담 선사전曹溪宗師荷潭禪師傳 **292**
362. 조계종사 함호 선사전曹溪宗師菡湖禪師傳 **294**
363. 조계종사 취월 선사전曹溪宗師翠月禪師傳 **297**
364. 조계종사 화성 선사전曹溪宗師華性禪師傳 **299**
365. 조계종사 수경 선사전曹溪宗師袖鯨禪師傳 **302**
366. 조계종사 혼명 선사전曹溪宗師混溟禪師傳 **304**
367. 조계종사 경명 선사전曹溪宗師景溟禪師傳 **306**
368. 조계종사 영월 선사전曹溪宗師映月禪師傳 **308**
369. 조계종사 호붕 선사전曹溪宗師浩鵬禪師傳 **312**
370. 조계종사 취암 선사전曹溪宗師翠菴禪師傳 **314**
371. 조계종사 율암 선사전曹溪宗師栗庵禪師傳 **318**
372. 조계종사 용암 선사전曹溪宗師龍嵒禪師傳 **321**
373. 조계종사 설월 선사전曹溪宗師雪月禪師傳 **324**
374. 조계종사 눌봉 선사전曹溪宗師訥峯禪師傳 **327**
375. 조계종 예운 선사전曹溪宗禮雲禪師傳 **330**
376. 조계종 호명 선사전曹溪宗皓溟禪師傳 **333**
377. 조계종 대우 선사전曹溪宗大愚禪師傳 **335**
378. 조계종 용월 선사전曹溪宗龍月禪師傳 **338**
379. 조계종 우송 선사전曹溪宗友松禪師傳 **340**
380. 조계종 금월 선사전曹溪宗錦月禪師傳 **342**
381. 조계종 응하 선사전曹溪宗應夏禪師傳 **344**
382. 조계종 추강 선사전曹溪宗秋江禪師傳 **346**
383. 조계종 석호 선사전曹溪宗錫虎禪師傳 **348**

384. 조계종 환경 선사전曹溪宗喚鯨禪師傳 350
385. 조계종 해은 선사전曹溪宗海隱禪師傳 353
386. 조계종 기산 선사전曹溪宗綺山禪師傳 356
387. 조계종 인담 선사전曹溪宗印潭禪師傳 358
388. 조계종 용은 선사전曹溪宗龍隱禪師傳 360

찾아보기 / 363

일러두기

1 '한글본 한국불교전서'는 문화체육관광부의 지원을 받아 동국대학교 불교학술원에서 수행하고 있는 '불교기록문화유산아카이브(ABC)사업'의 결과물을 출간한 것이다.

2 이 책의 번역은 『한국불교전서』(동국대학교출판부 간행) 제12책의 『조계고승전曹溪高僧傳』을 저본으로 하였다.

3 「조계고승전 서문」과 「1. 대조계종주 불일 보조 국사전」부터 「32. 조계종 환암 보각 국사전」까지는 김용태의 번역, 「33. 조계종 천봉 만우 선사전」부터 「388. 조계종 용은 선사전」까지는 김호귀의 번역이다.

4 번역문에 이어 원문을 병기하였다. 원문은 『한국불교전서』를 대본으로 하였으며, 띄어쓰기를 표시하기 위해 고리점(。)을 사용하였다.

5 원문의 교감 사항은 번역문의 주석과 별도로 원문 아래에 제시하였다.
   ㉮은 『한국불교전서』 편찬자가 교감한 내용이다.
   ㉡은 번역자가 교감한 내용이다.

6 원문 자체에 오류가 있는 경우 교감주에서 밝히고, 번역문에는 별도의 설명 없이 수정하여 반영하였다.

7 약물은 다음과 같다.
   『　』: 서명
   「　」: 편명, 산문 작품
   〈　〉: 시 작품, 노래(歌)
   T : 『대정신수대장경』
   X : 『신찬대일본속장경』
   ⓢ : 산스크리트어

조계고승전 서문

　고승전高僧傳은 명승전名僧傳이라고도 하는데 도덕으로 이름 높은 스님들의 기록이다. 이 승전이 지어진 것은 당송唐宋 시대부터 시작되었다. 당의 의정義淨, 혜교惠皎, 보창寶唱이 각기 10권을 저술하였고, 송의 지륜智輪과 찬녕贊寧이 또한 10권, 도선道宣이 31권, 금金 세종이 직접 지은 것(御製)이 40권으로 합쳐서 100여 권 세상에 유통되었으니, 모두 도가 높은 이름난 승려들의 전기를 기록한 것이다.[1] 해동海東의 경우에는 신라와 고려(羅麗)에서 명승이 배출되어 뛰어난 여러 현인들이 중국(震旦)에 비견되는데 처음에는 그들의 전기가 없었다. 오직 신라에 『신승전神僧傳』이 있었는데 원효元曉의 저술이고 고려에는 『학승전學僧傳』이 있었으니 담악曇噩의 저작이다.[2] 삼국에 이르러 비로소 『해동고승전海東高僧傳』이 있었는데 각훈覺訓이 지은 것이다.[3] 조선(李朝)에 미쳐서는 이러한 승전조차 없다

1　혜교惠皎와 보창寶唱은 남조의 양나라에서 활동한 승려로서 각각 『高僧傳』과 『名僧傳』을 지었다. 당의 의정義淨은 『大唐西域求法高僧傳』, 도선道宣은 『續高僧傳』을 찬하였으며 송의 찬녕贊寧과 제자 지륜智輪은 『宋高僧傳』을 펴냈다. 금의 5대 황제인 세종(完顏雍)이 찬술한 승전의 명칭은 확인되지 않는다.

2　『神僧傳』은 원효의 저술이 아니며 명 세종(永樂帝)의 명으로 1419년에 완성된 책이다. 또한 담악曇噩이 썼다는 『學僧傳』도 고려의 승전이 아니다.

3　『海東高僧傳』은 1215년(고려 고종 2) 각훈覺訓이 편찬한 책으로 현존하는 가장 오래된 승전이며, 불교 도입부터 당시까지 고승들의 전기를 수록하였다. 현재 2권 1책만 전하여 삼국시대의 승전 일부만 확인되지만 『三國遺事』에도 많이 인용되는 등 이후 불교사

가 근래에 범해梵海(覺岸)가 찬술한 『동사전東師傳(東師列傳)』이 있었으니 모두가 도리에 통하는 바른 안목(通方正眼)이며 불가의 전등을 이은 것(佛門續燈)이다. 선종의 오종五宗 종파를 가리지 않고 구산九山의 유파를 따지지 않으니, 이것이 이른바 "관문에 의지해 지키니(據關防) 함께 나아오는 구나.(來者同趣)⁴"라는 말이다. 다만 이 승전은 오로지 조계종曹溪宗의 고승전이다. 어떤 까닭으로 그러한가? 우리 보조 국사(佛日老, 普照知訥)는 구산의 장벽을 열고 선교종禪教宗을 만들었으며 제가諸家의 유파를 융합하여 조계종을 세웠다. 이로부터 구산이 변하여 하나의 도道가 되고 양가가 합쳐져 하나의 종宗이 되었으니 조계종의 취지가 넓고도 큰데 간략한 기록이나마 없을 수 있겠는가? 이런 이유로 본종의 개창주에서 시작하여 본종의 유파에 이르기까지 일일이 여러 책들을 열람하여 어떤 산문이건 간에 다만 이 조계종과 관련이 있으면 함께 넣어 수록하였다. 그리고 비명과 행장이 있는 이는 원본에 의거해 기록을 요약하였고 행장이나 기록이 없으면 다만 항목에 따라 나란히 적어 놓았다. 현재에 이르러 이름난 승려는 내가 추천해서 행장을 지었으니 후학들의 평가를 기다린다(待可畏). 그러나 당송과 신라, 고려와 같은 문장文章 사업을 도모한 것이 아니고 종주가 장벽을 열고 종파를 세운 은혜에 보답하기만을 바랄 뿐이며, 여러 조사들의 높은 도와 이름난 덕이 사라지지 않기만을 희망할 뿐이다. 뒤에 이 글을 읽는 이가 마침내 전등을 기록하여 결국 원본을 완성하기를 기원한다.

불기(釋元) 2947년 경신(1920) 1월(孟春) 상순(上浣)에 기록자가 조계산 다송실茶松室에서 쓰다.⁵

인식에 크게 영향을 미친 책이다.
4 함께 나아오는구나(來者同趣) : 종밀宗密의 『禪源諸詮集都序』 서문(裵休 述)에 나오는 언구이다. 「禪源諸詮集都序敍」(T48, 398c4) 참조.
5 서문을 쓴 이는 본서의 편저자인 금명 보정錦溟寶鼎(1861~1930)이다. 그는 송광사 승

曹溪高僧傳序

高僧傳者。亦云名僧傳。卽道德高名之師僧錄也。此傳之作。始於唐宋之代。唐之義淨惠皎寶唱。各述十卷。宋之智輪贊寧。亦十卷。道宣卅一卷。金世宗御製四十卷。合百餘肩行于世。而盡是道高名僧之傳錄也。若海東則羅麗名僧輩出。矯矯群賢。比肩於震旦。而原無其傳。唯羅有神僧傳。元曉所述。麗有學僧傳。曇噩所作。至於三國。始有海東高僧傳。覺訓所述。及李朝亦無此傳。而近有東師傳。梵海所撰。而皆爲通方正眼。佛門續燈也。不揀五宗之派。不問九山之流。卽所謂據關坊而來者同趣歟。唯此傳者。但曹溪宗之高僧傳也。曷故然也。卽吾佛日老。關九山之障壁。爲禪敎宗。融諸家之派流。立曹溪宗。自是九山變爲一道。兩家合爲一宗。曹溪宗之趣。廣且大矣。而無略錄可乎哉。由是始於本宗之刱主。終於本宗之派流者。一一閱於群篇。不論何山。而唯關是宗者。幷入而錄之。而有銘狀者。依本略錄。無狀錄。則但依項列錄。至於現見爲名僧者。自推而成狀。以待可畏也。然而非圖唐宋羅麗文章事業也。庶冀宗主之關障立宗之報恩。祇望諸祖之道高德名之不朽也。後之覽者。續記傳燈。竟成原帙。祝乎。

釋元二九四七庚申孟春上浣。錄者書于曹溪山茶松室中。

려로서 『茶松文藁』를 비롯한 수많은 저술을 남겼고, 부휴계浮休系의 정통성을 강조하면서 보조 유풍普照遺風의 계승을 표방하였다. 자세한 사항은 본서의 해제를 참고하기 바란다.

조계고승전 제1권
| 曹溪高僧傳* 卷第一 |

조계 후학 보정 편록
曹溪後學 寶鼎 錄

---

* ㉖ 저본은 송광사松廣寺 소장 필사본이다.

1. 대조계종주 불일 보조 국사전[1]

스님의 휘諱는 지눌知訥이고 호는 목우자牧牛子이며 속성은 정鄭씨이다. 개경 서쪽 동주洞州【황해도 서흥군瑞興郡의 서쪽 78리, 서울(京城)에서 거리는 395리】사람이다. 아버지는 광우光遇이고 어머니는 조趙씨이며 송 고종 소흥 28년 무인【금 태조 정륭 3년(1158, 의종 12)[2]】에 태어났다.

8세에 조계曹溪의 운손雲孫 종휘 선사宗暉禪師에게 출가하여 머리를 깎았으며 수학하는 데 정해진 스승이 없었다.

금 세종 대정 22년 임인(1182, 명종 12)에 나이 25세로 개경 보제사普濟寺에 올라와 승과 시험(僧選)을 치르고 합격하였다. 창평현 청원사淸源寺에 이르러『육조단경六祖壇經』을 보고 스스로 터득함이 있었다.

대정 25년 을사(1185, 명종 15)에 하가산下柯山 보문사普門寺에서 대장경을 읽다가 이 장자李長者의『화엄론華嚴論』[3]을 얻어 앞서의 이해가 더욱 밝아졌고 원돈관圓頓觀을 깨쳤다. 득재 선로得才禪老가 팔공산 거조사居祖寺에 주석하기를 청하자, 널리 뛰어난 이들(高士)을 맞이해 정혜定慧를 균등히 닦았다.【이를 정혜결사定慧結社라고 한다.】

승안 3년 무오(1198, 신종 1)에 이르러 지리산 무주암無住庵을 찾았는데, 법을 깨친 상서로운 모습이 몇 가지 있었다.【이른바 내관內觀으로 얻음이 있다는 것이 이것이다.】대혜大慧의『어록語錄』을 얻어 홀연히 눈을 뜨고 혜해慧解가 더욱 높아졌다.

승안 5년 경신(1200, 신종 3)에 이르러 부유현 송광산 길상사吉祥寺로 이주하였는데 문도를 이끌고 법식을 연 것이 11년이었다.【태화 5년(1205, 희종

---

[1] 이는 김군수金君綏가 찬한 송광사의「佛日普照國師碑銘」을 요약한 글이다.
[2] 금 태조 정륭 3년 : 금의 태조는 1115년부터 1123년까지 재위하였고 정륭 3년(1158)은 제량帝亮의 재위기이다.
[3] 『화엄론華嚴論』: 당나라의 이통현李通玄이 쓴『華嚴經合論』을 말한다.

1) 10월 1일에 왕명(朝旨)으로 경찬회慶讚會를 개설하였다.】 항상 사람들에게 『금강경金剛經』을 지니고 독송하도록 권하면서 의미를 풀어 주었고 『화엄론』과 『대혜어록』을 참고로(羽翼) 삼았으며, 삼문三門⁴에 의거해 수행하였다 한다. 임금이 명하여 조계산 수선사修禪社로 고치게 하였는데【왕이 듣고 산 이름과 사찰 명호를 바꾼 것이 이것이다.】, 송광산을 바꾸어 조계산으로 하고【국사가 조계종을 세웠기 때문이라 한다.】 정혜사定慧社를 개칭하여【인근 사찰에 정혜라는 명칭이 있어서 서로 혼동되었기 때문이다.】 수선사라 한 것이다. 뒤에 대승선종大乘禪宗 조계산 송광사라 칭한 것도 바로 왕명을 따른 것이다.

대안 2년 경오(1210, 희종 6) 2월에 재회를 열어 모친을 천도하였으며, 같은 해 3월 20일에 가벼운 병을 보였다. 8일째에 이르러 목욕하고 옷을 갈아입고는 주장자를 세워서 상당하고 향을 피워 놓고 게송을 설하였다.

    이 눈, 코, 입, 혀는
    조사의 눈, 코, 입, 혀가 아니지만
    천 가지 만 가지가
    모두 이 안에 있도다
    쯧쯧쯧

법상에 걸터앉은 채 조용히 입적하였다. 다비를 하자(闍維) 사리가 큰 것이 30개, 작은 것이 무수히 나왔고 북쪽 봉우리에 탑을 세웠다.【삼일천三日泉 위이다.】 임금께서 이를 듣고 놀라고 슬퍼하였다. 시호는 불일보조佛日普照, 탑호는 감로甘露이며 세수 53세, 법랍(夏) 36년이다.

---

4 삼문三門 : 보조 지눌이 주창한 수행법으로 성적등지문惺寂等持門, 원돈신해문圓頓信解門, 간화경절문看話徑截門을 말한다.

大曹溪宗主佛日普照國師傳

諱知訥。號牧牛子。姓鄭氏。京西洞州【黃海道瑞興郡西七十八里。距京城三百九十五里也。】人也。父光遇。妃趙氏。宋高宗紹興二十八年戊寅【金太祖正隆三年也。】生。八歲投曹溪雲孫宗輝[1]禪師祝髮。學無常師。金太祖太定二十二年壬寅。[2] 以年二十五。上都普濟寺。擧僧選中之。抵昌平縣淸源寺。閱六祖壇經。意自得。太定二十五年乙巳。下柯山普門寺。讀大藏經。得李長者華嚴論。前解轉明。悟圓頓觀。有得才禪老。請住公山居祖寺。廣迎高士。習定均慧。【是爲定惠[3]結社云尒。】至承安二年[4]戊午。訪智異山無住庵。[5] 有得法瑞相數事【所謂內觀有得是也。】得大惠[6]語錄。忽然眼開。慧解增高。至五年庚申。移住富有縣松廣山吉祥社。領徒作法。十有一年。【泰和五年十月一日。以朝旨設慶贊會。】常勸人持誦金剛經。爲演義。以華嚴論大惠錄。爲羽翼。依修三門云尒。上命改爲曹溪山修禪社。【王聞。改山名寺號云者是也。】改松廣山爲曹溪山。【師立曹溪宗故云也。】改定慧社【隣寺有定惠名相濫故也。】爲修禪社。後以大乘禪宗曹溪山松廣寺稱云。亦是仍朝旨也。大安二年庚午二月。設齋薦母。同年三月二十日。示微疾。至八日盥浴改服。卓錫上堂。祝香說偈云。這箇眼鼻口舌。不是祖眼鼻口舌。千種萬般。摠在這裡。咄。踞床泊然而化。闍維。舍利大者三十。小者無數。塔于北峰【三日泉上。】上聞之震悼。諡曰佛日普照。塔曰甘露。壽五十三。夏三十六。

1) ㉠ '輝'는 「佛日普照國師碑銘」에 '暉'로 나온다. 번역은 후자에 따른다. 2) ㉠ 원문에 금 태조 태정太定 22년으로 되어 있으나 임인년(1182)은 금 세종 대정大定 22년이다. 오류가 있을 경우 번역문에서는 이를 바로잡아 번역한다. 이하 동일하다. 3) ㉠ '惠'는 '慧'의 오기이다. 4) ㉠ 원문에 승안承安 2년으로 되어 있으나 무오년은 승안 3년이다. 5) ㉠ '無住庵'은 「佛日普照國師碑銘」에 '上無住庵'으로 나온다. 6) ㉠ '惠'는 '慧'의 오기이다.

2. 조계종 진각 원소 국사전[5]

스님의 휘는 혜심慧諶이고 자字는 영을永乙이며 호는 무의자無衣子이다. 속성은 최崔씨이며 화순 사람이다. 아버지는 완琬이고 어머니는 배裴씨이며 금 대정 18년 무술(1178, 명종 8)에 태어났다.

승안 6년 신유(1201, 신종 4)[즉 태화 원년]에 사마시司馬試에 합격하였고 다음 해 모친상을 당하였다. 이때 조계의 보조 국사가 결사를 열고 교화를 성대히 하자 곧장 나아가 참례하였다. 재회를 설하여 모친을 천도해 줄 것을 청하고 삭발하기를 빌자 허락하였는데 이때 나이 25세였다. 대사가 오산鰲山에 있으면서 게송을 읊었는데 소리가 10리 정도까지 들렸다. 보조 국사가 억보산億寶山에 있을 때 대사가 방문하여 뵈었는데 암자에서 천여 보 거리에서 국사가 시자를 부르는 소리를 듣고는 대사가 게송을 지었다.

  백운산 아래 길에 들어가기도 전에
  암자 안의 노스님을 이미 참배하였네
  아이를 부르는 소리가 송라 안개에 떨어지는데
  차 달이는 향기는 돌길에 바람 타고 전해지네

참례를 마치고 국사가 손수 부채를 주자 대사가 게송을 바쳤다.

  전에는 스승의 손안에 있었지만
  지금은 제자의 손바닥 안에 왔구나
  뜨거운 번뇌가 미친 듯 달려오면

---

5 이는 이규보李奎報가 찬한 「眞覺國師碑銘」을 요약한 글이다.

시원한 바람을 일으켜도 무방하리라

　태화 무진년(1208, 희종 4)에 법석을 잇기 바란다고 명하였지만 고사하고 지리산에 은거하였다.
　대안 경오년(1210, 희종 6)에 국사가 입적하였고 왕명을 받들어 주석하게 하자 대사가 어쩔 수 없이 수선사修禪社에 입원하여 개당하였다. 강종이 사신을 보내어 법을 구하자 대사는 『심요心要』를 지어서 올렸다.
　정우 7년 기묘(1219, 고종 6)에 조칙으로 단속사斷俗寺에 머물게 하였다.【현재 단성丹城 동쪽 5리쯤이다.】
　계사년(1233)에 이르러【태종 5년】11월에 본사本社로 돌아와서 병세를 보였다. 진양공晉陽公⁶이 임금께 보고하여 어의를 보내 진찰하게 하였다.
　다음 해 봄에 월등사月燈寺로 옮겼고 갑오년(1234)【몽고 태종 6년이다.】6월에 문인 마곡麻谷 등을 불러서 "늙은이가 오늘 통증이 심하다."라고 하였다. 마곡이 "어찌하여 이처럼 심하게 되었습니까?"라고 하자 대사가 게송으로 답하였다.

　　온갖 고통이 이르지 않는 곳에
　　또 하나의 세계가 있구나
　　그것이 어떤 곳인지를 묻는다면
　　매우 적막한 열반문이로다

　가부좌를 하고 입적하니 다비를 하고 영골靈骨을 거두어 본산으로 돌아와서 광원廣原의 북쪽에 탑을 세웠다. 임금께서 듣고는 시호를 진각眞覺,

---

6　진양공晉陽公 : 최충헌崔忠獻의 아들로 고려의 실권을 장악한 최우崔瑀(?~1249)를 말한다. 그는 강화로 천도를 단행하여 몽골과 항쟁하였고 재조대장경再雕大藏經 간행을 주도하였다. 후에 이怡로 개명하였다.

탑호를 원소圓炤로 내려 주었다. 세수는 57세, 법랍은 32년이다.

曹溪宗眞覺圓照[1]國師傳

諱惠諶。字永乙。號無衣子。姓崔氏。和順人也。父琬。母裵氏。金大定[2] 十八年戊戌生。承安六年辛酉【卽泰和元年也。】中司馬試。明年母喪。時曹溪 普照開社盛化。經造斋禮。請營齋薦母。乞剃髮許之。時年二十五。師在鰲 山唱偈。聲聞十里許。國師在億寶山。師訪謁。距庵千餘步。聞國師喚侍者 聲。師作偈云。未入白雲山下路。已叅庵內老師翁。呼兒聲落松蘿霧。煮茗 香傳石逕風。及叅禮已。以手扇授之。師呈偈云。昔在師翁手裡。今來弟子 掌中。若遇熱忙狂走。不妨打起淸風。泰和戊辰。命欲嗣席。固辭遁智異山。 大安庚午。國師示寂。奉勅住席。師不獲已入院開堂。康宗遣使求法。師撰 心要進之。貞祐七年己卯。[3] 詔居斷俗寺。【今丹城東五里許也。】至癸巳【太宗五 年】仲冬。還本社示疾。晋陽公聞于上。遣御醫診之。明年春徙月燈寺。甲午 【蒙太宗六年也。】六月。召門人麻谷等云。老漢今日痛甚。谷曰爲甚如此。師以 偈答云。衆苦不到處。別有一乾坤。且問是何處。大寂涅槃門。趺坐而化。 茶毘拾靈骨。還本山。塔于廣原北。上聞之。諡眞覺。塔圓照。[4] 壽五十七。 夏三十二。

---
1) ㉖ '照'는 '炤'의 오기이다. '圓照'는 고려 말 화엄종의 고승 진각 국사眞覺國師 천희千熙의 탑호를 잘못 쓴 것으로, 진각 혜심의 탑호는 '圓炤'이다. 2) ㉖ '正'은 '定'의 오기이다. 3) 기묘년(1219)은 금 선종 흥정興定 3년이며 같은 선종 대인 정우貞祐는 흥정 바로 앞의 연호로서 4년에서 끝났다. 흥정 3년이 정우 7년에 해당하므로 비록 오기이기는 하지만 원문 그대로 번역한다. 4) ㉖ '照'는 '炤'의 오기이다.

3. 조계종 청진 자운[7] 국사전

스님의 휘는 몽여夢如이고 자는 소융小融이다.[비명이 확인되지 않아 이 글만 기재한다.][8]

선사가 두 시자를 보내어 정이안丁而安[9]이 묵죽墨竹 두 줄기를 그린 것을 구하였다. 하나는 설죽雪竹에 죽순이 돋아난 것이고 또 하나는 풍죽風竹 두 떨기였다. 바로 이 공李公 규보奎報[10]를 불러서 찬贊을 지었다.

"대나무가 추위를 견디는 것은 그 천성을 따르는 것이지만 죽순이 눈 속에서 돋아난다는 것은 아직 듣지 못하였다. 다만 옛적의 효자는 정성이 천지를 감동시켰으니, 눈물을 흘려서 겨울에 죽순을 돋게 하여 어머니가 드시게 했다.[11] 비록 법신法身의 묘체(妙色)로 가득 찬 것(湛然)은 아니지만 시절이 변하게 할 수 있는 것이 아니다. 법제자들이 늘어서서 그 체體를 같이하니 이미 그와 같은데 어찌 추위와 더위가 있겠는가."

또 "큰바람이 부는 곳에는 여러 다른 것들이 함께 바람을 맞는다. 어찌 같은 대나무 중에서 흔들리는 것과 흔들리지 않는 것이 있겠는가? 그런데 그림에서 한 그루는 바람에 휘둘려 쉴 새 없이 흔들리는데 한 그루는 높이 솟은 채 꼿꼿이 서 있구나. 마치 두 사람이 함께 선禪을 배웠어도 한 사람은 깨우쳐 마음이 움직이지 않는데 한 사람은 그렇지 못하여 온갖 생

---

7 청진 자운淸眞慈雲 : 청진 국사 몽여夢如는 진각 혜심眞覺慧諶의 제자로 수선사 3세 사주社主이다. 비문은 전하지 않으며 『東文選』 등에 글 일부가 전한다.
8 여기서 인용한 두 글은 『東國李相國集』 후집 권11 찬贊의 「松廣社主大禪師夢如 遺侍者二人 求得丁而安墨竹二幹 仍邀予爲贊云」과 권12 서書의 「寄松廣社主禪師夢如手書」이다.
9 정이안丁而安 : 정홍진丁鴻進으로 자가 이안而安이며 묵죽화墨竹畫를 잘 그린 것으로 유명하다. 최자崔滋의 『補閑集』에 그의 시문과 묵죽화에 대한 평이 실려 있다.
10 이 공李公 규보奎報 : 이규보李奎報(1168~1241). 고려 후기의 문신이자 명문장가로 『東國李相國集』을 비롯하여 『白雲小說』 등 많은 저술을 남겼다.
11 겨울에 죽순을~드시게 했다 : 중국 삼국시대의 오나라에 살던 맹종孟宗이 병든 어머니를 위해 겨울에 대밭에서 슬피 울자 죽순이 돋아났다는 일화가 전한다.

각의 움직임이 분분히 이는 것과 같다. 들은 것을 되돌려 본성을 깨우치면(反聞聞性)[12] 움직임과 고요함이 비로소 그치게 된다."

이규보가 선사에게 편지를 보냈는데 그 편지는 다음과 같다.

"높이 아룁니다. 저는 이전에 세속의 번잡하고 번거로운 일로 이頤 선지식(知識)[13]에게 뜻을 전달하였습니다. 그는 단지 바리때 하나 가진 승려(浮屠)일 뿐인데 제가 그에게 무슨 바라는 것이 있겠습니까? 감히 대화상大和尙(丈下)[14]에게 바로 전달하지 못하고 혹시 그의 혀를 빌려 선사에게 알려지기를 바랐을 뿐입니다. 서생書生이 염치가 없는 것이 이와 같습니다. 결국 이노頤老의 편지를 받았는데 그가 보낸 물건은 기대했던 것 이상입니다. 비록 그 편지에서 자신이 보냈다고 했지만 필시 대화상 방장方丈에게서 나왔음을 잘 알고 있습니다. 공손히 받아 돌아오면서 감사함(感荷)을 이길 수 없었습니다. 그렇지 않았다면 유가儒家의 경비가 요즘 몹시 많고 커서 아마도 감당하고 버틸 수 없었을 것입니다. 아, 세상을 구제하는 큰 법왕法王이 아니라면 누가 이에 미치겠습니까? 편지로는 뜻을 다하지 못하니 황공하고 황공합니다. 오직 법을 위해 몸을 보중하시기를(珍重) 바랍니다."

몽고 헌종 2년 임자(1252, 고종 39) 8월에 입적하였다.

曹溪宗淸眞慈雲國師傳

諱夢如。字小融。【未見銘。但記此書。】師遣二侍者。求丁而安所畫墨竹二幹。一雪竹生笋。二風竹二叢。仍邀李公奎報贊曰。竹之耐寒雖則其性。未聞其

---

12 들은 것을~본성을 깨우치면(反聞聞性) : 『楞嚴經』의 25가지 수행법 중 이근원통耳根圓通 수행의 단계이다.
13 선지식(知識) : 벗을 뜻하는데 불교에서 선지식善知識은 선친우善親友, 승우勝友라고도 번역되며 현인이나 스승을 의미하기도 한다.
14 대화상大和尙(丈下) : 장丈은 주지나 방장이 머무는 장실丈室을 뜻하며 전하殿下, 각하閣下와 마찬가지로 상대에 대한 존칭의 의미로 해석된다.

笋冒雪亦迸。唯昔孝子誠感天地。泣出冬笋以中母嗜。不爾法身妙色湛然。不爲時節卽所能遷。法子森立一似其體。旣克似之安有寒暑。又曰。大風所吹萬殊同受。何一竹中有動與不。一叢困風搖簸不息。一叢自秀植植其直。如有二人同學于禪。一人懸悟心已熱然。一猶未爾群動坌起。反聞聞性動靜泗已。李奎報寄書于禪師。其書曰。右啓僕羲。以塵褻細故。達于顧知識者。特一鉢浮屠耳。予安有所冀。而乃尒所以顔厚不得。逕達於大和上之下。庶或藉其舌。略聞于左右耳。書生之大寡廉耻如此。果蒙顧老手簡。其所送物件。大過所望。雖於其簡。以自送爲辭。知必出於大和上方丈。祗領以還。不勝感荷。不然。儒家之經費。比來頗甚繁浩。太不得堪支也。噫。非救世大法王。疇及是哉。書意未悉。惶恐惶恐。唯冀爲法珍重云。蒙古憲宗二年。壬子八月寂。

4. 조계종 진명 보광 국사전[15]

스님의 휘는 혼원混元이고 자는 □□, 호는 □□이며 시호는 충경冲鏡이다. 속성은 이李씨이고 아버지는 사덕師德, 어머니는 김金씨이며 수안현 사람이다. 금金의 명창 2년 신해(1191)에 태어났다.

나이 13세에【태화 3년 계해(1203)】품일品日[16]의 먼 후손(雲孫)인 종헌宗軒에게 출가하여 머리를 깎고 구족계를 받았다. 선과禪科에 합격하여 처음에 쌍봉의 청우靑牛[17]와 조계의 무의자無衣子(眞覺慧諶)를 뵈었다. 또 청진淸眞(夢如)[18]을 모셔 가는 곳마다 따라다니면서 골수를 모두 얻었고 설법을 잘하는 재주(樂說辯才)를 얻었다. 진양공(崔瑀)이 승계를 삼중대사三重大師로 높일 것을 주청하였고 정혜사定慧寺[19]에 주석하도록 명하였다.

태종 황후 4년 을사(1245, 고종 32)[20]에 선원사禪源寺에서 대사에게 낙성회(盟) 주관을 청하였다.

병오년(1246, 고종 33)에 강화(京師, 江都)의 선원사에 갔고 고종(高王)이 비답으로 대선사大禪師를 삼았다. 진양공이 소疏를 지어 올리자 개당하고 법좌에 올라 청진을 이었다. 임금이 행차하여 소를 올려서 법을 청하였고 임금이 크게 기뻐하였다.

---

15 이는 김구金坵가 찬한 자운사慈雲寺의 「眞明國師碑銘」을 요약한 글이다.
16 품일品日 : 신라 말의 선종 승려 범일梵日(810~889)로서 구산선문九山禪門 중 사굴산문闍崛山門의 개조이다. 부처님이 깨달음을 얻은 후 다시 설산雪山에서 진귀 조사眞歸祖師의 가르침을 받았다는 진귀 조사설을 말한 것으로도 유명하다.
17 청우靑牛 : 「眞明國師碑銘」에는 쌍봉산의 청우변靑牛辯으로 되어 있는데 지눌의 제자 홍변洪辯을 가리킨다.
18 청진淸眞(夢如) : 수선사 3세 사주인 몽여夢如이다.
19 정혜사定慧寺 : 조계산 수선사의 이칭異稱이다.
20 태종 황후 4년 을사 : 몽골 태종의 황후인 해미실海迷失이 권력을 잡았던 시기이다. 원문에는 태종후太宗后 5년으로 되어 있는데 을사년(1245)은 5년이 아니고 4년이므로 수정하여 번역한다.

임자년(1252, 고종 39) 8월에 청진 국사가 병이 나자 임금이 명하여 대사를 조계에 머물게 하여 제4세 사주로 삼았다. 중사인中使人에게 명하여 대사를 모시고 조계로 가게 하였다. 12월에 대사가 원院에 들어가서 다시 목우牧牛의 기풍[21]을 일으켰다.

무오년(1258, 고종 45)에 임금이 스승의 예(不臣禮)로 대사를 섬겼고 명하여 단속사斷俗寺에 주석하게 하였다. 또 자운사慈雲寺에 맞아들였는데 오래 가물다가 그날 저녁 큰비가 쏟아졌다.

헌종 9년 기미(1259, 고종 46) 5월 11일에 책봉하여 왕사王師로 삼아 스승으로 모시다가 승하(上仙)하였다. 원종(元王)이 즉위하여 예우를 특별히 더하였고 와룡사臥龍寺를 하산소下山所[22]로 삼았다. 임금이 대사를 궐내에 맞아들여 친히 스승의 예를 행하고 손수 공양을 올렸다.

경신년(1260, 원종 1) 10월에 하산하여 원院에 들고 당堂에 올랐으며 법을 설하여 중생을 이롭게 한 것이 모두 12년이었다. 왕의 외숙인 경지鏡智 대사[23]가 조정의 명을 받아 사굴산闍崛山으로 승적을 옮기고 품일의 후손이 되어 단속사에 주석하였다.

원 지원 8년 신미(1271, 원종 12) 12월 17일에 병이 났고, 열흘째 신시(오후 3~5시)에 게송을 설하고 입멸하였다. 왕이 듣고는 놀라고 슬퍼하였다. 시호는 진명충경국사眞明冲鏡國師이고 탑호는 보광普光이며 세수 81세, 법랍은 68년이다.

曹溪宗眞明普光國師傳

諱混元。字□□。號□□。諡冲鏡。姓李。父師德。妣金氏。遂安縣人。金明

---

21 목우牧牛의 기풍 : 목우자 보조 지눌의 유풍을 의미한다.
22 하산소下山所 : 고려 시대에 왕사나 국사가 주석하던 사찰을 말한다.
23 경지鏡智 대사 : 원정 국사圓靜國師 경지는 고려 희종의 넷째 왕자이며 충명 국사冲明國師 각응覺膺의 형이다.

昌二年辛亥生。年十三【泰和三年癸亥也。】投品曰雲孫宗軒。披剃受具。中禪科。初謁雙峯靑牛曹溪無衣子。又事淸眞。所至相從。盡得骨髓。得樂說辯才。晉陽公奏加三重大師。命住定慧寺。太宗后五¹⁾年乙巳。禪源寺請師主盟。丙午赴京師禪源。高王將批爲大禪師。晉陽公撰疏進。開堂陞座。嗣淸眞。上幸臨呈疏請法。上大悅。壬子八月淸眞示疾。上命師住曹溪爲第四世。命中使人陪往曹溪。十二月師入院。再振牧牛之風。戊午上以不臣禮事之。命住斷俗寺。又迎入慈雲寺。久旱。是夕霈雨。憲宗九年己未五月十一日。册爲王師。王行師事。上仙。元王卽祚。禮遇殊加。以臥龍寺爲下山所。迎入大內。親行師禮。手自進供。以庚申十月下山。入院上堂。法說利生凡十二年。王舅鏡智大師受朝旨。移籍崛山。爲品曰孫。住斷俗寺。元至元八年辛未十二月十七日示疾。至十日申說偈示滅。上聞而震悼。諡眞明冲鏡國師。塔寶光。壽八十一。夏六十八。

---

1) 옝 '五'는 '四'의 오기이다.

5. 조계종 자진 원오 국사전[24]

스님의 휘는 천영天英이고 속성은 양梁씨이며 아버지는 택춘宅椿, 어머니는 김金씨이다. 금나라 정우貞祐 3년인 고려 고종 2년 을해(1215) 6월 13일에 태어났다.

나이 15세 때인 기축년에 조계 진각 국사眞覺國師[25]의 당하堂下에 찾아가 득도得度하였고 20세에는 선회禪會[26]에 나아가 좌원座元(법회의 좌장)이 되었다.

22세 때인 병신년에 선과禪科에 붙었으며 지팡이 하나 짚고 남쪽으로 유람을 떠나 청진 국사淸眞國師[27]와 진명 국사眞明國師(混元)를 뵙고는 혜해慧解가 더욱 밝아졌다.

32세 때인 병오년에 진양공[28]이 선원사禪源社를 창건하면서 진명 국사를 불러 법주法主로 삼았다. 스님이 법회에 참여하자 공이 더욱 공경하였고 삼중대사三重大師[29]를 주청하여 제수하였다.

34세가 된 무신년에는 임금께 상주하여 승계를 선사禪師로 높여 주었고 단속사에 주석하게 하였다.

35세 때인 기유년에 공이 창복사昌福寺를 창건하면서 낙성落成 재회를 열고 스님을 주맹主盟으로 청하였다.

36세 때인 경술년에는 선원사의 주지로 임명되었다.

37세가 된 신해년에는 주국柱國[30] 최항崔沆[31]이 보제원普濟院을 건립하였

---

24 이는 이익배李益培가 찬한 비문을 요약한 것으로 송광사에 사본이 전한다.
25 진각 국사眞覺國師 : 조계산 수선사 2세 사주 혜심慧諶이다.
26 선회禪會 : 고려 시대에 행해진 담선법회談禪法會를 가리키는 것으로 보인다.
27 청진 국사淸眞國師 : 주 18 참조.
28 진양공 : 주 6 참조.
29 삼중대사三重大師 : 고려 시대 승계僧階 중 하나이다.
30 주국柱國 : 고려 시대에 관리에 대한 포상으로 주어지는 훈계勳階의 하나이다.
31 최항崔沆(?~1257) : 최우의 아들로 부친의 권력을 승계하였고 후에 진평공晉平公으로 추증되었다.

는데 구산九山[가지산, 사굴산, 사자산, 성주산, 봉림산, 희양산, 동리산, 수미산, 실상산이 그것이다.]의 선종 승려들을 초청하였고 스님을 주맹으로 청하였다.

38세 때인 임자년에 청진 국사가 세상을 뜨자 진명 국사를 조계에 주석하도록 명하였고 스님을 선원사의 법주로 모셨다.

42세 때인 병진년 가을에 진명 국사가 그만두기를 청하자 이에 스님에게 조계(修禪社主)를 계승하도록 명하였고 대선사大禪師를 더해 주었으며 궁궐로 맞아들여 임금이 공양을 올렸다. 8월 28일에는 배를 타고 남쪽으로 내려가 조계로 들어가니 불일佛日이 다시 퍼졌다.

충렬왕 12년 병술[원 지원 23년] 2월 12일에 불대사佛坮寺의 청을 받고 가서는 장로長老를 불러 "늙은이가 돌아가려 하니 너희들은 잘 있어라. 때가 다가왔으니 많은 말이 필요 없구나. 태어나는 것은 아랫도리를 입는 것과 같고 죽는 것은 속옷을 벗는 것과 같으니 이처럼 입고 벗는 사람은 무엇인가?"라고 하였다. 29일에 고요히 입적하였다. 동쪽 봉우리에서 다비를 하여 유골을 수습하고 3월 6일에 조계로 돌아왔다. 임금께서 소식을 듣고 시호를 자진원오慈眞圓悟, 탑호를 정조靜照라고 하였고 자호는 헌회당軒晦堂이었다. 6월 9일 대원大原의 서쪽 언덕에 봉안하자 두 줄기 상서로운 무지개가 생겼다. 하나는 조계의 남쪽 봉우리에서 일어났고 하나는 탑의 앞쪽 봉우리를 가로질러 탑이 있는 곳에 바로 이르렀다. 세수는 72세, 법랍은 57년이다.

曹溪宗慈眞圓悟國師傳

諱天英。姓梁。父宅椿。妣金氏。貞祐三年。麗高宗二年乙亥六月十三日誕。年十五己丑。詣曹溪眞覺國師堂下得度。二十赴禪會爲座元。二十二丙申中禪科。一杖南遊。謁淸眞國師眞明國師。慧解增朗。三十二丙午。晋陽公叛禪源社。迎眞明爲法主。師叅會。公尤敬。奏授三重大師。三十四戊申奏加禪師住斷俗寺。三十五己酉。公叛昌福寺。設落成齋。請師主盟。三十六庚戌。命住禪源社。三十七辛亥。柱國崔沆建普濟院。召九山【迦智山。闍崛山。師子山。聖住山。鳳林山。曦陽山。桐裡山。須彌山。實相山。是也。】禪侶。請師主盟。三十八壬子。淸眞順世。命眞明住曹溪。以師爲禪源法主。四十二丙辰秋。眞明乞退。命師嗣曹溪。加大禪師。迎禁中御供饌。八月二十八日。乘舟南下。入曹溪。再張佛日。忠烈王十二丙戌【元至元二十三年也。】二月十二日。受請佛坮[1)]寺。喚長老云。老漢欲歸。汝等好住。時將至矣。不須多說。生如着袴。死如脫裙。那箇是着脫之人。二十九日泊然而化。茶毘東峰收骨。三月六日還曹溪。上聞。謚慈眞圓悟。塔靜照。軒晦堂。六月九日。奉安于大原西崗。有雙虹瑞。一起曹溪南峯。一跨塔前峯。貫至塔所。壽七十二。夏五十七。

---

1) ㉄ '坮'는 비문에 '臺'로 되어 있다.

6. 조계종 원감 보명 국사전[32]

스님의 휘는 법환法桓 또는 충지沖止이며 자호自號는 복암宓庵이다. 속성은 위魏씨이고 정안定安 사람이며 아버지는 호부戶部 원외랑員外郞 소紹, 어머니는 송宋씨[이부吏部 원외랑 자옥子沃의 딸]이다.

정우 4년 병자(1226, 고종 13) 11월 17일에 태어났고 9세에 학업을 시작하여 경서經書와 자子·사史를 한 번 보고 바로 외웠고 문장을 잘 지었다.

19세에 장원으로 급제하고 바로 명을 받들어 일본 땅에 사신으로 다녀왔다. 속세를 벗어나고자 하는 뜻을 품다가 선원사禪源寺 원오 국사圓悟國師[33]를 찾아가 머리를 깎고 구족계를 받았다. 지팡이를 짚고 남쪽을 다니면서 강사講肆에 두루 참예하였다.

나이 41세에 김해현의 감로사甘露社에 처음 주석하였는데,[34] 시를 청하는 선덕禪德이 있었다. 스님은 다음과 같이 읊었다.

봄날 계수나무 동산에 꽃이 활짝 피니
그윽한 향기 소림의 바람에 떠다니네
오늘 아침 열매 익어 감로를 적시니
수없는 중생들이 뛰어난 맛을 함께하네

병술년 2월 원오 국사가 세상을 뜨셨고 대중들이 그 사실을 장계로 보고하자 스님에게 입원入院[35]하도록 명하였다. 4월 16일 원오 국사를 이어

---

32 김훈金曛이 지은 비문을 요약한 것으로『曹溪山松廣寺史庫』에 원문이 전한다.
33 원오 국사圓悟國師 : 수선사 5세 사주인 천영天英(1215~1286)이다.
34 감로사甘露社에 처음 주석하였는데 : 원문을 보면 41세에 국왕의 교지를 받았으며 감로사에 주석한 것은 그 이전의 일이다.
35 입원入院 : 여기서는 수선사의 법주, 즉 사주社主가 됨을 의미한다.

입원해 개당하였고 수선사 제6세 사주가 되었으며 7년간 보조普照가 남긴 법도를 다시 빛냈다. 「청전표請田表」[36]를 올려서 토지를 전과 같이 회복하였다. 상국上國(元)에서 스님의 덕과 풍모를 듣고 궁사宮使를 파견하여 스님을 불러들이게 하였다. 역마를 타고 중국(中華)에 이르자 세조 황제가 친히 영접하여 빈주賓主의 예로써 대우하였고 사부師傅의 은혜로 받들었으며, 금란가사金襴袈裟, 푸른 수를 놓은 장삼, 흰 불자(白拂), 도구道具를 하사하였다.

임진년 8월 초여드레에 병세를 보였고 지원 30년 계사(1292, 충렬왕 18) 4월 7일에 병이 위중해졌다. 10일 새벽에 머리를 정결히 하고 옷을 갈아입고서 문인들에게 "태어남이 있고 죽음이 있는 것은 사람의 상규이다. 나는 떠날 것이니 너희들은 잘 있어라."라고 하며 임종게를 읊었다.

    돌아보니 67년을 지나와서
    오늘 아침에야 모든 일이 끝났네
    고향 돌아가는 길 평탄히 다져져 있고
    갈 길이 분명해서 잃어버린 적이 없네
    손안에 겨우 대지팡이 한 자루 있지만
    도중에 다리를 절지 않게 되어 또한 기쁘구나

말을 마치고는 조용히 세상을 떠났다. 이달 20일에 다비를 하였는데 상서로운 기운이 하늘에 퍼져서 여러 달 동안 그치지 않았다. 임금께서 듣고는 시호를 원감圓鑑, 탑호를 보명寶明이라 하였다. 조계의 북쪽 골짜기에 탑을 건립하였으며 비는 감로암甘露庵 남쪽 기슭에 세웠다. 세수는 67세이고 법랍은 39년이다.【연표를 고증하면 정우 4년 병자부터 지원 30년 계사까지는

---

[36] 「청전표請田表」: 원의 세조에게 수선사의 토지를 회복시켜 달라고 올린 표문이다.

78년인데 지금 67세라고 하였으니 어느 것이 옳은지 알 수 없다.】

曹溪宗圓鑑寶明國師傳

諱法桓。又冲止。自號宓庵。姓魏。定安人。父戶部員外郎紹。妣宋氏。【吏部員外郎子沃女】貞祐四年丙子十一月十七日誕。九歲就學。經書子史過目卽誦。善屬文。十九登壯元。卽奉使日域。爰有出塵志。造禪源寺圓悟國師。零染受具。策杖南遊。歷叅講肆。年四十一始住金海縣甘露社。有禪德請詩。師云。春日花開桂苑中。暗香浮動少林風。今朝果熟沾甘露。無限人天一味同。丙戌二月。圓悟順世。大衆狀聞。命師入院。四月十六日。嗣圓悟。入院開堂。爲第六世。七年更光普照遺軌。奏請田表。復土如舊。上國聞師德風。遣宮使迓師。乘馹至中華。皇帝親自迎。待以賓主禮。褒以師傅恩。授錦欄碧繡白拂道具。至壬辰八月初八日示疾。至元三十年癸巳四月七日疾重。十日晨淨髮更衣。謂門人曰。有生有死。人之常也。吾當行矣。汝等好住。偈曰。閱過行年六十七。及到今朝萬事畢。故鄕歸路坦然平。路頭分明未曾失。手中纔有一枝筇。且喜道中脚不跌。言訖泊然而逝。是月二十日茶毘。瑞氣亘空。彌月不已。上聞之。謚圓鑑。塔寶明。塔于曹溪北洞。碑樹于甘露庵南麓。壽六十七。夏三十九。【考年表。自貞祐四年丙子。至元三十癸巳。爲七十八年。而今六十七云。未詳何是。】

7. 조계종 자정 국사전【휘는 인일印一. 비문碑文을 보지 못하였다.】

曹溪宗慈靜國師傳【諱印一。末[1]見碑文。】

1) ㉣ '末'은 '未'의 오기이다. 다음 항목도 같다.

8. 조계종 자각 국사전【휘는 정열晶悅. 비문을 보지 못하였다.】

曹溪宗慈覺國師傳【諱晶悅。末見碑文。】

9. 조계종 담당 국사전【비문을 보지 못하였다.】

曹溪宗湛堂國師傳【碑文未見。】

10. 조계종 혜감 광조 국사전[37]

스님의 휘는 만항萬恒이고 속성은 박朴씨이다. 아버지 경승京升은 진사進士였고 웅진 사람이다. 어릴 때 깨달은 바가 있어 구산九山(禪門)에 들어갔고 승과의 장원으로 뽑혔다. 금강산(楓岳)에 가서 여름을 보냈고 지리산(智異)에 옮겨 거처하였다. 배가 고파도 먹는 것을 중시하지 않았고 추울 때 가죽옷을 입지 않았으며 몇 년 동안 자리에 눕지도 않았다. 충렬왕이 삼장사三藏社에 주석할 것을 명하였고 조계의 원오圓悟(天英) 국사 또한 그에게 권유하니 그곳에 머물렀다. 사대부 중에 삼장사로 들어가 출가한(攝衣) 이들은 이루 다 셀 수 없었다. 오중吳中[38]의 몽산蒙山 화상[39]이 국사의 글과 게송을 들어 본 후 칭찬이 그치지 않았다.

황경皇慶【원 인종의 연호】 2년 계축(1313)에 태위왕太尉王[40]이 수레를 마련하고 격식을 갖추어 스님을 원의 수도로 초청하였고 선교禪敎의 명류名流들을 불러 모았다. 스님이 이르자 방棒과 할喝이 바람이 이는 듯하였고 변론이 강물이 흐르는 것과 같아서 왕이 매우 기뻐하면서 손수 음식을 대접하였다. '별전종주別傳宗主 중속조등重續祖燈 묘명존자妙明尊者'라는 법호를 더해 받고 도구道具 50일鎰[41]을 하사받아 산으로 돌아왔다.

연우 6년 기미(1319, 충숙왕 6) 7월에 병이 나서 거처를 옮기려 하였는데 하루 전날 저녁 남쪽 봉우리의 큰 나무가 저절로 쓰러졌다. 8월 18일이 되자 머리를 깎고 옷을 갈아입은 후 유서遺書를 가다듬었고 스스로 장지를 점지하였다. 북을 쳐서 대중을 모으고 선상禪床에 기대어 이별의 게송

---

37 이는 이제현李齊賢이 쓴 비문을 요약한 것으로 원문은 『益齋亂藁』에 수록되어 있다.
38 오중吳中 : 중국 윤주潤州의 별칭으로 현재의 강소성 진강현鎭江縣 일대이다.
39 몽산蒙山 화상 : 원나라의 임제종臨濟宗 승려 몽산 덕이蒙山德異로서 여말선초 불교계에 큰 영향을 미쳤다.
40 태위왕太尉王 : 충선왕이 왕위를 양도하고 상왕으로 원나라에 있을 때의 호칭이다.
41 일鎰 : 무게를 나타내는 말로 20냥兩, 일설에는 24냥이라고도 한다.

을 고하였다.

> 오온을 두루 분명히 하니
> 죽고 태어나고 나오고 사라져도
> 어느 곳에서든 서로 만나지 않겠는가
> 강을 건넘에 뗏목이 소용없도다

무릎을 두드리고 손을 모으고는 웃음을 머금으면서 입적하였다. 다비를 하여(闍維) 절의 간방艮方(동북쪽) 산등성이에 탑을 세웠다. 임금께서 이를 듣고 시호를 혜감慧鑑, 탑호를 광조廣照라고 하였다. 세수 71세, 법랍 58년이다.

처음에 어머니 정鄭씨가 하늘에서 비취색 장막이 내려오면서 피부가 옥과 같은 아이가 정씨 품속으로 뛰어 들어오는 꿈을 꾸었다. 기유년(1259, 고종 46) 8월 6일에 태어났는데 이로 인해 막아幕兒라고 이름을 지었다. 스님이 입적함에 이르러 대방군帶方郡[42] 사람들이 백태白太라 이름 붙인 것은 꿈에서 스님이 비취색 장막을 타고 하늘로 올라간 것을 기이하게 여기다가 다음 날 절에 달려가 보니 스님이 이미 입적하였다고 해서 나온 것이다.

曹溪宗慧鑑廣照國師傳

諱萬恒。姓朴。父京升進士。熊津人。幼穎悟。赴九山。選魁科。徃楓岳夏滿。移捿智異。飢不重味。寒不襲裘。脇不至席者累稔矣。忠列王命住三藏社。曹溪圓悟亦諭之。乃住。士大夫入社摳衣者。不能勝紀。吳中蒙山。聞師文偈。歎賞不已。皇慶【元仁宗年號也。】二年癸丑太尉王安車卑辭。邀師京

---

42 대방군帶方郡 : 전라북도 남원의 옛 이름이다.

城。方聚禪敎名流。師至。棒喝風生。辯若懸河。王嘉甚。手供饌。加別傳宗主重續祖燈妙明尊者。賜道具五十鎰以還山。延祐六年己未七月遘疾。將移撂前一夕。南峯巨木自仆。至八月十八日。剃髮更衣。修遺書。自占葬地。撾皷集衆。據禪床告別偈。廓淸五蘊。死生出沒。何處不相逢。渡河不用筏。拍膝叉手。含笑而化。闍維塔于寺艮崗。上聞之。諡慧鑑。塔廣照。壽七十一。夏五十八。初母鄭氏。夢天降翠幕。有童肥玉子。躍入鄭懷中。以己酉八月六日誕。仍名幕兒。洎示滅。帶方郡人名白太者。夢師登翠幕上天去。怳而明日奔寺。見師已逝云尒。

11. 조계종 묘엄 국사전[휘는 자원慈圓]

曹溪宗妙嚴國師傳【諱慈圓】

12. 조계종 혜각 국사전[휘는 도영道英]

曹溪宗慧覺國師傳【諱道英】

13. 조계종 각엄 각진 국사전[43]

스님의 휘는 복구復丘이고 자는 무언無言이다. 고성 사람으로 '판밀직判密直 우승지右承旨 문한학사文翰學士 승지承旨'이 공李公 존비尊庇의 아들이다. 모부인母夫人은 늘 대승불경大乘佛經을 외었는데 일찍이 꿈에서 한 거사가 관복을 차려입고 앞에 나타나 "제가 얼마 후에 올 것입니다."라고 말하였다.

지원 7년 경오(1270, 원종 11) 9월 15일에 태어났다. 나이 겨우 10세에 조계 국사曹溪國師(圓悟天英)에게 나아가 머리를 깎고 구족계를 받았다. 얼마 안 있어 원오圓悟 국사[44]가 입적하면서 대선사 도영道英에게 의촉하였고 그로부터 10년간 배워 통달하였다.

경인년(1290, 충렬왕 16) 가을에 선종의 선과選科에 합격하니 이때 나이 21세였다. 견식이 이미 초탈하였고 도에 뜻을 두고 번거로움을 꺼렸다. 자각慈覺 국사[45]가 곧 스님의 두 번째 스승으로서 일찍이 학도學徒를 스님에게 맡겼는데 스님은 "스스로가 얼음이 있은 후에야 사람들에게 전할 수 있는 것이니 저는 진정으로 감당하지 못하겠습니다."라고 하고는 결국 백암사로 가서 동지 10여 인과 함께 밤낮으로 참구하였다.

10여 년이 지난 후에 월남月南[46]과 송광松廣과 같은 대도량에 주석하였다. 앞뒤로 40여 년 동안에 나라를 복되게 하고 중생을 이롭게 한 것이나 포상과 존숭, 하사받은 은총은 스님에게는 또한 껍데기(糟粕)에 불과하였다. 왕명으로 불갑사佛岬寺[47]에 주석하도록 하자 문도에게 "지난날 이 산

---

43 전라도 모악산 불갑사佛甲寺에 있던 각진 국사覺眞國師의 비는 현존하지 않으며 이달충李達衷이 지은 비문이 『東文選』에 남아 있는데 그것을 요약한 글이다.
44 원오圓悟 국사 : 천영天英(1215~1286)으로 수선사 5세 사주이다.
45 자각慈覺 국사 : 도영道英으로 수선사 8세 사주이다.
46 월남月南 : 월남사月南寺를 말한다. 월출산 남쪽인 전라남도 강진에 있던 명찰로서 삼층석탑과 「眞覺國師碑」만 전한다.

에 머물렀는데 어떤 사람이 절하면서 '스님은 여기에 머물게 될 것입니다.'라고 하였는데 지금 그것이 증명되었구나."라고 하며 곧 게송을 읊었다.

> 임금께서 오성의 불갑산을 내려 주시니
> 게으른 새가 돌아올 줄 이미 알았다 하네
> 공손하고 간절하게 천수 누리기를 축원하오니
> 이로부터 나라의 기틀이 만고에 평안하기를

지정 15년 을미(1355)에 백암에 머물렀는데 6월에 작은 병이 났고 7월 27일에 병이 조금 낫자 머리를 깎고 목욕하고는 옷을 갖추어 입고 북을 치며 평상에 앉았다.

> 마음이 곧 부처인 강서의 노인이여
> 부처도 아니고 마음도 아닌 물외의 늙은이로다
> 다람쥐와 쥐 소리 속에 나 홀로 앉았으니
> 열반과 나고 죽는 것이 본래부터 공하도다

이와 같이 게송을 읊고는 의연한 모습으로 입적하였다. 다음 날 서쪽 봉우리에서 다비를 하였고 사리함은 불갑사에 모셔졌다. 임금께서 보고를 받고 시호를 각진覺眞, 탑호를 자운慈雲이라 하였다. 세수 86세, 법랍 76년이다.【연표를 살펴보면 6년이 비는데 이는 자세히 알 수 없다.】

---

47 불갑사佛岬寺 : 전라남도 영광에 소재한 사찰로서 조선 후기부터 현재까지 중창을 거듭하여 왔다. 현재는 불갑사佛甲寺로 표기한다.

曹溪宗覺儼覺眞國師傳

諱復丘。字無言。固城人。判密直右承侍文翰學士承旨李公尊庇之子也。母夫人常誦大乘佛經。嘗夢一居士盛冠服而前曰。我已來矣。洎至元七年庚午九月十五日誕。年甫十歲。就曹溪國師。剃落受具。未幾圓悟順世。依囑從大禪師道英。學通十年。庚寅秋中禪選科。時年二十一。見已超然。志道厭煩。慈覺國師。卽師之二師也。嘗以學徒委師。師曰有得於己。然後傳諸人。吾固不敢。遂徃白嵒寺。與同志十餘人。晝夜叅究。十又餘年後。住月南松廣大道場。前後四十餘年。其間福國利生。褒崇賜錫之寵。盖又師之糟粕也。上命住佛岬寺。謂徒曰。徃宿此山。有人拜曰。師宜住此。今而驗矣。乃頌曰。君賜吳城佛岬山。人言倦鳥已知還。慇懃薦祝如天壽。從此邦基萬古安。至正¹⁾十五年乙未住白嵒。六月小疾。七月二十七日疾小間。剃沐具服。擊皷坐床。偈云。卽心卽佛江西老。非佛非心物外翁。鼯鼠聲中吾獨坐。涅槃生死本來空。儼然而化。翌日茶毘于西峰。函還佛岬。上聞之。謚覺眞。塔慈雲。壽八十六。夏七十六。【考年表。六年欠。未詳也。】

1) ㉮ '正'은 이달충이 쓴 비명에는 '元'으로 되어 있다. 비명이 오기이다.

14. 조계종 정혜 국사전【자字는 복암復庵】

曹溪宗靜慧國師傳【字復庵】

15. 조계종 홍진 국사전

曹溪宗弘眞國師傳

16. 조계종 고봉 화상전

스님의 휘는 법장法藏이고 속성은 김金씨이며 신천 사람이다. 어머니 임林씨가 지정 11년 신묘(1351, 충정왕 3)에 낳았다. 어릴 때 출가하여 도를 닦았고 나옹懶翁[48]을 찾아뵈어 스승으로 모셨으며 법명은 지숭志崇, 법호는 고봉高峯이다. 머리카락 길이가 몇 치(寸)나 되었으며 단표행單瓢行[49]을 하고 피리를 잘 불어서 사람들이 그가 현인인지를 알지 못하였다. 안동부에 청량암을 손수 짓고 녹수청산의 자연과 홍진자맥紅塵紫陌의 세속에서 30여 년을 소요하면서 성인의 성품(聖胎)을 오래도록 길렀다.

홍무 28년 을해(1395, 태조 4) 나이 45세 때에 남쪽의 낙안 금화산에 가서 머물렀다. 꿈에 범찰梵刹을 본 후 다음 날 조계산 송광사에 들어가 배회하며 사방을 둘러보니 전날 꿈과 완전히 일치하였다. 탄식하면서 문인에게 "여기에 문지방과 뜰(梱庭)을 내 새롭게 중수해야 되겠다."라고 하였다.

건문 원년 기묘(1399, 정종 1)에 대궐로 가서 보조普照와 보제普濟[50]의 대도량을 중창하길 원한다고 계문啓聞하였다. 주상[정종대왕]께서 이를 허락하시고 '겸수서운관 비보안兼受書雲觀裨補案'의 교지를 내렸다.

경진년(1400, 정종 2) 7월에 전준傳准[51]이 내려졌고 상제尙濟 등 승려와 속인 30여 명에게 권면하니 옛날과 다름이 없게 되었다. 불법승佛法僧의 전당 3, 4개소가 거의 이루어지자 나이가 들었음을 이유로 물러났다.

---

48 나옹懶翁(1320~1376) : 휘는 혜근惠勤이며 공민왕 대에 왕사王師를 지냈다. 제자 무학 자초無學自超는 조선 태조 대의 처음이자 마지막 왕사로 유명하다.
49 단표행單瓢行 : 단표는 '일단사일표음一簞食一瓢飮'의 준말로, 검소하고 소박한 생활을 뜻한다.
50 보조普照와 보제普濟 : 보조 지눌과 나옹 혜근을 가리킨다.
51 전준傳准 : 조선 시대에 정부에서 개인 재산의 소유권을 공증해 준 증서로서 입안立案과 성격이 비슷하지만 특히 국왕이 특별히 하사한 토지·노비나 매득한 재산 등을 대상으로 한다.

갑신년(1404, 태종 4)에 김해 신어산의 각암覺庵에 머물렀다. 꿈에 보제(懶翁惠勤)를 만났는데 보제가 대륜물도大倫物刀로 잘라서 마시고 그 반을 허락하면서 "모두 헛된 모습이로다. 모두 헛된 모습이로다."라고 하였다.

계묘년(1423, 세종 5) 여름 경주 봉서산에 주석하면서 꿈에 존자를 보았고, 갑신년(1404, 태종 4) 울산 불광암에 머물렀을 때도 존자를 만났는데 오래도록 나옹의 삼가三歌를 가지고 고하자 그를 인허(覽許)하였다.

갑오년(1414, 태종 14) 4월 8일 송광사로 돌아와서도 존자가 법을 설하는 것을 보고 조용히 듣고서 얻음이 있었다. 이와 같은 경사스러운 꿈은 세상에서 헤아릴 바가 아니었다. 경자년(1420, 세종 2)에 조계종 중인中印이 이 절에 주석하면서 스님의 문인 상제 등과 자신의 문인 상혜尙惠 등과 함께 당우를 증축하여 높였다.

무신년(1428, 세종 10)에 이르러 공사를 마쳤고 경술년(1430, 세종 12) 겨울에 낙성회를 열면서 겸하여 임금을 축원하는 경상회慶尙會를 설하였다.

스님은 무신년(1428, 세종 10) 7월 11일에 병세를 보였고 21일 인시에 고당古堂 웅 법사雄法師를 청하여 게송 2수를 쓰게 하였다.

> 청정한 본래 모습은 영롱함을 다하고
> 큰 강물과 대지는 창공을 끊어 점을 찍는다
> 비로자나 한 몸은 어디에서 일어났는지
> 해인삼매와 능인삼매가 통하는구나
> 칠십팔 년 만에 고향에 돌아가는데
> 대지와 산하가 모든 방향에 걸쳐 있네
> 찰나 순간 티끌 공간 모두 내가 만든 것
> 각각의 만물들이 본래 진정한 고향이도다

게송을 마치고는 의연히 입적하였다. 문인 등이 다비(闍維)를 하고 유골을 수습하여 침실에 봉안하였다.

다음 기유년(1429, 세종 11) 3월 28일에 문인 신준信俊 등이 신이한 향기를 맡고 함을 열어서 사리 두 개를 얻었다.

경술년(1430, 세종 12) 3월 24일에 합산合山 정근精勤하여 또 사리 12개를 얻었고 그믐날에도 정진精進하여 15개를 얻었으며 불성도일佛成道日에도 합산 정근하여 또한 여덟 개를 얻었으니 모두 합쳐 37개였다. 33개는 주석한 곳에 공양하였고 가장 큰 것 네 개는 송광사 북쪽 봉우리에 탑을 세워 안치하였다. 세수 78세, 법랍 68년이다.

曹溪宗高峯和尙傳

諱法藏。姓金。愼川人。母林氏。至正十一年辛卯生。卯年出家修道。謁懶翁爲師。名志崇。號高峯。髮長數寸。單瓢行善吹笛。人不知賢否。手成安東府淸涼菴。綠水靑山。紅塵紫陌。逍遙三十餘年。長養聖胎。洪武二十八乙亥年四十五。南遊樂安金華山宿。夢見梵刹。翌日入曹溪山松廣寺。徘徊四顧。完如前夢。慨歎謂門人曰。梱庭於此。某須重新。建文元年己卯。詣闕啓聞。願欲重刱普照普濟之大道場。上【定宗大王】許之。下旨兼受書雲觀裨補案。庚辰七月。傳准而來。勸諸緇素尙濟等三十餘人。與古無差。僅成佛法僧殿堂三四所。以老退。甲申住金海神魚山覺庵。夢見普濟。以大倫物刀截飮之。以半許之曰。一虛樣一虛樣。癸卯夏住慶州鳳捿山。夢見尊者。甲申居蔚山佛光庵。亦見尊者。久而告以三歌。覺許之。甲午四月八日還松廣。又見尊者說法。默然聽受。如斯慶夢。非世量也。庚子曹溪宗中印。住玆寺。與師門人尙濟等。自門人尙惠等。增崇堂宇。至戊申訖。庚戌冬落成會兼祝上設慶尙會。師戊申七月十一日示疾。二十一日寅時。倩古堂雄法師。書偈二首。淸淨本然極玲瓏。大河大地絶點空。毘盧一體從何起。海印能仁三昧通。七十八年歸故鄕。大地山河盡十方。刹刹塵塵皆我作。頭頭物物本眞鄕。偈畢儼然而逝。門人等闍維收骨。安于寢室。越己酉三月二十八日。門人信俊等。聞異香開函。得舍利二粒。庚戌三月二十四日。合山精勤。又得十二粒。晦日又精進。得十五粒。佛成道日。合山精勤。又得八粒。合三十七粒。卅三粒隨處供養。寂大四粒。樹塔于松廣之北崗。壽七十八。夏六十八。

17. 조계종 혜소 국사전

曹溪宗慧炤國師傳

18. 조계종 정각 국사전[52]

스님의 휘는 지겸志謙 또는 정인定仁이고 자는 양지讓之이다. 영광 사람으로 속성은 전田씨이며 아버지는 곡縠,[53] 어머니는 남궁南宮씨이다. 범승梵僧이 기숙하기를 청하는 꿈을 꾸고 임신하여 낳았다. 스님은 항시 무언가 생각에 잠긴 듯했다. 우연히 신이한 승려를 만났는데 그는 "이 아이는 속세에 집착할 것이 없다."라고 하였다.

나이 9세에 출가를 간절히 바랐고 11세에 사충嗣忠에게 나아가 머리를 깎았으며 다음 해에 금산사 계단戒壇으로 가서 구족계를 받았다. 당시의 공경대부들이 스님의 풍채를 사모하며 우러렀다.

금 명묘(고려 명종) 즉위 원년(1170)에 선종 승과(禪選)를 처음 거행하였는데 내시 정중호鄭仲壺가 그 선발을 담당하였다. 그의 꿈에 신인神人이 와서는 "내일 임금의 스승을 얻을 것이다."라고 알렸는데 이날 스님이 선과에 합격한 것이다. 스님이 도봉산에서 유숙하는데 꿈에 신이 나타나 "스님의 이름은 지겸志謙이다."라고 하여 그에 따라 법명을 바꾸었다.[54]

대정 29년 기유(1189, 명종 19)에 등고사登高寺에 처음 주석하였고 명창 4년 계축(1193)에 삼중대사에 제수되었으며 7년에는 선사가 더해졌다.

태화 4년 갑자(1204, 신종 7)에 대선사大禪師가 되자 사방에 명성이 이미 알려졌고 선회禪會가 열릴 때마다 스님을 반드시 주맹으로 청하였다.

승안 기미년(1199, 신종 2)에 욱금사郁錦寺에 머물렀고 왕명으로 진례군進禮郡(김해)의 선회에 갔는데 현령이 감화되어 기이한 꿈을 꾸었다.

---

52 원래 비석은 개경 화장사華藏寺에 세워졌지만 현재는 전하지 않으며 이규보가 쓴 비명이 『東國李相國集』에 수록되어 있다.
53 아버지는 곡縠 : '곡縠'은 이규보가 쓴 비명에는 '縠'로 되어 있고, 검교 태자첨사檢校太子詹事를 지냈다고 한다. 고려 태조의 공신 운기장군雲騎將軍 종회宗會의 후손이며 광종 대에 장원 급제하여 추밀원사樞密院使에 오른 공지拱之의 5대손이다.
54 법명을 바꾸었다 : 이규보의 비명에 의하면 원래 법명은 '학돈學敦'이었다고 한다.

태화 무진년(1208, 희종 4)에 가뭄이 심하여 궐내로 들어와 설법하기를 명하였는데 5일이 지나도 비가 내리지 않았다. 스님이 성을 내며 "불법佛法은 국왕에 의지해야 하는데 지금 만일 비가 오지 않는다면 영험함은 대체 어디에 있는 것입니까?"라고 하자 곧 단비가 쏟아져서 당시에 이 비를 화상우和尚雨라고 칭하였다. 스님은 효성이 지극하였는데 어머니가 돌아가셨다는 소식을 듣고는 바로 제석천에 빌면서 "어머니가 만일 수명이 다하였다면 원컨대 아들의 목숨으로 대신하게 해 주십시오."라고 하였다. 얼마 안 있어 집안 하인이 달려와 "부인께서 소생하셨습니다."라고 하였으니 이는 효성이 지극하여 생긴 일이었다.

태안 신미년(1211, 희종 7)에 국청사國淸寺로 이주하였다.

숭경 2년 계유(1213, 강종 2)에 강종康宗이 즉위하여 왕사王師를 봉하고자 하였는데 진강공晉康公(崔忠獻)이 스님을 천거하자 임금이 사신을 보내 이를 행할 것을 청하였다. 스님이 표를 올려 한사코 사양하자 임금이 특별히 상장군을 보내어 보제사普濟寺로 가서 예를 갖추어 대궐로 들게 하였고 친히 스승의 예를 행하였다. 왕명으로 광명사廣明寺[55]와 거돈사居頓寺(원주 소재)에 주석하게 하였다. 가을인 8월에 왕의 건강이 좋지 않았고 스님 또한 종기가 났는데 왕의 병을 대신하려 하였다. 임금이 승하하자 금상今上(고종)이 스승의 예를 높여 더욱 존중하였다. 진강공 또한 아들을 사신捨身하여 머리를 깎고 문인이 되게 하였고 다른 대부들도 마찬가지여서 문도의 번성함이 근래에 없던 일이었다.

정우 5년(1217, 고종 4) 문인에게 "내가 한미한 가문을 일으키고 임금의 스승이 되었으니 분에 넘치는구나."라고 말하였다. 끝내 표문을 올려 물러나기를 청하자 임금이 어쩔 수 없이 윤허하였다. 화장사華藏寺가 경관이 좋은 곳이므로 내려가서 편히 지내고 싶다고 청하였다. 진강공이 절하

---

55 광명사廣明寺 : 개경에 있던 선종 사찰로 선종 승과가 시행된 절이다.

며 전별하면서 스님을 부축하였고 또 좋은 말을 선물하였다. 스님은 비록 천 리 밖에 있었지만 임금의 그리워하는 뜻은 사그라지지 않았다.

다음 기축년(1229, 고종 16) 6월 15일에 천둥과 벼락이 갑자기 내리쳤는데 스님 또한 가벼운 병을 얻었다. 7월 2일에 문인을 불러서 편지 세 통을 쓰게 하였는데 주상과 상국相國 진양공(崔瑀)에게 부촉하기를 "고승高僧 송광사주松廣社主는 영원히 떠남을 고합니다."라고 하였다. 필사가 끝나자 "지금 떠나는 것이 편치 않다."라고 하고는 바로 잠자리에 들었다. 8일에 대중들에게

    선정의 빛은 고요하고 고요하며
    지혜의 해는 밝고도 밝다
    법계와 속세가
    배꼽 테에 갑자기 나타난다

라고 일렀다. 말을 마치고는 손을 마주 잡아 가슴에 대고 한적히 앉아서 입적하였다. 임금이 듣고는 놀라고 슬퍼하였으며 사신을 보내 장례를 돌보게 하였다. 남쪽 봉우리에서 다비를 하고 유골을 수습하여 무덤을 봉하였으니, 시호를 정각靜覺이라 한 국사의 탑이다. 세수는 85세, 법랍은 75년이다.

曹溪宗靜覺國師傳

諱志謙。又定仁。字讓之。靈光人。姓田。父穀。[1] 妃南宮氏。夢有梵僧請寄宿。有娠而生。師常若有思念。忽遇異僧。曰此子塵中無着。年九歲懇求出家。十一就嗣忠祝髮。明年就金山寺戒壇受具。一時公卿大夫。想望風彩。金明廟卽祚元年。始擧禪選。內侍鄭仲壺當選。夢神人告曰。明日得王者師。是日師中選焉。師宿道峰山。夢神告曰。師名志謙。遂改焉。大定二十九年己酉。始住登高寺。明昌四年癸丑。批除三重大師。七年加禪師。泰和四年甲子。加大禪師。旣名聞四方。凡開禪會。必請師主盟。承安己未。住郁錦寺。命赴進禮郡禪會。縣令感異夢。泰和戊辰旱甚。命入內說法。五日不雨。師憤之。佛法須憑國主。今若不雨。靈應安在。洒甘霈。時號和尙雨。師至孝。聞母亡。卽禱帝釋曰。母若算窮。願以子壽代之。未幾家僮馳告。夫人已甦。是孝所致。泰安辛未。移住國淸。崇慶二年癸酉。康主卽祚。願封王師。晋康公薦師。上遣使請行。師上表固讓。上特遣上將軍。就普濟寺。備禮入內。親受師禮。命住廣明寺居頓寺。秋八月上不預。師亦發疽。欲代之。上升遐。今上崇師禮益重。晋康公亦捨子。剃度爲門人。餘大夫亦爾。門徒之盛。近古未有也。貞祐五年謂門人曰。吾起寒門。爲王者師。於分足也。遂上表乞退。上不得已允之。以華藏寺境勝。請下安。晋康公拜餞扶掖。又贈寶馬。師雖在千里。上之眷意不已矣。越己丑六月十五日。雷震暴作。師亦微疾。七月二日召門人。裁書三度。囑今上及相國晋陽公云。高僧松廣社主。告以長邁。寫訖曰。今行未便。乃就寢。至八日告衆曰。定光寂寂。慧日明明。法界塵寰。臍輪頓現。言訖叉手當胸。悠然坐化。上聞震悼。遣使護喪。茶毘于南崗。收骨封塚。諡靜覺之塔。壽八十五。夏七十五。

1) ㉘ '毂'은 이규보가 쓴 비명에는 '毅'로 되어 있다.

19. 조계종 중인 조사전【자세히 알 수 없다.】

曹溪宗中印祖師傳【未詳】

20. 조계종 원진 국사전[56]

스님의 휘는 승형承逈이고 자는 영회永廻이며 속성은 신申씨로서 상락上洛의 산양山陽(지금의 문경) 사람이다. 아버지는 통한通漢이고 어머니는 임任씨인데 모두 일찍 세상을 떠서 3세에 고아가 되었고 숙부인 광한光漢에게 길러졌는데 어릴 때도 장난치고 놀지 않았다.

7세에 운문사 연실 선사演實禪師에게 의탁하였고 13세에 희양산 봉암사의 동순洞純 스님에게 나아가 머리를 깎았다. 다음 해 금산사 계단戒壇에 가서 구족계를 받았다.

정사년(1197, 명종 27) 봄에 보제사 선회禪會[57]에 참여했다가 순공純公(洞純)이 입적하였다는 부고를 받고 지팡이를 짚고 상喪에 달려갔다. 그해 가을에 종문의 기숙耆宿 대덕들이 광명사 선불장選佛場[58]에 참가하기를 권하였다. 당시 명묘明廟(명종)께서 평소 스님의 도행道行을 듣고 유사有司에게 명을 내려 특별히 참가자 명단(抄錄)에 넣었다. 선불장에 있던 석덕碩德들이 상床에서 내려와 합장하며 서 있지 않은 이가 없었고 스님은 승과의 상상품上上品으로 선발되었다. 그러나 스님은 원래부터 명리에 마음을 두지 않고 오로지 명산名山을 유력하고자 하였다. 결국 조계산 송광사의 보조 국사(知訥)에게 가서 법의 요체를 물어 해결한 후 오대산에 이르러 문수보살상에 예배하고 깊은 감응을 얻었다. 또 청평산에 가서 진락공眞樂公[59]의 유적을 탐방하였고 『능엄경楞嚴經』을 읽고 제상諸相이 환영이며 허망한 것임을 통찰하였다.

---

56 이공로李公老가 지은 보경사寶鏡寺 「圓眞國師碑銘」을 요약한 것이다.
57 선회禪會 : 비명 원문에는 담선법회談禪法會로 되어 있다. 담선법회는 고려 시대의 국가적 행사 중 하나로서 보제사普濟寺를 중심으로 여러 사찰에서 거행되었다.
58 선불장選佛場 : 승과僧科 시험장을 말한다.
59 진락공眞樂公 : 학자이자 거사居士로 유명한 이자현李資玄(1061~1125)을 가리킨다. 이자현은 청평산 보현원普賢院을 문수원文殊院으로 개명하고 선禪을 수행하였다.

태화 8년 무진(1208, 희종 4)에 왕명으로 유점사楡岾寺에 주석하였고, 경오년(1210, 희종 6)에는 상국 청하공淸河公이 문하를 이끌고 도성의 곽주사郭住寺에서 스님을 영접하였는데 기쁘게 받들면서 스승의 예로써 섬겼다. 청하공은 이로부터 더욱 선풍을 중시하여 조계의 법유法乳를 동국(東土)에 떨치는 데 힘을 다하였다.

　강종께서 즉위한 지 3년 만에 삼중대사의 비답을 내려 주자 스님은 억지로 직책을 맡았다. 이해 겨울에 임금께서 비전祕殿으로 불러들여 선의 어록을 검증하고 독파하였다. 스님은 앞서 금강산(楓嶽) 보덕굴普德窟에 머물 때 이와 관련한 기이한 꿈을 꾸기도 하였다.

　계유년(1213, 강종 2)에 금상(고종)께서 즉위하셨고 갑술년(1214, 고종 1)에 곽주사에서 낙성법회落成法會 개설을 명하였으며 선사(僧階)의 비답을 내려 주었다. 이해 봄에 임금께서 내전으로 불러들여 상의직장尙衣直長 동정同正 서치徐稚의 아들을 대신 출가하게 하였다. 다음 해 봄에 또 대선사를 더해 주었고 청하 보경사寶鏡寺에 머물게 하였다. 당시 항적降賊들이 모여들어 우환이 되었는데 스님이 『육조단경六祖壇經』을 설하자 여러 도적들이 모두 감동하고 깨달아 눈물을 흘리니 그들을 교화하였다.

　경진년(1220, 고종 7) 봄 태상왕(희종)이 넷째 아들을 친히 맡겨서 직접 그 머리를 깎았는데 지금 진구사珍丘寺의 주지 경지 선사鏡智禪師가 그분이시다. 칠장사에 오래도록 비가 내리지 않아 우물이 마르고 대중들이 근심하였다. 스님이 마음을 삼가면서 자각 선사慈覺禪師[60]가 설한 것을 들어 말하였다. 사가라용왕沙迦羅龍王이 큰 바다의 심궁深宮(龍宮)을 떠나지 않은 것에 비유하며 오직 자비심의 일념으로 자비의 구름을 베풀어 주고 감로甘露를 뿌려 달라는 이야기를 연이어 연설하였다. 어느 날 밤이 되자 많은 비가 내렸다. 또 팔공산 염불암에 주석할 때도 크게 가물었는데 스님

---

60 자각 선사慈覺禪師 : 송대의 종이宗頤 선사이며 『坐禪儀』의 저자이다.

은 차 한 잔을 바위 위에 올려 두고 선월화상참문禪月和尙懺文으로 나한에게 기도하였다. 범창梵唱을 불렀는데 미처 끝나기도 전에 비가 갑자기 쏟아져서 농부들이 이제 충분하다고 아뢰었다. 스님의 덕행이 감응시킨 바는 대개 이런 일들이다.

금 정우 9년 신사(1221, 고종 8)⁶¹에 능엄회楞嚴會를 개설하였는데 하루는 갑자기 대중들을 돌아보며 "정법正法은 만나기 어려우며 나 또한 오래 있지 않을 것이다. 바라건대 여러 존숙들은 세월을 헛되이 보내지 말라."라고 일렀다. 그해 6월에 이르러 가벼운 증세를 보였지만 강연을 그만두지 않았고 7월에 팔공산 염불암으로 옮겼다. 8월 28일이 되자 머리를 깎고 목욕을 하였다. 9월 2일에 시자를 불러 옷을 갈아입고 선상禪床에 앉아서는 범패를 부르게 하였다. 시자가 게송을 청하자 스님이 한참을 쳐다보다가 "이놈아, 내 일찍이 한 게송도 짓지 않았는데 이제 와서 무슨 게송이냐?"라고 하고는 선상을 세 번 내리친 후 입적하였다. 10월 10일 문인들이 팔공산 남쪽 기슭에서 다비를 하고 영골靈骨을 수습하여 탑을 세웠다. 임금께서 듣고는 놀라고 슬퍼하셨으며 시호를 원진圓眞, 탑호를 혜공慧空으로 지었다. 세수 51세, 법랍 24년이다.

曹溪宗圓眞國師傳

諱承逈。字永逈。姓申。上洛山陽人。父漢。¹⁾ 母任氏。俱早逝。三歲孤。鞠於叔父光漢。孩未嘗戲。七歲依雲門演實禪師。十三投曦陽山鳳嵓寺洞純師剃髮。明年就金山寺戒壇受具。丁巳春赴普濟寺禪會。純公凶訃。策杖赴喪。是年秋宗門耆德。勸赴廣明寺選佛場。時明廟素聞師之道行。行詔有司。特加抄錄。場中碩德。莫不下床拱立。擢爲上上品。然師旣名利。但欲

---

61 금 정우 9년 신사 : 신사년(1221)은 금 흥정興定 5년이며 정우 연간은 1216년 4년을 끝으로 다음 해에 흥정으로 바뀌었다.

遊歷名山。遂徃曹溪山松廣寺普照國師。咨決法要後。詣五坮山。禮文殊像。得冥感。又徃淸平山。訪眞樂公遺跡。閱楞嚴經。洞諸相幻妄。泰和八年戊辰。命住楡岾寺。庚午相國淸河公。率門下。迎師京師郭住寺。欣然傾盖。以禮摳衣。自是尤重禪風。使曹溪法乳。盡振東土。康廟卽政三年。批授三重大師。師强以就職。是年冬上召入秘殿。點破禪錄。師嘗寓楓岳普德窟。有異夢。癸酉今上踐祚。甲戌命設落成法會。批爲禪師。春上詔入內殿。以尙衣直長同正徐稚之子。代爲剃髮。明年春又加大禪師。因住淸河寶鏡寺。有降賊淵藪爲患。師爲說六祖壇經。群賊皆感悟流涕。而化之。庚辰春太上王親囑第四子。手落其髮。今珍丘寺住持鏡智禪師是也。以七長[2]寺久無雨。井渴。衆患之。師齋心談揚慈覺禪師所說。比如沙迦羅龍王。不離大海深宮。唯以一念慈心。與布慈雲。布灑甘露之話。相續演說。至一夜沛然雨下。又在公山念佛庵時大旱。師點一琓茶寘嵓上。禱羅漢以禪月和上懺文。作梵唱。未畢膏雨忽降。田夫告足。師德行所感多類此。金貞祐九年辛巳。設楞嚴會。忽一日顧衆曰。正法難遇。吾亦不久。請諸尊宿。母虛度光陰。季夏示微恙。猶不撤講。七月移于公山念佛庵。至八月二十八日。剃頭澡浴。九月二日喚侍者。更衣坐禪床。命唱梵。侍者請偈。師熟視曰。這漢曾不作一偈。今什摩偈耶。叩禪床三下而化。十月十日。門人茶毘于公山南麓。收靈骨立塔。上聞震悼。諡圓眞。塔慧空。壽五十一。夏二十四。

1) ㉠ '漢'은 이공로의 비명에 '通漢'으로 되어 있다. 번역은 후자를 따른다. 2) ㉠ '長'은 비명에는 '葉'으로 되어 있다.

21. 조계종 경지 선사전

曹溪宗鏡智禪師傳

22. 조계종 보각 정조 국사전[62]

스님의 휘는 견명見明이고 자는 회연晦然 또는 일연一然이다. 속성은 김金씨이며 경주 장산章山 사람이다. 아버지는 언필彦弼, 어머니는 이李씨인데 해가 방 안에 들어와 그 빛이 사흘 밤 동안 배를 비추는 꿈을 꾸고는 임신하였다. 태화 병인년(1206, 희종 2) 6월 신유일에 태어났는데 몸이 크고 풍만했으며 입은 가지런하고 걷는 모양은 소걸음과 같았으며 눈빛은 호랑이처럼 날카로웠다.

9세 나이에 해양海陽의 무량사無量寺로 가서 학업을 시작하였고 기묘년(1219, 고종 6)에 진전사陳田寺의 장로에게 의탁하여 머리를 깎고 구족계를 받았다. 선방(禪肆)을 두루 찾아다녔고 많은 이들의 추대로 구산九山 사선四選의 으뜸이 되었다.

정해년(1227, 고종 14)에 승과에 나아가 상상과上上科로 합격하였다. 병신년(1236, 고종 23) 가을에 병란이 일어나자 스님은 피하고자 하면서 문수오자주文殊五字呪를 염송하며 감응을 기대하였다. 갑자기 문수보살이 현신하여 "무주無住에 머물라."라고 하였다. 다음 해 포산包山 묘문암妙門庵에 주석하였는데 암자 북쪽에 무주실無住室이 있기에 스님은 바로 이전의 기억을 떠올려 깨달았다. "중생계(生界)는 줄지 않고 불계佛界는 늘지 않는다."라는 구절을 참구하다가 어느 날 활연히 통하여 깨우쳤다. 이해에 왕명으로 삼중대사 승계를 받았고 병오년(1246, 고종 23)에 선사로 올랐으며 기미년(1259, 고종 46)에 대선사가 되었다.

신유년(1261, 원종 2)에 왕명을 받들어 도성(京, 江華)으로 가서 선월사禪月社에 주석하며 개당하였으니 목우자(知訥)를 멀리 이었다(遙嗣).

지원 원년(1264, 원종 5) 가을에 남쪽으로 돌아올 것을 거듭 요청받아 오

---

62 원본은 민지閔漬가 1295년에 지은 인각사麟角寺의「普覺國師碑銘」이다.

어사吾魚寺에 머물렀다. 그 후 얼마 되지 않아 인홍사주仁弘社主 만회萬恢가 스님에게 사주 자리를 넘겨주었다.

무진년(1268, 원종 9) 여름 왕명으로 운해사雲海寺에서 대장경 낙성회를 설하면서 스님을 주맹으로 청하였다. 낮에는 경전을 읽고 밤에는 강설을 하니 대중들이 모두 공경하며 따랐다. 인홍사를 새로 중건하여 인홍仁興이라 하였고 용천사涌泉寺를 중수하여 불일사佛日社라고 하였는데 모두 왕명에 의해서였다. 정축년(1277)에는 왕명으로 운문사雲門寺에 주석하였는데 임금께서 시를 보내 주었다.

비밀히 전함에 어찌 반드시 스승을 바꾸어 섬기겠습니까
쇠와 땅이 만나고 얽히니 이 또한 기이하군요
연공을 청하여 대궐로 맞이하려 하는데
스님은 어찌 흰 구름 걸린 나뭇가지만 그리도 그리워합니까

신사년(1281, 충렬왕 7) 여름 임금이 동쪽으로 향하여 수레가 동도東都(慶州)에 행차하였는데, 스님에게 명하여 행재소에 와서 법좌에 오르게 하였고 불일결사문佛日結社文을 얻어 제압題押[63]하고 불일사에 들도록 하였다. 다음 해 가을 유사有司에게 왕명을 내려 광명사에 주석하게 하였는데 스님이 원院에 들어간 날 밤 어떤 사람이 "잘 왔습니다."라고 하여 세 번 밖을 살펴보았으나 보지 못하였다.

또 다음 해 봄에 왕이 여러 신하들에게 "지금 운문 화상雲門和尙이 도가 높고 덕이 뛰어나니 마땅히 온 나라 사람들이 공경해야 한다."라고 이르고 우승右承(右承旨)을 파견하여 국존國尊의 예를 봉행하였다. 스님은 한사코 사양하는 표문을 올렸지만 상장군上將軍에게 거듭 명하여 원경충조국

---

63 제압題押 : 책이나 글에 도장을 찍거나 수결하는 것을 말한다.

존圓經冲照國尊으로 책봉하였다. 4월 대궐로 맞이해 들였는데 임금이 몸소 백관들을 거느리고 스승의 예를 행하였다. 스님은 어머니가 연로함을 이유로 산에 돌아가기를 청하였고 다음 해에 모친이 나이 96세로 세상을 떠났다. 근시近侍에게 명하여 인각사麟角寺를 고쳐 짓게 하여 스님의 하산지로 삼았고 결結 수 100여 경頃의 토지를 시납하였다. 스님이 재차 구산회九山會를 여니 일찍이 없던 성황을 이루었다.

다음 기축년(1289, 충렬왕 15)에 병이 나자 7월에 임금께 올릴 표문을 직접 써서 멀리 감을 고하였다. 이날 밤 큰 별이 방장方丈(방장실) 뒤편에 떨어졌고 다음 날 을유일에 목욕하고 앉아서 북을 치게 하고는 선법당善法堂에 가서 선상禪床에 걸터앉았다. 도장(印, 印寶)을 봉하고 합장하자 선별감選別監(選軍別監)이 거듭 봉인을 마쳤다. 주장자를 세워 세 번 내리치고는 태연자약하게 말하고 웃었고 입으로 무생인無生忍[64]을 설하였다. 금강인金剛印의 수결手結을 한 채 조용히 입적하였다. 다비를 행하고(闍維) 영골을 수습하여 동쪽 산기슭에 탑을 세웠다. 임금이 듣고 시호를 보각普覺, 탑호를 정조靜照라 하였다. 세수 84세, 법랍은 71년이다.

曹溪宗普覺靜照國師傳

諱明見。[1] 字晦然。又一然。姓金。慶州章山人。考彦弼。母李氏。夢日輪入室。光射于腹。凡三夜。因有娠。泰和丙寅六月辛酉生。準豊口方。牛行虎視。甫九歲。徃海陽無量寺就學。己卯依陳田長老。剃髮受具。遊歷禪肆。衆推九山四選之首。丁亥赴。中上上科。丙申秋有兵亂。師欲避。念文殊五字呪。以期感應。忽有現身曰。無住居。明年居包山妙門庵。庵北有無住室。師乃悟前記。以生界不滅。佛界不增。叅究一日。豁然有悟。是年批授三重

---

[64] 무생인無生忍 : 무생無生의 법을 깨친다는 무생법인無生法忍의 줄임말로, 불생불멸不生不滅의 진여眞如의 깨달음을 의미한다.

大師。丙午加禪師。己未加大禪師。辛酉承詔赴京。住禪月社開堂。遙嗣牧牛子。至元元年秋。累請南還。寓吾魚寺。未幾仁弘社主萬恢。讓師主席。戊辰夏。朝旨設大藏落成會於雲海寺。請師主盟。晝讀夜說。衆皆敬服。改建仁弘爲仁興。重葺湧泉寺。爲佛日社。皆朝旨也。丁丑詔住雲門寺。上以詩寄云。寶傳何必更摳衣。金地逢招亦是奇。欲乞璉公邀闕下。師何長戀白雲枝。辛巳夏東征。駕幸東都。詔師赴行在陛座。因取佛日結社文。題押入社。明年秋勅有司。住廣明寺。入院夜。有人善來者。三視之不見也。又明年春。上謂群臣曰。今雲門和尙。道尊德盛。宜當一國共之。遣右承。奉行國尊禮。師上表固讓。仍命上將軍。册封圓經冲照國尊。四月迎入大內。躬率百僚。行摳衣禮。師以母老乞還山。明年母卒。年九十六。爲近侍勅葺麟角寺。爲下山地。納結百餘頃。師再闢九山會。古未有也。越己丑示疾。七月手寫上表。告以長徃。是夜長星殞方丈後。翌日乙酉盥浴而坐。令撾皷至善法堂。踞禪床。封印合掌。選別監重封畢。卓柱杖三下。言笑自若。口談無生忍。手結金剛印。泊然示寂。闍維收骨。塔于東麓。上聞。謚普覺。塔靜照。壽八十四。夏七十一。

---

1) ㉠ '明見'은 민지의 비명에 '見明'으로 나온다. 번역은 비명에 따른다.

23. 조계종 상제 선사전【고봉高峯의 법을 이었다.】

曹溪宗尙濟禪師傳【高峯嗣。】

24. 조계종 보감 묘응 국사전

스님의 휘는 혼구混丘, 자는 구을丘乙이고 아명(小名)은 청진淸珍, 호는 무극無極이다. 속성은 김金씨이며 아버지는 첨의평리僉議平理 홍부弘富로 청풍군 사람이고 어머니는 황려黃驪 민閔씨이다. 복령사의 관음상에 기도하여 충선왕 27년[65] 기해(1239) (7월) 27일에 태어났다. 어렸을 때 탑을 쌓는 놀이를 하였고 반드시 벽을 바라보고 앉았으며 생각이 바르고 엄정하여 친척들이 보고서 작은 아미타불(小彌陀)이라 하였다.

10세에 무위사 천경天鏡 스님에게 의탁하여 머리를 깎았고 구산 선과選科에 합격하였다. 보각普覺(一然)을 좇아 배웠는데 깊은 뜻(閫奧)을 분별하지 못하면 그만두지 않겠다고 하였다. 앞서 보각의 꿈에 한 승려가 나타나서 스스로 오조五祖 연연法演이라 하였는데, 이튿날 아침 스님이 찾아와 뵙자 혼자 마음으로 기뻐하였다. 충렬왕이 여러 번 법복法服을 내렸고 승계가 대선사에 올랐다. 덕릉德陵(충선왕)이 즉위하여 양가도승통兩街都僧統을 특별히 제수하였고 '대사자왕大獅子王 법보장해法寶藏海 국일國一'의 호를 내렸다.

황경 계축년(1313, 충선왕 5)에 덕릉이 왕위를 물려주고 영안궁永安宮에 거처할 때 중사中使를 보내어 수레로 맞이해 청하였고 조용히 도를 담론하였다. 스님을 '오불심종悟佛心宗 해행원만解行圓滿 감지왕사鑑智王師'로 책봉하였는데 두 임금이 스승으로 모신 것은 일찍이 없는 일이었다. 스님이 영원사로 물러나 있기를 청하였고 겨울인 10월에 송림사로 이주하여 편지를 고쳐 쓰고 봉인하였다. 30일에 목욕을 하고 이별을 고하는 게송을 읊었다.

---

65 충선왕 27년 : 충선왕은 1298년 왕위를 물려받았지만 7개월 만에 충렬왕이 복위하였고, 이후 1308년에서 1313년까지 충선왕이 다시 재위하였다. 따라서 충선왕 27년은 오기이며 1239년 기해년은 고종 26년이다.

가시나무 숲 안에 발을 내딛고
창과 방패 더미 속에 몸을 감추었네
흰 구름 끊어진 곳이 바로 청산인데
떠나는 사람은 다시금 청산 밖에 있구나

지리산(方丈 : 영원사)으로 돌아와 평상에 의지한 채 세상을 떠났다. 절의 서쪽에서 다비를 거행하였고 영골을 수습하여 동쪽에 탑을 세웠다. 임금이 듣고는 애도하고 추모하였으며 시호는 보감寶鑑, 탑호는 묘응妙應이라 하였다. 세수 73세, 법랍은 63년이다.

曹溪宗寶鑑妙應國師傳

諱混丘。字丘乙。小名淸珍。[1] 號無極。姓金。考僉議平理弘富。淸風郡人。母黃驪閔氏。禱于福靈寺觀音像。忠宣王二十七年己亥二十七日誕。幼戲聚塔。坐必面壁。思念端嚴。戚目爲小彌陀。十年投無爲寺天鏡師祝髮。中九山選科。從普覺學。非睹閫奧不止。嘗普覺夢有一僧。自謂五祖演。詰朝師謁。心獨喜之。忠烈王累下法服。及大禪師。德陵卽祚。特授兩街都僧統。加大獅子王法寶藏海國一之號。皇慶癸丑。德陵謝位。處永安宮。遣使興請。從容談道。册師爲悟佛心宗解行圓滿鑑智王師。兩王摳衣。前古未有。師乞退住瑩源寺。冬十月移松林[2]寺。修書封印。三十日盥沐。告別偈曰。荊棘林中下脚。干戈叢裡藏身。白雲斷處是靑山。行人更在靑山外。還方丈。據床而逝。茶毘于寺之西。收骨塔于東。上聞而追悼。謚寶鑑。塔妙應。壽七十三。夏六十三。

---

1) ㉭ '珍'은 이제현李齊賢의 『益齋亂藁』에는 '玢'으로 되어 있다. 2) ㉭ 저본의 두주頭註에 "'林'은 '廣'으로 의심된다."라고 쓰여 있다.

25. 조계종 천경 선사전【보감寶鑑 스님의 법을 이었다.】

曹溪宗天鏡禪師傳【寶鑑師嗣】

26. 조계종 대감 국사전[66]

스님의 휘는 탄연坦然이며 속성은 손孫씨이다. 아버지는 숙肅이고 어머니는 안安씨이며 산양현山陽縣 사람이다.

나이 8, 9세에 문리를 깨치고 글을 지었으며 13세에 육경六經에 통달하였고 15세에 명경생明經生이 되었다. 일찍이 속세를 벗어날 뜻을 가져서 도성의 북산 안적사로 바로 가서 사주寺主에게 나아가 머리를 깎았다.

나이 19세에 광명사로 가서 혜소 국사慧炤國師[67]를 뵈었고 모친의 연로함을 이유로 멀리 유력하지 않았다.

숙종이 왕위를 계승한 지 10년째【요遼 건통乾統 4년】인 갑신년(1104, 숙종 9)에 대선大選에 합격하였고 이해에 중원中原 의림사義林寺에 주석하도록 명받았다.

예종이 즉위하여 스님을 더욱 아끼고 중시해서 4년째인 무자년(1108, 예종 3)에 대사大師로 올려 주었고 10년째인 갑오년(1114, 예종 9)에는 삼중대사를 특별히 더해 주고 법복法服을 하사하였다. 13년에 선암사禪巖寺에 주석하였고 경자년(1120, 예종 15)에는 선사에 올랐다.

인종 원년 임인(1122, 예종 17)에 비단 수를 두른 가사袈裟를 하사받았고 5년에 천화사天和寺에 주석하였으며 6년에는 보리사菩提寺로 옮겼다. 7년에 법회를 주청하여 열었는데 평소 많던 뱀들이 이로부터 어디로 갔는지 모르게 사라지자 토착민들이 기이한 일이라고 하며 서로 전하였다.

인종 재위 10년째인 신해년(1131, 인종 9)에 대선사를 더해 주었고 14년에 보문사에 주석하였으며 16년에는 왕명으로 도성(京師)에 돌아왔다. 18

---

66 이지무李之茂가 쓴 「斷俗寺大鑑國師碑銘」을 요약한 것이다.
67 혜소 국사慧炤國師 : 송나라에 유학하여 『百丈淸規』 등을 전해 왔고 고려 숙종, 예종 때 국사를 지낸 선종 승려 혜소慧炤를 말한다. 법상종法相宗 승려인 혜소 국사 정현鼎賢(972~1054)과는 다른 인물이다.

년에는 광명사로 옮겼는데 스님이 사위의송四威儀頌과 상당어구上堂語句를 지었다. 24년 을축(1145, 인종 23)에 임금이 스승으로 모시려는 뜻을 전하였고 5월 6일에 청하여 왕사王師로 봉하였다. 오래도록 가물었는데 하늘이 바로 큰비를 내렸다.

즉위 후 2년 정묘(1147, 의종 1)에 스님이 연로함을 이유로 단속사斷俗寺로 돌아가기를 청하였고 이에 환관(中貴)을 파견하여 모시고 가게 해서 9월 3일 절에 들어갔다.

의종 재위 9년째인 갑술(1154)에 병의 증세를 보였고 다음과 같이 게송을 읊었다.

넓게 흩어진 시방세계가
한결같이 해탈문이로구나
다른 생각 내는 것을 그만두고
꿈속 혼백으로 앉아 있으련다

13년 무인(1158, 의종 12) 6월 15일에 또 게송을 마치고는 손을 모으고 입적하였다. 7월 15일 임금이 듣고서 장례를 준비하게 하였으며 시호로 대감大鑑을 추증하였다. 16일에 진주 소남역小男驛 북쪽 언덕에서 다비하였고 28일에 단속사 북쪽 기슭에 영골을 모셨다. 세수 90세, 법랍은 75년이다.

曹溪宗大鑑國師傳

諱坦然。姓孫。父肅。母安氏。山陽縣人。年八九歲解屬文。十三通六經。十五補明經生。蚤有出塵志。徑徃京北山安寂寺。從寺主落髮。年十九就廣明。謁慧炤國師。以母老不得遠遊。肅王踐祚十年【遼乾統四年也。】甲申。中大選。是年命住中原義林寺。睿王卽政。尤加愛重。四年戊子加大師。十年甲午。特加三重大師。賜法服。十三年住禪嵓寺。庚子加禪師。仁王元年壬寅。賜帖繡袈裟。五年住天和寺。六年移菩提寺。七年奏設法會。素多蛇虺。自是莫知去處。土人相傳謂異事。十年辛亥。制加大禪師。十四年住普門寺。十六年詔還京師。十八年移廣明寺。師作四威儀頌上堂語句。二十四乙丑。上傳宣以致師事。五月六日。請封王師。久旱。天乃大雨。二年丁卯。師以老乞歸斷俗寺。乃遣中貴陪行。九月三日入寺。九年甲戌示疾。偈曰。廓落十方界。同爲解脫門。休將生異見。坐在夢中魂。十三戊寅十五日。又偈畢。叉手而化。七月十五日。上聞備禮。加大鑑。十六日。茶毘于晉州小男驛北崗。二十八日。葬靈骨于斷俗寺北麓。壽九十。夏七十五。

27. 조계종 상혜 선사전【중인부】

曹溪宗尙惠禪師傳【中印副】

28. 조계종 나옹 보제 존자전[68]

현릉玄陵(공민왕)이 재위한 지 20년째인 경술년(홍무 3년(1370)]에 왕명으로 스님을 도성에 들게 하였고 광명사에 주석하게 하였다. 스님이 주관하는 대회大會와 공부선工夫選에 임금께서 친히 행차하여 향을 살랐다. 스님이 법좌에 올라 고금의 형식과 틀(窠臼)을 타파하고 범인과 성인의 자취와 흔적을 쓸어버렸다. 이에 대회에 참가한 여러 고덕高德들이 모두 땀을 흘리지 않음이 없었는데 오로지 환암 선사幻庵禪師(混修, 1320~1392)만이 삼구三句와 삼관三關을 문답하였다. 대회가 끝나고 스님은 회암사로 돌아왔다. 신해년(1371, 공민왕 20)에 공부工部(工部尙書) 장자온張子溫을 파견하여 봉인封印을 내리고 왕사로 삼았으며 '대조계종사大曹溪宗師 선교도총섭禪敎都摠攝 근수본지勤修本智 중흥조풍重興祖風 복국우세福國祐世 보제존자普濟尊者'라 하였다. 또한 송광사를 동방제일도량東方第一道場이라 이르고 그곳에 주석하도록 명하였다.

임자년(1372, 공민왕 21) 가을에 지공指空의 삼산양수三山兩水라는 글이 우연히 떠올라서 회암사로 옮겨 주석하려 했는데, 마침 이 절로 오라는 부름을 받고 머물러 달라는 청을 들었다. 이후 영원사瑩原寺로 주석처를 옮기라는 왕명이 내려졌다. 스님은 병에 걸려서 수레를 내어 삼문三門을 나서서 연못가에 이르렀는데 수레가 열반문을 나가자 대중들이 모두 두려워하며 실성한 듯 통곡하였다. 스님이 돌아다보면서 "나 때문에 중도에 그만둠이 없어야 한다."라고 하였다. 한강에 이르러 호송관 탁첨卓詹에게 "내가 병이 심하니 배를 타고 물길을 거슬러 가자."라고 하였고 7일째에 여흥에 이르렀다. 탁첨에게 다시 "조금 머물면서 병이 낫기를 기다려 떠났으면 한다."라고 하였고 탁첨이 마지못해 따라서 신륵사에 머물렀다. 5

---

68 이색李穡이 쓴 회암사檜巖寺의 「禪覺王師碑銘」이 원문이다.

월 15일 탁첨이 또 갈 길이 급하다고 독촉하자 스님은 "그것은 어렵지 않다. 내 세상을 떠날 것이다."라고 하고는 이날 진시(오전 7~9시)에 조용히 입적하였다. 군郡의 백성들이 바라보니 오색구름이 산을 덮었다가 화장이 끝나자 구름이 없어졌고 비가 내려서 유골을 씻었다. 사리 155개를 얻었는데 기도를 올리자 558개로 나뉘었고 사부대중이 재 안에서 얻은 것도 그 수를 알 수 없었다. 신이한 빛이 밝게 빛나다가 3일 만에 그쳤다. 8월 15일 절의 북쪽 기슭에 부도를 세웠고 정골사리頂骨舍利는 신륵사에 부도를 안치하였다. 임금이 듣고 시호를 선각禪覺이라 하였고 색稿(李穡)에게 명하여 글을 쓰게 하였다.

스님의 휘는 혜근惠勤이고 호는 나옹懶翁이며 초명初名은 원혜元惠이다. 영해 사람으로 속성은 아牙씨이고 아버지의 휘는 서구瑞俱이다. 어머니 정鄭씨는 금빛 새매가 날아와 머리를 쪼다가 불현듯 다섯 색채가 나는 알을 떨어뜨려 그것이 품에 들어오는 꿈을 꾸고 임신하였다. 연우 경신년(1320, 충숙왕 7) 1월 15일에 태어났다.

나이 20세에 공덕산 요연了然 스님에게 가서 머리를 깎았다. 요연 스님이 "너는 무슨 일로 출가를 하느냐?"라고 묻자 "삼계를 초탈하고 모든 중생들을 이롭게 하려 하오니 가르침을 열어 보여 주시기 원합니다."라고 대답하였다. "여기 온 너는 이 무슨 물건인가?"라고 하자 "이렇게 말하고 들을 수 있는 놈이라 올 수 있었습니다."라고 하였다. "마음을 닦고 번뇌를 끊는 방법을 아직 알지 못하니 너는 가서 다른 스승을 구해 보아라."라고 하였다.

지정 갑신년(1344, 충혜왕 복위 5)에 회암사에 가서 홀연히 깨닫고 스승을 찾으려 뜻을 품었다.

무자년(1348, 충목왕 4) 3월에 연도燕都(大都, 원의 수도)로 가서 지공을 뵈었는데 질문과 대답이 계합하였다.

지정 10년인 경인년(1350, 충정왕 2) 정월 모일에 지공이 대중을 모아 법어를 내렸는데 응대할 수 있는 이가 없었다. 스님이 대중 앞으로 나아가 몇 마디 말을 토해 내고 삼배를 하고는 나왔다. 지공은 서천西天(인도)의 108대 조사이다. 이해 봄에는 남쪽으로 강제江淛(浙江) 지방을 다녔고 가을인 8월에 평산平山(處林)을 참례하였다. 평산이 "앞서 어떤 사람을 만났는가?"라고 묻자 "지공의 일용천검日用千劍."이라 답하였다. 평산이 "지공의 천 검은 그만두고라도 네 한 검을 가져와라."라고 하자 스님은 좌구坐具로 평산을 끌어당겼고 평산이 평상 밑으로 거꾸로 넘어지면서 큰 소리로 "도적이 나를 죽인다."라고 하였다. 스님은 "이 내 칼은 사람을 죽일 수도 있고 살릴 수도 있습니다."라고 하고는 즉시 평산을 부축해 일으켰다. 평산은 설암雪巖(祖欽)이 전수한 급암及庵(宗信)의 불자拂子를 신표로 주었다.

신묘년(1351, 충정왕 3) 봄 낙가산에 이르러 관음보살에 참배하였고 임진년(1352, 공민왕 1)에는 복룡산에 가서 천암千巖(元長)을 뵈었다. 천암이 "부모가 낳기 이전에는 어느 곳으로부터 왔는가?"라고 묻자 스님은 "오늘은 4월 초하루이군요."라고 하였고 천암이 그를 인정하였다. 북쪽으로 돌아와 다시 지공을 참배하였고 법의法衣와 불자, 범서梵書를 내려 받았다.

무술년(1358, 공민왕 7) 지공에게 하직 인사를 하였고 동쪽으로 돌아간다는 수기를 받았다.

경자년(1360, 공민왕 9) 오대산에 들어갔고 신축년(1361, 공민왕 10)에는 임금이 신광사에 주석할 것을 청하였다. 11월에 홍적紅賊(紅巾賊)의 난리를 피하려 하였는데 꿈에 한 신神이 절하면서 "대중이 흩어지면 도적들이 반드시 절을 없앨 것이니 원컨대 스님은 뜻을 굳게 가지십시오."라고 하였고 다음 날 도적들이 과연 오지 않았다.

경술년(1370, 공민왕 19) 봄 원의 사도司徒인 달예達睿가 지공의 영골을 모셔 와서 회암사에 두었고 스님은 스승의 유골에 예를 올렸다. 스님이 거주하던 곳은 강월헌江月軒이라 했으며 세수는 57세, 법랍은 38년이다.

曹溪宗懶翁普濟尊者傳

玄陵在位二十年庚戌【洪武三年】詔師入京。寓廣明寺。大會工夫選。上親幸拈香。師陞座。破古今窠曰。掃凡聖蹤由。在會諸德。莫不流汗。唯幻庵禪師。問三句三關。而罷還檜嵒寺。辛亥遣工部張子溫。降印封爲王師。大曹溪宗師禪教都揔攝勤修本智重興祖風福國祐世普濟尊者。謂松廣寺東方第一道場。洒命居之。壬子秋。偶念指空三山兩水之記。欲移錫檜嵒會。以召赴是寺。得請居焉。有旨移住榮源寺。師適疾作輿。出三門。至池邊。輿者從涅槃門出。大衆咸疑。失聲號哭。師顧曰。無以余故中掇也。至漢江。謂護送官卓詹曰。吾疾劇。舟行遡流。七日方至驪興。又謂卓曰。欲小留候病間卽行。卓勉從之。寓神勒寺。五月十五日。卓又督行急。師曰。是不難。吾當逝矣。是日辰時。默然而逝。郡人望見。五雲盖山。旣火無雲。雨下洗骨。得舍利一百五十五粒。禱之分爲五百五十八。四衆得之灰中者。莫知其數。神光炤耀。三日乃已。八月十五日。樹屠於寺之北崖。頂骨屠[1]于神勒寺。上聞。謚曰禪覺。命穡爲文。師諱惠勤。號懶翁。初名元惠。寧海人。姓牙。父諱瑞俱。母鄭夢金色隼飛來。啄其頭。忽墜卵五彩入懷。有娠。延祐庚申正月十五日生。年甫冠。走功德山了然師祝髮。了師問。汝爲何事出家。對曰超三界。利群生。願開示。曰汝之來者是何物。曰此能言能聽者能來。曰但未知修斷之術。汝徃求餘師。至正甲申至檜嵒寺。忽悟尋師之志。戊子三月至燕都。叅指空。答問契合。十年庚寅正月日。空集衆下語。無能對者。師出衆。吐數語。三拜而出。空西天百八代祖師也。是春南遊江淛。秋八月叅平山。問曾見何人。曰指空日用千釰。山云且實指空千釰。將汝一釰來。師以坐具提山。山倒在床下。大叫賊殺我。師曰是吾釰。能殺人能活人。乃扶起山。以雪嵒所傳及庵拂子表信。辛卯春抵洛迦山。拜觀音。壬子[2]至伏龍山。叅千嵒。嵒云父母未生前。從甚麼處來。師曰今朝四月初一日。嵒許之。北還再叅指空。授以法衣拂子梵書。戊戌拜辭指空。受東還記。庚子入五坮山。辛丑上請住神光。十一月欲避紅賊亂。夢一神拜曰。衆散。賊必滅寺。願師固志。明日賊果不至。庚戌春司徒達睿。奉指空靈骨來。厝檜嵓。師禮師骨。師所居室曰江月軒。壽五十七。臘三十八。

1) ㉠ '厝'는 이색의 비명에는 두어 봉안하다라는 뜻의 '厝藏'으로 되어 있다. 2) ㉡ 원문에는 '壬子'로 되어 있지만 이는 귀국 후인 1372년이므로 임진년이 옳다.

29. 조계종 원규 선사전

曹溪宗元珪禪師傳

30. 조계종 태고 원증 국사전[69]

스님의 휘는 보우普愚, 호는 태고太古이며 속성은 홍洪씨로 홍주 사람이다. 아버지는 상주국上柱國 연延이고 어머니는 홍양군부인洪陽郡夫人 정鄭씨이다. 해가 품에 들어오는 꿈을 꾸고서 임신하였고 원 대덕 5년 신축(1301, 충렬왕 27) 9월 21일에 태어났다.

13세에 회암사 광지 선사廣智禪師에게 의지하여 출가하였고 19세에 만법귀일萬法歸一의 화두를 참구하였다. 원통 원년 계유(1333)에 성의 서쪽 감로사甘露寺에 머물렀는데 하루는 풀리지 않던 의심을 모두 떨쳐 버리고는 8구의 게송을 지었다. "불조佛祖와 산하는 입은 없지만 모두 삼켜 버린다."라는 것이 그 결구이다.

지원 3년 정축(1337, 충숙왕 복위 6) 나이 37세에 전단원栴檀園에 거처하면서 무자화두無字話頭를 참구하였다. 다음 해 정월 7일 오경五更(오전 3~5시) 무렵 크게 깨닫고는 게송을 지었다. "울타리의 빗장을 깨부순 뒤에야 청풍이 태고에게 부는구나."라고 한 구절이 또한 그 결구이다. 3월 양근楊根의 초당으로 돌아와 부모님을 모셨다. 신사년 봄에 삼각산 중흥사에 주석하면서 동쪽 봉우리에 암자를 세우고 편액을 태고太古라 하였다. 영가永嘉[70]의 문체를 본 따서 시가 1편(〈태고암가太古庵歌〉)을 지었다.

지정 병술년(1346, 충목왕 2) 46세 때 연도燕都(大都)로 갔는데 축원 선사竺源禪師(竺源永盛)가 이미 입적했다는 사실을 듣고 호주湖州의 하무산霞霧山으로 가서 석옥 공石屋珙(淸珙) 선사를 뵈었다. 〈태고가太古歌〉를 바치자 석옥이 마음속 깊이 그릇이라 여기고 결국 가사袈裟를 신표로 주면서 "노승은 이제 다리를 펴고 잘 수 있겠다."라고 하니 바로 임제臨濟의 18대 법손

---

69 이색李穡이 찬한 「圓證國師塔銘」을 저본으로 하고 있다.
70 영가永嘉 : 6조 혜능慧能의 제자인 영가 현각永嘉玄覺(665~713)으로 〈證道歌〉 찬자로 유명하다.

이 된 것이다. 헤어질 때 주장자를 주면서 "잘 가라. 잘 가라."라고 하였고 스님은 절하면서 받았다. 원의 수도에 돌아오니 스님의 도가 높이 칭송되고 명성이 널리 퍼졌다. 원의 황제가 듣고는 영녕사에서 개당하기를 청하였고 금란가사와 불자를 하사하였다.

지정 8년 무자(1348, 충목왕 4) 봄에 동쪽(고려)으로 돌아와서 소설산에 들어갔고 직접 농사를 짓고 산 것이 4년이었다.

임진년(1352, 공민왕 1)에 현릉玄陵(공민왕)이 스님을 불러들였고 가을이 되어서야 절로 되돌아왔다. 얼마 지나지 않아 조일신이 난[71]을 일으켰다.

병신년(1356, 공민왕 5)에 스님을 청하여 봉은사에서 법을 설하게 하였는데 현릉이 친히 왕림하여 가사와 염주를 내렸고 천자天子가 잡색雜色 단필緞疋과 가사 300벌을 하사하니 이전에 없던 일이었다. 현릉이 봉하여 왕사를 삼고 부府를 세워 원융圓融이라 명했으며 광명사에 머물게 하였다.

명 홍무 2년 기유(1369, 공민왕 18) 3월에 청을 올려 소설산으로 돌아갔다. 1382년(우왕 8) 12월 17일 병세를 보였고 24일【혹은 23일】문인을 불러 "내일 유시(오후 5~7시)에 나는 갈 것이다. 군의 지사(知郡)에게 봉인封印을 임금께 전하라고 청해라."라고 하고는 옷을 갈아입고 앉아서 임종게 사구四句를 설하였으며 읊는 소리가 끝나자 입적하였다. 임금이 매우 슬퍼하면서 향을 내렸다. 다비를 하자 사리가 무수히 많이 나왔으며 100매를 임금(大內)에게 받들어 올렸다. 시호는 원증圓證, 탑호는 보월寶月이며 세수 82세, 법랍은 69년이다.

曹溪宗太古圓證國師傳

諱普愚。號太古。姓洪。洪州人。考上柱國延。母洪陽郡夫人鄭氏。夢日輪

---

[71] 난 : 공민왕의 일등 공신이었지만 전횡을 일삼아 척살당한 조일신趙日新(?~1352)의 난을 가리킨다.

入懷而娠。元大德五年辛丑九月二十一日生。十三投檜嵓寺廣智禪師出家。十九叅萬法歸一話。元統元年癸酉。寓城西甘露。一日疑團剝落。作頌八句。佛祖與山河。無口悉呑却。卽結句也。至元三年丁丑。年三十七寓梅檀園。叅無字話。明年正月七日五更。大悟作頌曰。打破牢關後。清風吹太古。亦結句也。三月還楊根草堂。侍親也。辛巳春住三角山重興寺。卓庵東峯。扁曰太古。倣永嘉體。作歌一篇。至正丙戌年四十六。遊燕都。聞竺源禪師已逝。至湖州霞霧山。見石屋珙禪師。獻太古歌。屋深器之。遂以袈沙表信曰。老僧今日展脚睡矣。卽臨濟十八代孫也。臨別贈以柱杖曰。善路善路。師拜受。廻至燕都。道譽騰播。元天子聞。請開堂于永寧寺。賜金欄拂子。至正八年戊子春東歸。入小雪山。躬耕而養者四年。壬辰玄陵邀師。至秋還寺。未幾日作亂。丙申請師。說法奉恩寺。玄陵親臨。獻袈裟與念珠。天子賜雜色緞疋袈裟三百領。古所未有也。玄陵封爲王師。立府曰圓應。[1]留廣明寺。明洪武二年己酉三月。請還小雪山。十二月十七日示疾。二十四【或三日】召門人。明日酉時吾行。請知郡封印。更衣坐。說四句。而聲盡而逝。上甚悼降香。茶毘舍利無數。百枚奉進于大內。謚圓證。塔寶月。壽八十二。夏七十九。[2]

1) ㉠ '應'은 '融'의 오류이다. 2) ㉠ '七十九'는 탑비에 의하면 '六十九'의 오류이다.

31. 조계종 자운 선사전

曹溪宗慈雲禪師傳

32. 조계종 환암 보각 국사전[72]

　스님의 휘는 혼수混修, 자는 무작無作이며 호는 환암幻庵이다. 속성은 조趙씨이고 풍양 사람으로 아버지는 숙叔, 어머니는 경慶씨이다. 원元 연우 7년 경신(1320, 충숙왕 7) 3월 13일에 태어났다. 갓난아기 때 병을 앓았는데 점쟁이가 "이 아이는 출가를 해야만 병이 없어지고 큰 그릇이 될 것이다."라고 하였다. 대선사 계송繼松에게 보내져서 머리를 깎았고 내외의 전적을 학습하니 총명함과 지혜가 남달랐다. 어머니와 가까운 사람이 갑자기 죽었다는 소식을 듣고 스스로 더욱 비감함을 느꼈고 어머니에게 하직하고 떠나려 하는데 꿈에 해가 곧바로 자신의 얼굴을 비추는 것을 보고서 깨달았다. 기쁜 마음으로 금강산으로 가서 마음을 굳게 하여 잠을 자지 않았고 몸을 눕히지 않고 2년을 보냈다. 어머니가 그리워하며 기다린다는 말을 듣고 즉시 돌아가 뵈었고 5, 6년간 멀리 유력하여 다니지 않았다. 모친상을 당하자 대자大字 『묘법연화경妙法蓮華經』을 필사하여 명복을 빌었다. 선원사禪源寺에서 식영息影 감鑑(淵鑑) 화상을 뵈었고 『능엄경』을 배워 깊은 뜻을 터득하였다. 휴휴암주休休庵主(趙雙重)가 스님을 청해 능엄의 요지를 강연하게 하였는데 사람들을 슬프게도 기쁘게도 하였다. 3년을 지내다가 충주 청룡사에 갔는데 시냇가 위에 옛터가 있어 손수 나무와 돌을 옮겨 쌓고 편액을 연회宴晦라 하였다. 현릉玄陵(공민왕)이 회암사에 주석할 것을 청하였지만 나아가지 않고 바로 금오산金鰲山으로 들어갔다. 또한 오대산 신성암에 머물렀는데 이때 나옹懶翁 근근(惠勤) 화상도 고운암에 주석하며 수차례 서로 만나 도道의 요체를 질의하였고 나옹 화상이 가사와 불자拂子를 신표로 주었다.
　신축년(1361, 공민왕 10) 가을에 자연(山水) 속에 자취를 감추었고 기유년

72　권근權近이 찬한 청룡사青龍寺 「普覺國師定慧圓融塔碑」를 요약한 글이다.

(1369, 공민왕 18)에는 백성군白城郡 사람 김황金璜이 스님을 초청하고 서운사를 원찰로 삼았는데 스님이 가서 선회禪會를 크게 열었다.

홍무 3년【경술庚戌】(1370, 공민왕 19)에 임금이 선禪과 교敎의 선장選場을 열면서 나옹 화상에게 명해 시험을 주관하게 하였고 임금이 친히 행차하였다. 나옹 화상이 간단한 질문을 하자 대답할 수 있는 자가 없었는데 뒤늦게 스님이 도착하여 위의를 갖추고 당문當門, 입문入門 등의 삼구三句[73]에 일일이 답변하자 나옹 화상이 이내 고개를 끄떡였다. 임금이 원院에 주석하게 하고자 했지만 스님은 보고도 없이 도성을 빠져나갔고 어봉산圉鳳山에 숨어 지냈다.

홍무 5년 임자(1372, 공민왕 21)에 불호사에 주석하도록 명하였고 다음 해에 왕명으로 대궐에 들게 하였다. 갑인년(1374, 공민왕 23) 입원入院하였고 【혹은 을묘년(1365)에 원院에 들어갔고 병진년(1376)에 원에서 물러 나왔다고 한다.】, 9월에 임금이 승하하고 강령군康寧君(우왕)이 즉위하여 '광통무애廣通無碍 원묘대지圓妙大智 보제普濟'라는 호를 하사하였다.

을묘년(1375, 우왕 1)에 서운사로 돌아왔고 무오년(1378, 우왕 4)에 연회암으로 되돌아왔다. 계해년(1383, 우왕 9) 2월 조정에서 옛 제도를 따를 것을 논의하였는데 스님이 이를 듣고 은거하려 하였다. 문인인 감로장로甘露長老 경관慶觀이 "임금께서 우리 불법을 일으키려는 뜻이 매우 강하니 스승께서는 불법을 위해서라도 잠시 편안히 계시기를 바랍니다."라고 하자 스님은 떠나지 않았다. 이에 임금이 상신相臣 우인열禹仁烈을 파견하여 어서御書와 인장印章, 법의法衣와 예폐禮幣를 받들고 연회암으로 가게 하여 왕사로 책봉하였다. '대조계종사大曹溪宗師 운비복국이생運悲福國利生 묘화무궁妙化無窮 도대선사都大禪師 정변지正遍智 지웅존자知雄尊者'라 하였고 개천사를 하소下所(下山所)로 삼았다. 가을에 서운사로 갔다.

---

[73] 삼구三句 : 당문구當門句, 입문구入門句, 문내구門內句를 뜻한다.

갑자년(1384, 우왕 10)에 해적이 충주 경계로 들어오자 임금이 불러서 광엄사로 가게 하였다. 스님이 상언하여 "노승은 개천사도 해결하지 못하는데 어찌 광엄사를 겸할 수 있겠습니까?"라고 하자 임금이 "두 절의 주지를 겸직한들 무슨 해가 되겠는가?"라고 답하였다.

을축년(1385, 우왕 11) 가을에 50일 동안 백산도량白傘道場[74]을 개설하도록 명하였다. 병인년(1386, 우왕 12)에 또 보국사에서 불정회佛頂會를 열었고 정묘년(1387, 우왕 13)에 소재회消災會를 설하였다. 무진년(1388, 우왕 14) 임금이 왕위를 물리고 어린 군주가 그 자리를 계승하자 스님은 개천사로 돌아가기를 청하였다. 공양왕이 즉위하여 다시 국사國師로 봉하였다. 신미년(1391, 공양왕 3)에 대장경을 교열하였고 다음 해에 노환을 이유로 표를 올려 사직하였다. 임신년(1392, 태조 1)에 청룡사靑龍寺로 옮겼고 9월 18일 문인들에게 "나는 간다. 고을 관원에게 봉인封印을 청해라."라고 이르고는 저녁이 되자 고요히 앉아서 입적하였다. 8일 동안 평상에 앉은 채였고 그 모습이 평소 때와 같았다. 25일 연회암 북쪽 산기슭에서 다비를 하였고 눈과 같이 하얀 유골을 수습하였다. 임금이 듣고서 애도하였고 시호를 보각普覺, 탑호를 정혜원융定慧圓融이라 하였다. 조금 지난 12월 갑신일에 청룡사 북쪽 봉우리에 탑을 세웠다. 세수는 75세, 법랍은 60년이다.

曹溪宗幻庵普覺國師傳

諱混修。字無作。號幻庵。姓趙。豊壤人。考叔。[1)] 妣慶氏。元延祐七年庚申三月十三日生。少嬰疾。卜者曰。此兒令出家。終不疾而作大器矣。令投大禪師繼松祝髮。習內外典。聰慧異常。忽聞母隣有暴死者。益自悲感。辭母將行。夢見日輪直照師面。旣覺。欣然徃金剛山。心不寐。脇不側。旣二稔。

---

74 백산도량白傘道場 : 오불정五佛頂의 하나인 백산개도량白傘蓋道場으로, 중생에게 자비를 베푸는 것이 일산日傘을 덮는 것과 같다고 하여 붙여진 명칭이다.

聞母戀望。卽來觀省。不敢遠遊凡五六年。及母喪。寫大字蓮經。資其冥福。謁息影鑑和尙于禪源。學楞嚴得深旨。休休庵主請師演楞嚴要旨。令人悲喜。住三年。徃忠州靑龍寺。溪上舊址。手搬木石。扁以宴晦。玄陵請住檜嵒寺。不就。乃入金鰲山。又五坮山神聖庵。時懶翁勤和尙。亦住孤雲庵。數相見質道要。翁以衣拂表信。辛丑秋晦迹山水間。己酉白城郡人金璜邀師。以願利瑞雲寺。師至大張禪會。洪武三年。【庚戌】上設禪敎選場。命懶翁試之。上親臨。翁下一言。無能對者。師後至。具威儀。而當門入門等三句一一對之。翁乃領之。上欲住院。師不告出城。隱圍鳳寺。[2] 五年壬子。命住佛護寺。明年詔入內。甲寅入院【或乙卯入院。丙辰謝院云】九月上賓于天。康寧君立。賜廣通無碍圓妙大智普濟之號。乙卯歸捿雲寺。戊午還宴晦。癸亥二月。朝議欲遵舊制。師聞欲隱。門人甘露長老慶觀曰。國主爲興我法意甚盛。願師爲法小安。師不行。王遣相臣禹仁烈。奉御書印章法衣禮幣。就宴晦庵。册爲王[3]師。大曹溪宗師運悲福國利生妙化無窮都大禪師正遍智雄尊者。以開天寺爲下所。秋徃瑞雲寺。甲子海賊入忠州界。王邀至光嚴[4]寺。師上言曰。老僧未解開天。況兼光嚴乎。王曰。兼之何害。乙丑秋命設五十日白傘道場。丙寅又設佛頂會于輔國寺。丁卯設消灾會。戊辰王遜位。幼君襲位。師乞歸開天寺。恭讓卽祚。更封國師。辛未校大藏。以老病表辭。壬申移于靑龍。九月十八日謂門人曰。吾行矣。請州官封印。至晚儼然坐化。坐床八日。皃若平時。二十五日。茶毘于宴晦庵北麓。拾骨白如雪。上聞惻悼。諡普覺。塔定慧圓融。後十二月甲申。窆于靑龍之北峯。壽七十五。夏六十。

1) ㉘ '叔'은 권근의 비명에는 '趙叔鴒'으로 되어 있다. 2) ㉘ '圍鳳寺'는 권근의 비명에는 '圍鳳山'으로 되어 있다. 3) ㉘ '王'이 권근의 비명에는 '國'으로 되어 있다. 4) ㉘ '嚴'이 권근의 비명에는 '巖'으로 되어 있다.

33. 조계종 천봉 만우 선사전

曹溪宗千峯卍雨禪師傳

34. 조계종 무학 묘엄 존자전

휘는 자초自超이고 호는 무학無學이고 또 헌계월軒溪月이며, 속성은 박朴씨로서 경남 합천 삼기三岐 출신이고, 아버지 이름은 인일仁一이다. 어머니는 고성 채蔡씨인데 꿈속에서 초하룻날의 햇살을 받고 나서 임신을 하였다. 태정 4년 정묘년(1327, 충숙왕 14) 9월 20일에 태어났다. 강보를 벗어나자마자 청소를 하였다. 그리고 학업을 시작하였는데 다른 사람들이 그를 앞서지 못하였다.

18세(1344, 충혜왕 복위 5)에 출가할 마음이 있어서 조계산 혜감 국사慧鑑國師의 상족인 소지 선사小止禪師에 의지하여 머리를 깎고 구족계를 받았다. 그리고 용문산의 혜명慧明과 법장法藏 두 국사에게 나아가서 불법을 묻자 국사들이 말했다. "불법의 바른 길을 터득할 사람은 바로 그대가 아니면 누구이겠는가?" 마침내 정국암淨國庵에 주석하였다. 어느 날 불이 났을 때 선사는 마치 목각 인형처럼 홀로 정좌靜坐하고 있었는데, 불이 저절로 꺼졌다.

병술년(1346, 충목왕 2) 겨울에 『능엄경』을 읽고 깨친 바가 있어서 스승에게 말씀드리자 스승이 칭탄하였다. 이로부터 잠도 자지 않고 밥 먹는 것도 잊어버리면서 오직 참구에만 전념하였다.

기축년(1349, 충정왕 1) 진주의 길상사吉祥寺에 나아갔다.

임진년(1352, 공민왕 1) 묘향산의 금강굴金剛窟에 주석하였는데, 혹 졸리면 곧 종과 경쇠로 잠을 쫓았다.

계사년(1353, 공민왕 2) 연도燕都(大都, 원의 수도)에 나아가서 지공 대사를 참문하여 예배를 드리고 말했다. "삼천팔백 리를 찾아와서 화상의 면목을 뵙니다." 그러자 지공이 말했다. "고려인이 모두를 죽이는구나." 이에 대중이 크게 놀랐다.

갑오년(1354, 공민왕 3) 정월에 법천사에 도착하여 나옹 화상을 참문하였다. 나옹이 한번 보고는 무학을 큰 그릇으로 여겼다. 무학은 오대산을 지나 서산의 영암사를 유력하였는데, 수년 동안 선정에 들어가서 공양하는 것도 잊어버렸다. 나옹이 그것을 보고는 물었다. "그대는 죽었는가?" 그러나 무학은 웃을 뿐 대답하지 않았다. 어느 날 밤 꿈에 무학 자신이 나옹의 조실에 들어가니 나옹이 말했다. "오늘에야 내가 그대를 속이지 않았음을 알았다." 나중에 무학에게 말했다. "서로 알고 있는 사람은 천하에 가득하지만, 마음을 아는 사람은 몇 명이나 되겠는가?" 또 말했다. "깨침이 사람에 있는 것은 마치 코끼리가 상아를 감출 수 없는 것과 같다."

병진년(1356, 공민왕 5)에 해동으로 돌아가려고 나옹에게 작별 인사를 드렸다. 이에 나옹은 손수 다음과 같은 게송 하나를 써 주었다.

> 주머니에는 별천지 있음을 이미 믿지만
> 해동과 중국서 똑같이 삼현법[75] 활용하라
> 그대한테 참방한 뜻이 무어냐고 묻거든
> 그 자리에서 때려눕히고는 말하지 말라

무학이 나옹과 지공에게 삼산양수三山兩水의 현기를 받아 가지고 해동에 돌아와서는 천성산 원효암에 주석하였다. 기해년(1359, 공민왕 8)에 나옹 화상을 신광사로 찾아뵈니,[76] 나옹 화상이 다음과 같은 시를 주었다.[77]

---

[75] 삼현법三玄法 : '삼현'은 임제 의현臨濟義玄이 납자를 접득하기 위하여 시설한 세 가지 현묘한 도리이다. 체중현體中玄은 언중言中에 조금의 가식도 없이 사물의 존재 그대로의 진상과 실상을 드러내고 있는 구이다. 구중현句中玄은 분별정식分別情識에 걸리지 않는 실어實語로서 언어에 구애되지 않고 현오玄奧를 잘 깨치도록 해 주는 구이다. 현중현玄中玄은 일체의 상대적 논리와 어구의 질곡을 벗어난 현묘한 구를 말하는데, 달리 용중현用中玄이라고도 한다.
[76] 무학은 1356년에 귀국하였고, 나옹 화상은 1358년에 귀국하였다.
[77] 신광사로 나옹 화상을 찾아뵈었을 때 그곳의 스님들이 무학을 시기하고 질투하자 이에 내려 준 게송이다.

게으른 무리는 인견 아견 일으켜서
시비를 망설함이 그보다 더할 수 없다
헤어진 후로 따로 상량할 도리 있는데
누가 그 속의 뜻이 현묘함을 알겠는가
대중이 다 옳지 않다고 맘대로 말해도
그대가 공겁전[78]의 소식 깨친 줄을 안다

무학 대사는 고달산高達山에 들어가서 암자를 세우고 자성을 지켰다.
신해년(1371, 공민왕 20)에 전조前朝의 공민왕은 나옹을 왕사로 책봉하여 송광사에 주석하도록 하였다. 나옹이 의발을 무학에게 부촉하였다.
계유년(1393, 태조 2)에 태조가 땅을 골라서 도읍을 세우려고 계룡산과 신도新都(三角山, 현재의 서울)를 순행하는 길에 대사가 모두 함께 따랐다. 이전 태조 원년(1392)에는 대사를 송악으로 불러 법의法衣를 갖추어 주고 왕사로 책봉하여 '대조계종大曹溪宗 선교도총섭禪敎都摠攝 전불심인傳佛心印 변지무애辯智無碍 부종수교扶宗樹敎 홍리보제弘利普濟 도대선사都大禪師 묘엄존자妙嚴尊者'라 하였다. 대사가 향을 들고 말했다. "오늘날 개국의 초기에 형벌을 받은 자가 한둘이 아닙니다. 바라건대 전하께서는 한번 똑같은 자애심으로 돌아보시어 모든 신하와 백성으로 하여금 다 함께 태평성대(仁壽之域)에 이르도록 해 주신다면, 실로 우리의 국가가 끝없는 복이 될 것입니다." 태조가 그것을 가상하게 여겼다.
그해 9월에 대사는 광명사에서 지공과 나옹 두 스승의 진영을 모시는 행사에서 다음과 같은 진찬을 지었다.

---

78 공겁전空劫前 : 분별이 발생하기 이전의 청정하고 순수한 세계로서 위음왕불이전威音王佛以前 또는 부모미생이전父母未生以前과 동일한 의미이다.

지공 보우의 칼날과 평산 처림의 할은
공부선의 선택으로 어전에서 향하고
최후로 신광사에서 사리를 남겼는데
삼한의 조실들에게 만년토록 전했네

10월에 연복사에서 국가적인 장경불사藏經佛事[79]를 개설하였는데, 무학 대사에게 주관하도록 명하였다. 무학 대사는 무인년(1398, 태조 7)에 사퇴의 뜻을 밝힌 후에 금강산 진불암眞佛庵에 들어갔다. 을유년(1405, 태종 5) 봄에 병환이 있었는데, 대사는 시자가 올린 약을 물리면서 말하였다. "팔십의 나이에 병이 났는데 약은 써서 무엇 하겠는가?" 4월에 금장암金藏庵으로 주석처를 옮겼고, 그해 9월 11일 시적하였다. 세수는 79세이고, 법랍은 61년이다.

曹溪宗無學妙嚴尊者傳

諱自超。號無學。軒溪月。姓朴。三岐人。考仁一。母固城蔡氏。夢初日射懷有娠。以泰定四年丁卯九月二十日生。免襁褓行掃除。及就學。人莫敢先。十八有出塵志。依曹溪慧鑑國師上足小止禪師。薙髮具戒。至龍門山慧明法藏二國師諮法。乃曰得正路者。非汝而誰。遂居淨國庵。一日失火。師獨靜坐。如木偶人。火仍滅之。丙戌冬看楞嚴有悟。告其師。師稱歎。自是發枕[1)]忘饌。專於叅究。己丑抵鎭州吉祥寺。壬辰住妙香山金剛窟。或睡則有鍾磬以警之。癸巳走燕都。叅指空拜云。三千八百里。叅和尙面目。空云高麗人都殺了。衆乃大驚。甲午一月。到法泉寺。叅懶翁。翁一見甚器之。遊歷五坮靈嵓。數載在定。有當食不知。翁見之。汝死了。師笑不答。一日夜

---

79 장경불사藏經佛事 : 대장경을 독송하는 불사로서 일정한 부분을 여러 군데 선택하여 정해진 시간 동안 독송한다.

夢。師入翁室。翁云。今日乃知吾不汝欺。謂師曰。相識滿天下。知心能幾人。又曰道之在人。如象之牙藏之不得也。丙辰欲東還告辭。翁手書一偈云。已信囊中別有天。東西一任用三玄。有人問爾衆訪意。打倒面門更莫言。[2] 亦以指空三山兩水之記授之。既還住天聖山元曉庵。己亥徃見翁於神光寺。翁以詩贈云。閑僧輩起人我見。妄說是非甚不然。分袴別有商量處。誰識其中意更玄。任爾諸人皆不可。我言透過空刼前。師入寺[3] 達山。卓菴自守。辛亥前朝恭王封懶翁爲王師。命住松廣寺。翁以衣鉢付師。癸亥[4] 太祖欲相上建都。巡鷄龍山及新都【三角山也】師皆從之。太祖元年。召師至松京。具法衣。封爲王師。大曹溪宗禪敎都揔攝傳佛心印辯智無碍扶宗樹敎弘利普濟都大禪師妙嚴尊者。師拈香云。今當開國之初。陷刑者非一。願殿下一視同仁。俾諸臣民。共臻仁壽之域。實吾家國無疆之福也。上嘉之。九月師以二師掛眞于廣明寺。製贊曰。指空千釼平山喝。選擇工夫對御前。最後神光遺舍利。三韓祖室萬年傳。十月國設藏經佛事於演福寺。命師主席。師自戊寅辭退。旋入金剛眞佛庵。乙酉春有疾。侍者進藥。師却之曰。八十有疾。何用藥爲。四月移金藏庵。九月十一日示寂。壽七十九。夏六十一。

---

1) ㉘ '發枕'은 보편적으로 '癈寢'으로 활용되는 경우가 많다. 2) ㉘ 무학 대사 비문에 의하면 '言' 뒤에 '師既還懶翁'이 있다. 3) ㉘ '寺' 뒤에 '高'가 있어야 옳다. 4) ㉘ '亥'는 '酉'가 옳다.

35. 조계종 혜명 선사전

曹溪宗慧明禪師傳

36. 조계종 대지 혜월 국사전

휘는 찬영粲英이고, 자는 고령古櫟이며, 법호는 목암木菴이고, 성은 한韓씨이다. 아버지는 적績으로 양주 사람이고, 어머니는 곽郭씨로서 청주 사람이다. 태정 5년 무진년(1328, 충숙왕 15) 정월 8일에 탄생하였다.

나이 14세(1341, 충혜왕 복위 2)에 한수漢水에서 헤엄치고 놀다가 삼봉이 우뚝 솟아 있는 것을 보고 초연히 출가의 뜻을 품었다. 중흥사 원증 국사圓證國師에게 나아가 머리를 깎았다. 5년 만에 법을 받고 1346년, 충목왕 2년에는 정혜 국사定慧國師를 친견하였고,[80] 다시 가지산에 나아갔다. 또한 유점사의 자운 화상慈雲和尙에게 참문하였다.

경인년(1350, 충정왕 2)에 구산선九山選[81]의 상과上科에 올랐다. 계사년(1353, 공민왕 2)에는 다시 괴과魁科(문과 중의 갑과)로 급제하였다. 이에 국일 지엄國一智嚴 존자가 선사의 관상을 보고 말했다. "이 사람은 왕의 스승이 될 것이다." 선사는 옷자락을 떨치고 소설산小雪山으로 들어갔다가, 다시 삼각산으로 들어가서 일대사를 구명究明하면서 3년을 지냈다.

기해년(1359, 공민왕 8)에 현릉玄陵(공민왕)이 선사를 초청하여 그 모습을 보고 벽안호碧眼胡[82]라고 칭탄하였다. 그리고 양가도승록兩街都僧錄을 맡기자, 대사 곧 찬영 선사는 수년 동안 그 일을 맡았다가 그로부터 벗어났다. 선사는 칙명으로 석남사와 월남사와 신광사와 운문사 등에 주석하였다.

임자년(1372, 공민왕 21) 봄에 조칙으로 궁궐로 맞이하여 '정지원명무애淨智圓明無碍 국일선사國一禪師'라는 호를 내렸고, 또 가사와 발우와 불상 등

---

80 정혜 국사定慧國師를 친견하였고 : 1346년(충목왕 2)의 일이다.
81 구산선九山選 : 구산선문의 승과고시인 공부선工夫選을 가리킨다.
82 벽안호碧眼胡 : 푸른 눈은 훌륭한 조사 내지 선지식을 가리킨다. 벽안호는 곧 푸른 눈을 가진 오랑캐, 즉 달마 대사를 가리키는 말이다.

을 하사하였다.[83]

갑인년(1374, 공민왕 23) 봄에 현릉이 붕어하자 우왕은 칙명을 내려서 가지사迦智寺에 주석하게 하고, 특별히 '선교도총섭禪敎都摠攝 정지원명淨智圓明 국일도대선사國一都大禪師'라고 가호加號하였다.

정사년(1377, 우왕 3)에 국사가 되어 달라는 요청을 고사하고 보개산으로 들어가면서 상소를 올려서 병을 핑계로 물러났다.

이듬해(1378, 우왕 4) 칙지를 받들어 가지산에 주석하였다.

임술년(1382, 우왕 8)에 청량사 방장실에 머물렀다.

계해년(1383, 우왕 9) 3월에 왕사로 책봉하고 '대조계종大曹溪宗 불일명변佛日明辨 대지우세大智祐世 이생보제利生普濟 무애도대선사無碍都大禪師 묘변지원응존자妙辯智圓應尊者'라는 호를 내렸다. 그리고 사신을 파견하여 억정사憶政寺에 주석토록 하였다.

갑자년(1384, 우왕 10)에 중흥사 원증국사비圓證國師碑를 건립하였다.

을축년(1385, 우왕 11) 우왕이 광명사로 초청하였고, 무진년(1388, 우왕 14)에 어린 임금 곧 창왕으로 하여금 왕위를 계승토록 하자 왕사의 인장을 선사에게 다시 돌려보냈다. 그해 10월에 홍성사로 옮겨서 머물렀다. 이듬해 기사년(1389, 공양왕 1) 2월에 칙명으로 억정사에 주석하도록 하였다. 선사는 그해 6월 28일에 대중을 불러 놓고 말했다. "나는 껍데기를 벗어 버릴 것이다." 그리고 마침내 다음과 같은 고덕의 시를 읊어 주었다.

> 이처럼 보고 듣는 것도 곧 보고 듣는 것이 아니므로
> 어떤 소리와 색으로도 그대들에게 보여 줄 것이 없다
> 이 가운데 온전하게 무사한 도리를 깨달아서 안다면

---

83 또 가사와~등을 하사하였다 : 이때 공민왕은 선사에게 금루金縷의 비단으로 만든 가사와 발우와 묘필妙筆과 관음대사상觀音大士像 등을 내렸다.

본체와 작용 나뉨과 나뉘지 않음에 상관이 없다네[84]

그리고 "천만 게송을 짓는데도 이 게송을 초월하지 못하리라.(千偈萬偈不越是矣.)"[85]라고 하고는 머리를 북쪽으로 두고 오른쪽 옆구리를 대고 조용하게 입적하였다. 다비를 하여 유골을 수습하여 동쪽 기슭에 부도탑을 건립하였다. 공양왕이 소식을 듣고 시호를 지감대지智鑑大智라 하고, 탑호를 혜월원명慧月圓明이라 하였다. 세수는 63세이고, 법랍은 49년이다.

曹溪宗大智慧月國師傳

諱粲英。字古樗。號木菴。姓韓。考績。楊州人。妣郭氏。淸州人。泰定五年戊辰一月八日誕。年十四游漢濱。望見三峰屹立。超然有出塵志。投重興圓證國師祝髮。受法五年。造定慧國師。赴迦智山。又祭楡岾寺慈雲和尙。庚寅登九山選上科。癸亥[1]又魁科。國一智嚴尊者相[2]曰。此子爲王者師矣。師拂衣入小雪山三角。究明一大事三夏。己亥玄陵招致之。稱其貞曰碧眼胡云。以爲兩街都僧錄。大師數年。師解之。命住石南月南神光雲門等刹。壬子春詔內院。賜號淨智圓明無碍國一禪師。又賜衣鉢佛像。甲寅春玄陵賓天。王命住迦智寺。特加禪敎都摠攝淨智圓明國一都大禪師。丁巳固辭。入寶盖山。抗書辭病。明年承旨住迦智。壬戌淸涼方丈居焉。癸亥三月。册爲王師。大曹溪宗佛日明辨大智祐世利生普濟無碍都大禪師妙辯智圓應尊者。遣使邀于憶政寺。甲子樹重興寺圓證國師碑。乙丑王邀廣明寺。戊辰幼君嗣位。封還印章于師。十月移興聖。明年己巳二月。命安于憶政。六

---

84 대지 혜월 국사의 임종게에 해당한다. 그런데 이 시는 삼평 의충三平義忠의 게송을 운문 문언雲門文偃이 인용했던 것으로 알려져 있다. 『雲門匡眞禪師廣錄』 권중(T47, 554b8) 참조.
85 이 구는 한 제자가 임종게를 청하자 위의 4구 이외에 임종게가 달리 없다고 말한 것으로 알려져 있다.

月二十八日。告衆曰。吾當脫殼。遂頌古詩曰。卽此見聞非見聞。無餘聲色可呈君。箇中若了全無事。體用無妨分不分。千偈萬偈不越是矣。北首右脇。寂然而逝。茶毘收骨。塔于東崖。上聞之。諡智鑑大智。塔慧月圓明。壽六十三。夏四十九。

1) ㉖ '亥'는 '巳'가 옳다. 2) ㉖ 목암 찬영의 비문에 의하면 '相' 뒤에 '之'가 있다.

37. 조계종 소지 선사전【혜감惠鑑의 법사法嗣이다.】

曹溪宗小止禪師傳【惠鑑嗣。】

38. 조계종 구곡 각운 선사전

휘는 각운覺雲이고 호는 구곡龜谷이며 자는 소은小隱으로 호남 용성龍城(남원) 출신이다. 현릉玄陵(공민왕)이 〈달마절로도강도達摩折蘆渡江圖〉와 〈보현육아백상도普賢六牙白象圖〉를 그려서 내려 주었다. 또 구곡 각운龜谷覺雲이라고 손으로 쓴 네 글자와 22자나 되는 법호[86]를 내려 주었다. 그리고 이색李穡에게 명하여 구곡과 각운에 대한 찬시[87]를 쓰도록 하였다. 그리고 관작을 운운.

曹溪宗龜谷覺雲禪師傳

諱覺雲。號龜谷。字小隱。湖南龍城人。玄陵畫達摩折蘆渡江圖普賢六牙白象圖賜之。又手書龜谷覺雲四字。兼賜二十二字法號。命李穡爲之贊。云龜谷覺雲。卽衣冠之冑云云。

---

86 법호法號 : 공민왕이 내려 준 '대조계종사大曹溪宗師 선교도총섭禪敎都摠攝 숭신진승崇信眞乘 근수지도勤修至道 도대선사都大禪師'를 가리킨다.
87 찬시贊詩 :『牧隱文藁』권12에는 구곡, 법명(각운), 달마, 보현에 대한 찬시가 수록되어 있다.

화기는 하늘에 있고 허령함은 사물에 있네	和氣在天 虛靈在物	
간직한 신령한 작용은 하늘도 막지 못하네	惟藏神用 弗或天閼	
누가 고루 베풀어 우주를 하나로 만드는가	疇均此施 六合爲一	〈龜谷〉
이 몸은 허공이요 하늘과 물이 한 빛이라네	是身虛空 天水一色	
저 멀리 떠나가는데 바람 맑고 날은 밝네	渺然而逝 風淸日白	
거기에 겨자 하나 있는데 불식일 뿐이라네	芥乎其間 唯一不識	〈達磨〉
여섯 어금니 큰 코끼리 들판으로 나갔다네	六牙大象 布武大野	
부귀와 풍류 저 훌륭한 모습을 잘 살펴라	富貴風流 見此粲者	
슬프구나 토끼 길목에 내 가마가 지나가네	哀哉兔逕 方騁吾駕	〈普賢〉
무심으로 마음 삼아 큰 허공으로 드나드네	無心爲心 出入大虛	
바람 비를 벗 아들 삼는 것 퍽 부지런하네	友風子雨 亦曰勤渠	
오묘한 깨침을 스님이 아니면 뉘 알겠는가	妙悟所以 非師誰歟	〈法名〉

39. 조계종 벽계 정심 선사전

휘는 정심淨心이고 호는 벽계碧溪이며 성은 최崔씨로서 금산 출신이다. 명나라에 들어가서【연대가 알려져 있지 않다.】임제종의 총통 화상에게서 법인法印을 받고 돌아와서 구곡 각운의 법맥을 원사遠嗣하였다. 공양왕 대에 불법사태로 인하여 머리를 기르고 처자를 거느리다가 황악산에 들어가서 고자동古紫洞 물한리物罕里에 은거하였다.【이곳은 물이 많은 마을(水多村)이다.】 족적을 감추고 은둔하였기에 자호를 회은晦隱이라 하였다. 장차 시적하려 할 때 벽송 지엄碧松智嚴 선사에게 선맥을 전승하고, 정련 법준淨蓮法俊 대사에게 교맥을 전승하였다. 벽송 지엄은 태고 보우의 제4세이다.

曹溪宗碧溪淨心禪師傳

諱淨心。號碧溪。姓崔。金山人。入明。【未知年記】佩臨濟宗下摠統和尙法印而來。遠嗣龜¹⁾矣。恭王時因沙汰。長髮畜妻孥。入黃岳山。隱于古紫洞物罕里。【卽水多村】晦迹隱遁。故自號晦隱。將啓手足也。傳禪于碧松智嚴禪師。傳敎于淨蓮法俊大師。卽太古下四世云尒。

1) ㉯ '龜' 뒤에 '谷'이 있어야 한다.

40. 조계종 경관 선사전【환암 혼수幻庵混修의 법사法嗣이다.】

曹溪宗慶觀禪師傳【幻庵嗣】

41. 조계종 벽송 지엄 선사전

휘는 지엄智嚴이고 호는 야로野老이며 당호는 벽송碧松이고 성은 송宋씨이다. 아버지 이름은 복생福生이고 부안 사람이다. 어머니는 왕王씨인데 꿈에 범승梵僧이 집에 머물고 간 뒤 임신을 하였다. 천순 8년 갑신년(1464, 세조 10) 3월 15일에 태어났다. 씩씩하고 무예가 남들보다 뛰어났는데 더욱이 글을 좋아하여 칼자루에도 글을 새겨 놓고 읽었다.

홍치 4년 신해년(1491, 성종 22) 5월에 여진족이 북쪽 국경을 침범하자 성종이 허종許琮에게 장수를 명하여 2만 명의 병사로 여진족을 정벌하였는데, 벽송 지엄도 또한 무기를 들고 참여하여 크게 전공을 세웠다. 전쟁이 끝나자 지엄은 크게 탄식하면서 말했다. "대장부가 마음을 지키지 못한다면 설령 크게 공을 세운다 할지라도 한낱 헛된 명예만 숭상할 뿐이다." 이에 군복을 벗고 계룡산으로 들어갔다. 거기에서 조징 대사祖澄大師를 참문하여 갓을 벗고 머리를 깎았는데 그의 나이 28세였다.

먼저 연희 교사衍熙教師를 참방하여 원돈법圓頓法에 대하여 물었고, 다음에 정심 선사淨心禪師에게 참문하여 달마서래達磨西來의 종지를 물었다.

정덕 3년 무진년(1508, 중종 3) 가을에 금강산에 들어가서 『대혜어록大慧語錄』을 읽고는 무자화두無字話頭를 의심하여 칠통을 타파하였다.[88] 또한 『고봉원묘선사어록高峰原妙禪師語錄』을 읽다가 "멀리 타방세계까지 휘날려 버려야 가능하다(颺在他方)"[89]라는 말에서 이전의 분별지해를 완전히 탈락하였다. 대혜 종고大慧宗杲는 육조 대사의 17대 적손이고, 고봉 원묘高峰原妙는 임제종 제18대 적손이다. 벽송 지엄은 500년 전에 형성된 임제종파

---

88 무자화두無字話頭를 의심하여 칠통을 타파하였다 : 무자화두를 참구하여 깨쳤음을 가리킨다.
89 『高峰原妙禪師語錄』권下(X70, 696c18), "若要究竟衲僧向上巴鼻. 直須和座颺在他方世界始得."

를 은밀하게 전승하였는데, 그것은 마치 정주程朱⁹⁰가 태어나서 멀리 공자와 맹자의 계통을 전승한 것과 같았다.

신미년(1511, 중종 6) 48세 때 용문산에 들어가서 두 철을 지내고 계유년(1513, 중종 8)에는 오대산으로 들어가서 다시 한 철을 지냈다. 이후 백운산白雲山과 능가산楞伽山 등지를 유력하면서 한곳에 주석하지 않고 한도인閑道人으로 지냈다.

경진년(1520, 중종 15)에 지리산으로 들어가서 초암을 짓고 두문불출하며 좌선수행을 하면서 지냈다. 어느 날 일선 장로一禪長老를 돌아보고 말했다. "이미 깨침과 하나가 되어 있는데 다시 무엇을 위해서 좌선을 하는가?" 그러고는 잠시 양구良久하고 말했다.

　　만 조각 낙화는 물을 따라 흘러가고
　　퉁소의 긴 소리는 구름 속에서 나온다

다시 정련 법준에게 게송으로 말했다.

　　그대를 만나 일찍이 막야검⁹¹을 주었으나
　　칼날을 사용하지 않아 이끼가 피어났네
　　오온산 앞에서 도적 떼를 만난다면
　　한번 크게 휘둘러서 모두를 베어 버려라

90　정주程朱 : 정주학파程朱學派를 가리킨다. 송대(960~1279) 철학의 주요 학파로서 이학파理學派라고도 하는데, 정호程顥·정이程頤가 창시하고 주희朱熹가 집대성하였다.
91　막야검莫耶劍 : 고대 보검寶劍의 하나인데, 전설상 춘추전국시대 오나라의 간장干將이 주조하여 오왕吳王인 합려闔閭에게 바쳤다는 두 자루 칼 중에 자검雌劍을 가리킨다. 선종에서는 일체의 번뇌를 말끔하게 타파하는 뛰어난 지혜를 상징한다.

가정 13년 갑오년(1534, 중종 29)에 문인들을 수국암壽國菴에 모이도록 명하고는 『법화경法華經』을 강의하여 종지를 거양하였다. 그러고는 시자를 불러서 차를 내어 마시고는 문을 걸어 잠그고 단정하게 앉아서 양구하였다. 문인들이 창을 열어 선사를 살펴보니 이미 입적하였다. 이때가 10월 초하루 진시(오전 7~9시)였다. 다비를 하자 상서로운 광명이 하늘에 가득하였고, 정골사리頂骨舍利는 진주와 같이 빛이 났다. 영관靈觀·숭인崇仁·설은雪訔·원오圓悟 등이 의신義神의 남쪽 기슭에 부도탑을 세웠다. 세수는 81세[92]이고, 법랍은 44년이다.

曹溪宗碧松智嚴禪師傳

諱智嚴。號野老。軒碧松。姓宋。父福生。扶安人。母王氏。夢梵僧寄宿有娠。天順八年甲申三月十五日生。雄武過人。尤好書釰。弘治四年辛亥五月。野人寇朔方。成宗命許琮。帥二萬討之。師亦杖釰從之。大堅戰功。旣罷。喟然歎曰。大丈夫不守心地。縱有汗馬之功。徒尙虛名。拂衣入鷄龍山。叅祖澄大師。投簪落髮。年二十八。先訪衍熙敎師。問圓頓法。次叅淨心禪師。叩西來旨。正德戊辰秋。入金剛。看大惠語錄。疑無字話。打柒桶。又高峯語錄。颺在他方之語。頓落前解。大惠卽六祖十七代嫡孫。高峯臨[1)]十八代嫡孫也。以師密承五百年前宗派。猶程朱生乎千載之下。遠承孔孟之緖也。辛未入龍門山。結二夏。癸酉入五坮山又一夏。白雲楞伽無住閑道人也。庚辰入智異山。結草菴。杜門冥寂。一日顧一禪長老曰。旣是一也。喚什麽作禪。良久云。萬片落花隨水去。一聲長笛出雲來。又偈法俊曰。逢君曾與鏌鎁釰。勿使鋒鋩生綠苔。五蘊山前如見賊。一揮能斬箇箇來。嘉靖甲午。命門人會壽國菴。講法華經。擧揚宗旨。喚侍者點茶訖。閉門端坐良久。開窓視之。已入寂矣。乃十月一日辰時也。茶毘。祥光洞天。頂骨舍利。瑩若眞

92　81세 : 1464년에 탄생하여 1534년에 입적하였으므로 71세이어야 한다.

珠。靈觀崇仁雪崑圓悟等。鐫塔于義神南麓。壽八十一。夏四十四。

---

1) ㉮ '臨' 뒤에 '濟'가 있어야 한다.

42. 조계종 탁연 선사전

曹溪宗卓然禪師傳

43. 조계종 묘각 수미 왕사전

휘는 수미守眉이고 낭주 출신이며 속성은 최崔씨이다. 어머니가 꿈속에서 기인이 준 구슬을 받고 잉태하여 낳았는데 기이한 향기가 방 안에 가득하였다.

13세 때 월출산의 도갑사道岬寺에 나아가서 출가하고 머리를 깎았다. 구족계를 받고 나서 여러 곳의 강원을 거쳤다. 마침내 속리산 법주사에서 사미 신미信眉를 만났는데 같은 이름과 같은 나이로서 그와 더불어 탁마하였다. 대장경을 열람하였고 율律을 익혔는데, 동학들은 그 두 사람을 가리켜서 이감로문二甘露門이라 일컬을 만큼 이미 두각을 나타냈다. 그러나 얼마 안 되어 동학들에게 말했다. "내가 (마땅히 해야 할 본분사本分事를) 저버린 것은, 비록 아무리 잘 그린 그림이라도 결국 살아 있는 인물이 아닌 것과 같다."[93] 그러고는 마침내 교학을 버리고 선굴禪窟에 출입하기 시작하였다. 처음에 구곡 각운 선사를 참문하였지만[94] 나중에 등계登階(碧溪淨心)의 조실에 입실하였다. 수미 선사는 판선종사判禪宗事에 임명되어 거침없는 불법사태의 파도를 방호하고 이미 무너진 불법의 둑을 회복하여 종문의 희망이 되었다. 고심 끝에 본사인 도갑사로 돌아와서 도선 국사道詵國師의 도량이 황폐해진 것을 보고 대중에게 말했다. "우리들이 황

---

[93] 이에 대한 구체적인 내용은 「靈巖道岬寺妙覺和尙碑」(『朝鮮金石總覽』下)에 있다. "내가 마땅히 해야 할 본분사本分事를 등지고 있는 것은 마치 인물을 기묘하게 잘 그렸던 승요僧繇 화상을 두고 비록 뛰어난 묘화妙畫라고들 말하지만 그것은 마침내 살아 있는 것이 아닌 것과 같다.(我所負者。其猶僧繇畫人物。數曰妙畫。終非活者。)"

[94] 구곡 각운 선사를 참문하였지만 : 수미 선사는 1405년을 전후하여 태어난 것으로 보이기 때문에 구곡 각운(1318~1382)에게 참문했다는 것은 사실이 아니다. 이처럼 수미와 구곡 각운은 활동 시기가 다르지만, 17세기 전반에 확립된 태고 법통에서 태고 보우—구곡 각운—벽계 정심으로 법맥을 연결시켰기 때문에 그에 입각하여 수미가 각운과 정심에게 모두 배웠다는 내용이 비문에 들어간 것으로 보인다. 도갑사 묘각화상비는 태고 법통이 정립된 후인 1693년에 백암 성총栢庵性聰이 쓴 것이다.

폐한 상황을 어찌 앉아서만 바라보고 복구하지 않아서야 되겠는가? 하물며 임금의 명이 있었음에랴." 그 문하인 홍월洪月로 하여금 사찰 복구의 간사를 맡도록 하여 복구하여 다시 새롭게 하였다. 또한 영응대군永膺大君은 대단월이 되어 약사여래삼존불을 조성하여(敬塑) 몸소 감전紺殿에 안치하였다. 그때가 천순 원년(1457, 세조 3) 정축년이었다. 사사四事[95]가 몰려들고 시절인연이 도래하며 합장하는 손이 둘러싸고 훌륭한 스님들이 모여드니 종풍이 크게 진작되었다.

왕위에 오른 후 세조 임금(光廟)은 예를 갖추어 수미 선사를 왕사로 책봉하고 '대조계종사大曹溪宗師 묘각존자妙覺尊者'라는 호를 내려 주고 아울러 법의法衣와 불자拂子를 내려 주었다. 공경公卿을 비롯한 많은 사람들이 선사에게 불법을 묻고 높이 숭앙하여 예배를 드리는 것에 대해서는 다 기록할 수 없을 정도였다.

어느 날 문인을 불러서 종문의 대사大事를 부촉하고는 조용히 입적하였다. 도갑사의 동쪽 기슭에서 다비를 하고 영골을 수습하여 부도탑에 모셨는데, 상서로운 그 광명에 대하여 태양도 시샘할 정도였고, 오색구름이 허공에 며칠 동안 머무르자 원근에서 모두 그 모습을 보는 사람들이 흠모하였다. 세수는 63세이고, 법랍은 51년이다.

曹溪宗妙覺守眉王師傳

諱守眉。朗州人。姓崔。母夢異人遺珠而孕生。異香滿室。十三投月出山道岬寺。出家薙髮。既冠受具。翶翔講肆。抵俗離山法住寺。遇沙彌信眉。同名同歲。與之琢磨。讀大藏。習毘尼。學者推之謂二甘露門。已露頭角矣。居無何。謂同學曰。我所負者。雖曰妙畫。終非活也。遂棄所學。出入禪窟。

---

95 사사四事 : 공양하는 데 쓰이는 네 가지로서 방사房舍·의복衣服·음식飮食·향화香華 등을 가리킨다.

初叅龜谷。晚入登階之室。師被選判禪宗事。防橫決之波。廻旣倒之瀾。宗門有賴焉。尋還道岬。慨先國師道場荒廢。謂衆曰。吾儕豈忍坐視而不復耶。況聖上有命。使其徒洪月幹其事。復舊重新。且永膺大君。作大檀越。敬塑藥師如來三。躬安紺殿。時天順元年丁丑也。四事騈集。天和靡至。千指圍繞。龍象蹴踏。宗風大振。嗣後光廟備禮。册封王師。賜以大曹溪宗師妙覺尊者號。及賜法衣拂子。自公卿以下。西向而問北面禮者不可殫述也。一日召門人。囑以宗門大事。泊然而逝。茶毘于東麓。收骨安塔。祥光猜日。彩雲盤空者數日。遠近咸欽。壽六十三。夏五十一。

44. 조계종사 고암 선사전

曹溪宗師杲庵禪師傳

45. 조계종사 정련 선사전[벽계 정심碧溪淨心의 제자이다.]

曹溪宗師淨蓮禪師傳【碧溪弟子.】

46. 조계종사 혜각 선사전[휘는 신미信眉이다.]

曹溪宗師慧覺禪師傳【諱信眉.】

47. 조계종사 석굉 선사전[나옹 혜근懶翁惠勤의 제자이다.]

曹溪宗師釋宏禪師傳【懶翁弟子】

48. 조계종사 고경 선사전[환암 혼수幻庵混脩의 제자이다.]

曹溪宗師古鏡禪師傳【幻庵弟子】

49. 조계종사 홍월 선사전[묘각 수미妙覺守眉의 제자이다.]

曹溪宗師洪月禪師傳【妙覺弟子】

50. 조계종사 함허 선사전[휘는 득통得通이고 자는 수이守伊이다.]

曹溪宗師涵虛禪師傳【諱得通。字守伊】

51. 조계종사 부용 영관 선사전

선사는 영남 진주 출신으로 휘는 영관靈觀이고 자는 은암隱庵이며 자호는 연선도인蓮船道人이다. 성화 21년 을사년(1485, 세조 16) 7월 7일에 태어났다. 8세 때는 아버지가 시키는 대로 따라가서 물고기를 잡아넣은 바구니를 지켰는데 살아 있는 것을 보고 가려내어 방생하였다. 이에 아버지가 화를 내고 매를 들어 때리자 선사는 절을 하고 울면서 말했다. "사람이나 동물이나 목숨을 아끼고 고통을 느끼는 것은 동일합니다. 바라건대 아버지께서는 그것을 용서해 주십시오." 아버지는 그 말을 듣고 이에 부끄러워하였다.

집 가까운 곳에 용굴이 있었다. 어떤 때는 알 수 없는 음악 소리가 들려오기도 하였다. 용이 모습을 나타내자 선사가 준비해 간 상床을 치고 용을 꾸짖자 음악 소리가 그치고 용은 형체를 감추어 버렸다. 사람들은 선사를 가리켜 기이한 아이라고 말하였다. 어떤 기이한 스님이 선사의 아버지에게 말했다. "이 아이는 출가할 인물입니다." 그러더니 보이던 모습을 감추어 버렸다.

나이 13세 정사년(1497, 연산군 3) 가을날 밤에 혼자 문을 나섰는데, 마치 어떤 사람의 안내라도 받은 것처럼 순식간에 10여 리를 갔다. 도사천渡沙川이라는 강에 이르렀는데 기르던 개 한 마리가 뒤를 따라왔다. 이에 개한테 말했다. "집을 잘 지키고 나를 따라오지 말라." 개는 이별을 아쉬워하는 모습이었다. 선사는 곧장 덕이산으로 들어가서 고행 선자苦行禪子를 찾아가서 3년 동안 선법을 익히고 머리를 깎았다.

18세 신유년(1500, 연산군 6)에는 신총 교사信聰敎師를 참문하였고, 또한 위봉 선사威鳳禪師에게 참례하였다. 구천동九泉洞에 들어가 모암茅庵을 짓고 그곳에서 9년을 지냈다.

기사년(1509, 중종 4) 봄에 멀리 용문산龍門山에 들어가서 조우 선사祖愚禪

師를 참방하였다. 갑술년(1514, 중종 9)에는 청평산의 학매 선자學梅禪子를 찾아갔다.

기묘년(1519, 중종 14)에는 금강산으로 가서 조운 대사祖雲大師와 더불어 두 철을 지냈다. 더욱더 깊은 미륵봉 내원암으로 들어가서 문에다 다음과 같은 글을 써 붙였다.

  공연히 소림만 생각하며 세월만 보냈네
  세월에 나이만 먹어 지금에 이르렀다네
  옛날 비야리성엔 소리와 냄새도 없었고
  지금의 마갈국엔 소리의 흔적 끊겼다네[96]

  마치 분별을 완전히 여읜 나무 등걸처럼
  시비분별을 멀리한 어리석은 바보라네
  부산한 번뇌망상 산 밖에 날려 버리려고
  종일 나를 잊은 듯 푸른 산을 바라보네

이에 붓과 벼루를 태워 버리고 선방에 틀어박혀 묵묵히 좌선에 몰두하기를 9년 동안 지속하였다. 혹자가 질문을 하는 경우에는 손가락으로 자신이 써 놓은 시만 가리킬 뿐이었다.

경인년(1530, 중종 25) 가을에 홀연히 남쪽 지방으로 가서 고향집에 이르렀다. 석양의 강촌에서 슬프게 서 있자니 홀연히 한 늙은이가 소를 이끌고 집에서 나오는 모습을 보았다. 선사가 그 노인에게 인사를 드리고 물었다. "저희 부모님은 아직 살아 계신지 아닌지 모르겠습니다." 노인

---

96 지금의 마갈국엔~흔적 끊겼다네 : 소림少林은 달마의 좌선이고, 비야毘耶는 유마의 침묵이며, 마갈摩竭은 부처님의 성도이다. 좌선과 침묵과 깨침의 소식이 동일한 것임을 말한 것이다.

이 말했다. "스님의 아버님 성함은 어찌 되고 스님의 아명은 또 무엇입니까?" 선사가 말했다. "저희 아버님 성함은 원袁 자 연演 자이고 제 아명은 구언九彥입니다." 노인이 갑자기 소를 잡고 있던 손을 놓더니 감격스러운 듯이 말했다. "오늘에야 비로소 천만다행으로 부자가 만났구나. 내 곁을 떠나간 지 30여 년 만에 갑자기 스스로 찾아오니 드디어 내 소원이 이루어졌구나." 아버지와 아들은 각각 기쁨과 회한을 이기지 못하여 그 자리에서 한바탕 통곡하였다.

다음 날 늙은 아버지에게 작별을 고하고 두류산으로 향하였다. 벽송 지엄의 문을 두드리자 지엄이 말했다. "그대의 이름이 영관靈觀이라 하니 영靈에 대해서는 묻지 않겠지만 그렇다면 관觀은 또 어디에서 왔는가?" 이에 선사가 20년 묵은 의심이 홀연히 빙하가 녹아 계곡이 되는 듯 분명하고 시원하였다. 이에 곧 정례하고 연방 탄성을 지르며 말했다. "이분이야말로 진정 나의 스승이다."

그러나 곁에서 시봉한 지 3년에 이르러 스승이 입적하였다. 아, 그 스승과 같은 인품으로써 수행을 경력하였고, 그 스승과 같은 자질로써 교화를 경영하였다. 이후로 팔공산八公山·대승동大乘洞·의신동義神洞·연곡동燕谷洞 등에 주석하였는데, 어느 결에 41년의 세월이 흘러갔다. 융경 5년 신미년(1571, 선조 4) 4월 14일에 이르러 입적하였다. 법융 영응法融靈應 등이 영골을 수습하여 연곡사에 부도탑을 건립하였다. 세수 87세이고, 법랍 72년이다.

曹溪宗師芙蓉靈觀禪師傳

師嶺南晋州人。諱靈觀。字隱庵。自號蓮船道人。咸[1]化二十一年乙巳七月七日生。年八歲。父携使負釣魚籃。擇其生命者而放之。父怒撻之。師拜泣曰。人與物愛命。忍痛則一也。願父恕之。父聞而媿之。家近龍窟。有時唫樂顯形。師叩床喝之。止樂沒形。人稱奇童。有異僧謂父曰。此兒出家之物也。視之不見。年十三丁巳。秋夜出門。似有引人。十餘里渡沙川。所養一狗追之。謂狗曰。善護尊堂。勿追我也。狗似有惜別之態。師直入德異山。尋苦行禪師。[2] 三年學法。落髮焉。十七[3] 辛酉。叅信聰敎師。又禮威鳳禪師。入九泉洞。結茅菴度九年。春己巳遠入龍門山。訪祖愚禪師。甲戌向淸平山學梅禪子。己卯到金剛。與祖雲結二夏。深入彌勒峯。唅偈書門。空費悠悠憶少林。因循衰鬂[4] 到如今。毘耶昔日無聲臭。摩竭當年絶響音。似机能防分別意。如痴必禦是非心。故將妄計飛山外。終日忘機對碧岑。燒筆硯默坐九年。有問則指此詩而已。庚寅秋忽然南行。至家山。悵然立江村。忽見一牽牛翁。師拜問父母存沒。翁曰汝父。姓名誰。汝名誰。師曰父袁演。我九彦。翁放牛執手曰。今日父子的矣。汝走三十餘年。忽自來。甚適願。父子各不堪悲欣。一場痛哭。又明日告別老父。向頭流。扣碧松之門。嚴曰靈且不堪。觀從何來。師之二十年宿疑。忽如冰泮。卽頂禮歎聲曰。眞吾師也。執侍三年嚴厭世。吁。厥師經之。厥資營之。自後或住八公大乘義神燕谷等山。不覺過四十一年。至隆慶辛未四月十四日入寂。門人法融靈應等。收靈骨。堅塔于燕谷。壽八十七。夏七十二。

---

1) ㉡ '咸'은 '成'이 옳다. 2) ㉡ '師'는 '子'가 옳다. 『東師列傳』제2권 '부용 영관芙蓉靈觀'조 참조. 3) ㉡ '七'은 '八'이 옳다. 4) ㉡ '鬂'은 '鬢'이 옳다.

52. 조계종사 경성 선화자 선사전

휘는 일선一禪이고 자는 휴옹休翁이며 호는 선화자禪和子이고, 성은 장張씨이며 울산 출신이다. 아버지 이름은 윤胤, 어머니는 박朴씨로, 어느 날 낮잠을 잤는데 명주明珠를 삼키는 꿈을 꾸고는 임신을 하였다. 홍치 원년 무신년(1488, 성종 19) 12월 13일에 태어났다.

13세 때 단석산斷石山에 들어가 해산 법사海山法師에게 의탁하였다. 16세 때 머리를 깎았고, 24세 때 묘향산妙香山에 들어갔다. 다시 지리산에 들어가서 벽송 지엄 대사를 참문하였는데, 지엄은 한번 보고는 선사가 법기임을 알아차렸다.

가정 갑오년(1534, 중종 29)에 다시 묘향산 보현사에 들어가서 관음전에 주석하자 전국의 제방에서까지 납자들이 모여들어 가히 해동의 절상회折床會[97]라 할 만하였다.

가정 무술년(1538, 중종 33) 여름에 남방의 조계선원에 들어가서 하안거를 마치고 다음과 같은 게송을 지었다.

    바랑 하나에 솔가루와 정병 하나뿐이지만
    이 방에 누워서 온갖 반연에 개의치 않네
    옛사람들 불조의 뜻 체득했다니 우습구나
    소리 듣고 색을 봄이 어째서 장애가 되랴

이듬해 다시 지리산 연곡사燕谷寺 서굴암西窟菴에 들어갔는데 거기에서 아만의 산이 무너지고 분별사식分別事識의 바다가 맑게 빛나는 경험을 하

---

[97] 절상회折床會 : 회 화상會和尙은 동사東寺의 여회 선사如會禪師로서 마조의 법을 이었다. 여회 선사가 설법을 하는데 그 덕망을 흠모하는 대중들이 무수하게 모여들어 평상이 부러지는 일이 있었다. 이로부터 '절상여회折床如會'라는 말이 유래되었다.

였다. 선사의 명성이 중화中華에까지 알려지자 고승전高僧殿의 고승들은 선화자에게 아만의 통桶이 타파되었음을 마음으로 알아차렸다고 한다.

융경 무진년(1568, 선조 1) 2월 20일에 문인들에게 다음과 같이 말했다.

> 팔십을 초과하는 생애 허공의 꽃과 같고
> 지난 일 아득함이 또한 눈앞의 꽃이라네
> 아직 본국에 돌아올 걸음 떼기 이전인데
> 고국의 문하생들 이미 활짝 꽃피웠다네

게송을 마치고 조용하게 입적하였다. 다비를 하던 날 밤에 신령한 광명이 하늘까지 뻗쳐서 100리 밖에서도 사람들이 보고 그 모습에 예배를 드렸는데, 곧 4월 18일이었다. 사리 5과를 수습하여 보현산의 서쪽 기슭에 안치하였다. 세수는 81세이고, 법랍은 65년이다.

曹溪宗師敬聖禪和子禪師傳

諱一禪。字休翁。號禪和子。姓張。蔚山人。父胤。母朴氏。一日暇寐。吞明珠有娠。弘治元年戊申十二月十三日生。年十三入斷石山。投海山法師。十六薙髮。二十四入妙香山。又入智異山。叅智嚴大師。一見甚器之。嘉靖甲午。還入妙香普賢寺。住觀音殿。八表雲趍。可謂折床之會也。嘉靖戊戌夏。南入曹溪禪院結夏安居。有偈曰。一囊松葉一瓶水。不動諸緣臥此房。可笑昔人烹佛祖。聞聲見色有何妨。明年再入智異山燕谷西窟菴。慢山崩落。識海澄朗。聲動中華。高僧殿高僧。心知禪和子慢桶破云尒。隆慶戊辰二月二十日。謂門人曰。年逾八十似空花。徃事悠悠亦眼花。脚末跨門還本國。故園桃李已開花。偈訖。泊然而逝。闍維之夜。神光洞天。百里外望者拜之。乃四月十八日也。收舍利五箇。安于普賢西麓。壽八十一。夏六十五。

53. 조계종사 법융 영응 선사전 [부용 영관芙蓉靈觀의 제자이다.]

曹溪宗師法融靈應禪師傳【芙蓉弟子.】

54. 조계종사 삼중 신화 선사전[98]【비문은 보이지 않는다. 무릇 최자崔滋[99]가 저술한 관고官誥를 통해서 전기를 기록한다.】

교하노라.

영취산 염화미소의 마하가섭 이후로 28대손에 해당하는 보리달마에 이르러 불도가 서천으로부터 동토에 전승되었다. 이후 마음을 닦는 선종에서는 백 천의 수많은 문파와 제자가 양성되었는데 그 가풍에 남종과 북종이 있었다. 그 가운데 더욱더 번성한 것은 남종인 돈오의 문파였다.

선사는 첨가되는 대사의 호[100]를 가지고서 법호(懿號)를 삼았다. 모든 일에 상황 파악이 빠르고 민첩하였으며 고상한 정취와 도풍을 지녔으며 일찍부터 속진의 인간세계를 등지고 산수 간에 노닐면서 세상 밖으로 편력하였다. 그러다가 각범 혜홍覺範慧洪[101]의 글쓰기(翰墨三昧)를 터득하고 번번이 임간林間의 소식을 기록하였다. 그것은 마치 영가 현각永嘉玄覺이 언설과 뜻을 모두 잊고서 깨달음(證道)을 돌아보며 길 위에서 노래로 읊은 경우와 같았다. 몸소 창룡굴蒼龍窟[102]에 들어가서 황학루黃鶴樓[103]라는

---

98 이 글은 『東文選』 권27에 「曹溪宗三重神化爲禪師官誥」(崔滋)라는 제목으로 수록되어 있다.
99 최자崔滋(1188~1260) : 고려 시대의 문신·학자. 강종 1년(1212)에 과거에 급제하고 상주의 사록을 거쳐 종9품에 해당하는 국자감의 학유學諭가 되었다. 『補閑集』(1254)의 저자로 널리 알려져 있다. 여기에서 최자의 기록에 의거한다는 것으로 보아 삼중 신화 선사는 고려 시대 중기의 선사로 간주된다.
100 첨가되는 대사의 호 : 조계종과 천태종의 경우에 승과를 거쳐 대덕—대사—중대사—삼중대사—선사—대선사 등으로 법계가 승진되는데, 이에 삼중대사의 용어로써 법호를 삼았다는 것을 가리킨다.
101 각범 혜홍覺範慧洪(1071~1128) : 북송 때 황룡파의 선사. 문필에 뛰어나서 『禪林僧寶傳』·『林間錄』을 비롯하여 수많은 저술을 남겼다.
102 창룡굴蒼龍窟 : 창룡은 청룡靑龍으로 방위로는 동쪽에 해당하여 동방선東方禪의 유현幽玄한 본분종지本分宗旨를 상징하며, 접물이생接物利生의 의미로도 사용된다.
103 황학루黃鶴樓 : 중국 하북성 무한시에 있는 누각으로서 호남 악양의 악양루岳陽樓와 강서 남창의 등왕각騰王閣과 함께 강남의 3대 명루名樓로 유명하다.

제명을 붙여 두고서 얼마 동안 소래사蘇萊寺에 주석하다 그만두었다. 이에 다시 송광사로 돌아와서 자자自恣[104]를 하였다. 청한한 살림살이와 소탈한 행장으로 지내면서 아지랑이 아른거리고 햇살도 비치지 않는 곳에서 본래면목의 수행에 전념하였다. 이에 무성하게 널려 있는 풀과 흐드러지게 피어 있는 꽃들의 나타남이 모두가 자기의 문정門庭이 이미 격외의 진승眞僧임을 널리 비추어 보고서 굳이 성중에 나아가서 방편교화를 바랄 필요가 없게 되었다. 이에 현인의 모습을 반연하여 우리나라를 이롭게 해 주려고 측금잔화側金盞花[105]와 같이 작은 정사를 지었는데 솜씨 좋은 잔손 재주를 부려서 마무리하고 갑자기 마음을 고쳐먹고 말했다. "장차 이것으로써 칠민七閩[106]의 옛 도량으로부터 정精·기氣·신神의 삼화三華를 불러와 바다세계(水國)에 이르기까지 모두 깨우쳐 줄 것이다."[107] 이에 온갖 반연 속에 들어가서 중생을 교화함에 자유로웠고 십자가두에 나가서 장터에서 한바탕 놀아 주면서 제방의 사람들을 기쁘게 교화하였다.

이로써 선사의 일용공부야말로 사해를 평온하고 맑게 해 주어 이미 하안거의 소식이 드러난 줄 알 수 있을 것이다. 그것은 참으로 당연하고 당연한 일이고 참으로 잘되고 잘된 일이었다. 그러니 반드시 임금의 은전(寵典)으로 추천하여 그 아름다운 인연을 기려야 할 것이다. 이에 임금이 아끼고 돌봐 주는 마음을 내보여서 여기에 분명한 글로써 반포하니, 출가 승려들에게 널리 은전이 내려지게 될 것이다.

아, 명예는 실제의 손님이다.[108] 그러니 비록 건전한 사람이라면 그것

---

104 자자自恣 : 선원에서 안거를 마칠 때 모든 승려들이 서로 자기의 죄과를 고백하고 참회하여 다른 승려들에게서 훈계를 받는 일이다.
105 측금잔화側金盞花 : 복수초福壽草를 가리킨다.
106 칠민七閩 : 중국 복건성福建省 지방을 가리킨다. 옛날 숙웅叔熊의 자손이 7종種으로 나뉘어 살았기 때문에 유래한 이름이다.
107 『孟子』「萬章」상.
108 『莊子』「逍遙遊」참조. "허유許由가 말하였다. '그대가 천하를 다스려 천하가 이미 잘

은 취해야 할 것이 아니다. 벼슬로써 그 덕을 나타내는 법이다. 그런데 불교의 문중(空門)에서도 또한 다음과 같이 말한다. 염치도 없이 허영을 부려서 더욱 복덕만 추구하는 것은 운운.

曹溪宗師三重神化禪師傳【未見狀銘。但有崔滋所述官誥以記之。】

敎曰。靈鷲四七代孫。道自西而東矣。牧牛百千門弟。家在南而北焉。擇其尤者於悟流。加以師哉之懿號。某迅機激電。逸韻生風。塵埃早謝於人間。山水遍遊於方外。得覺範翰墨三昧。遇事輒錄於林間。如永嘉言意兩忘證道。還歌於路上。入蒼龍窟。題黃鶴樓。暫住蓬萊而卽辭。還從松廣而自恣。淸閑活計。洒落行藏。煙漠漠日遲遲見。善修本來面目。草離離花灼灼知。廣鑑自己門庭。旣超爲格外眞僧。不願作城中化佛。洒緣賢相。欲利我邦。叔側金之精廬。邀軒釘之妙手。幡然改曰。將以覺斯自七閩古道場。來三華新水國。萬緣叢裡。應物無妨。十字街頭。逢場作戱。諸方悅伏。是知日用工夫。四海宴淸。已露夏安消息。如是如是。善哉善哉。宜推寵典而襃嘉。以示朕心之眷注。玆頒明誥。例授緇班。噫。名者實之賓。雖健[1]人所不取也。爵以旌其德故。空門亦有號焉。無愧虛榮。益勒奉福云云。

---

1) ㉩ '健'이 『東文選』에는 '達'로 되어 있다.

55. 조계종사 삼중 신정 선사전[109] 【이 경우에도 또한 기록된 글을 볼 수가 없다. 이에 다만 관고官誥에 나타난 것만 기록할 뿐이다.】

교하노라.

'눈빛이 마주치는 곳에 곧 마음이 계합된다.' 이 말은 조사들끼리 서로 단전單傳하는 소식이다.[110] 그러나 선지식의 엄연한 가르침을 거친 연후에야 바야흐로 깨침이 높아지는 법이다. 그런데 어찌 보통의 사람들에게 가볍게 정법안장을 전수하겠는가? 훌륭한 납자를 제대로 가려낸 다음에야 아름다운 이름을 특별히 부여하는 법이다.

선사는 뛰어난 외모에다 체구가 크고 훤칠하였으며 천기를 타고났다. 제방을 유행하면서는 납자들의 수좌가 되었고, 선불장選佛場[111]에서는 마음을 비우고 급제하여(心空及第) 인간세계의 흔적을 벗어났으며, 붕새의 날개처럼 격외에 노닐었다. 그러나 비록 100척이나 되는 장대 끝에서 한 걸음 앞으로 나아갈 수 있더라도 아직 고봉정상孤峯頂上에서 안신安身할 겨를이 없다.

선사는 송광사松廣社를 나와서 죽림방竹林坊에 주석하였다. 가령 금봉金鳳이 춤을 추고 옥계玉鷄가 운다고 한들 어찌 대혜 보각大慧普覺(宗杲) 선사의 양중공안兩重公案[112]을 찾았다고 할 것인가? 그러나 목마가 울고 철우

---

109 이 글은 『東文選』 권27에 「曹溪宗三重神定禪師官誥」(崔滋)라는 제목으로 수록되어 있다.
110 조사들끼리 서로 단전單傳하는 소식이다(祖祖之單傳) : 역대 조사들이 정법안장正法眼藏을 서로 단전직지單傳直指한다는 것은 이심전심以心傳心의 소식을 가리킨 말이다.
111 선불장選佛場 : 부처를 선발하는 곳이라는 뜻으로 선당, 선원, 승당, 선방 등을 가리킨다. 좌선을 하여 깨침을 터득하는 곳에 해당한다. 단하 천연丹霞天然의 말에 처음 보이며, 동시대 방온龐蘊의 『龐居士語錄』에 나오는 게송으로 널리 알려졌다.
112 양중공안兩重公案 : 이중의 공안이라는 뜻으로 하나의 공안이 재차 제시되는 경우를 말한다. 혹 다른 공안을 가지고 똑 닮았다고 하는 경우라든가 동일한 공안을 다시 내

가 포효하는 경지가 되었으니, 그것은 곧 직접 형남荊南[113]의 한 조각 마음 밭(一片田)을 밟은 것이었다. 대신大臣들이 이 정사精舍를 열어서 수행(鉗鎚)의 작용을 빌려 병혁의 재앙을 진압할 것을 청하였다. 이에 깨침의 밝은 달빛으로 연못을 비추어 온갖 중생을 교화해 주고, 깨침의 한가로운 마음은 구름으로 산굴에서 나와 중생세계의 연못에 뿌려 주었다.

그리고 봄바람처럼 걸림 없이 석장을 들고 행각하면서 위령葦嶺[114]을 넘어가서는 관중管衆[115] 스님이 되었다. 하안거 때는 화산花山에 들어가서 선방의 기율을 크게 진작하여 총림에서 모범이 되었고, 축사竺師처럼 설법을 쏟아 내니 당시 사람들은 그를 가리켜 구주九州의 유나維那[116]라 일컬었으며, 경탈敬脫[117]처럼 글에 뛰어나서 사람들은 사해四海의 논주論主라 일컬었다. 총림의 규구規矩가 갖추어지자 수많은 대중이 기꺼이 그를 따랐다. 배가 고프면 밥을 먹고 목이 마르면 차를 마시며, 사치를 금지하고 양생을 이롭게 하였으며, 조용한 곳에서는 좌선을 하고 시끄러운 곳에서는 염불을 하였으며, 대중과 더불어 진리를 수행하였지만 선사 한 사람만 천지에 드러나서 온 세상을 모두 맑게 하였다.

짐이 그 법회에 나아가서 그를 만나 보니 찬탄만으로는 부족한 까닭에

보이는 경우를 야유하는 용어로 쓰이기도 한다. 『大慧語錄』 권1(T47, 813b)에 전거가 있다. "上堂。僧問。靈山會上迦葉親聞。少室峰前神光得髓。即今座下誰是知音。師云。裂破舌頭。進云。可謂卞氏場中多巨璞。孟嘗門下足高賓。師云。瓦礫不勞拈出。進云。爭奈鋒前有異。句裏無私。師云。誰是知音者。進云。少室巖前金鳳舞。徑山峰頂玉雞啼。師云。兩重公案。問。達磨西來單傳心印。直指人心見性成佛。只如德山入門便棒。臨濟入門便喝未審是同是別。師噓噓。"

113 형남荊南 : 오대십국五代十國 가운데 강릉江陵에 도읍을 정한 나라의 명칭이다.
114 위령葦嶺 : 전라도 정읍의 갈재를 가리킨다. 노령蘆嶺이라고도 한다.
115 관중管衆 : 대중을 책임지는 스님으로, 선원의 원장과 강원의 강주 및 입승 등의 책임자를 말한다.
116 구주九州의 유나維那 : 구주는 중국 대륙을 가리키고, 유나는 진晉나라에서 구주의 도유나都維那라고 불렸던 축도일竺道壹을 가리킨다.
117 경탈敬脫(555~617) : 수나라 때 승려. 급군汲郡 출신으로 어려서 출가하였는데, 효성이 지극하고 청렴하였으며 경론에 해박하고 문장에 뛰어났다.

선사를 기리고자 하여 특별한 은전을 내려서 그 고상한 행위를 널리 드날리는 바이다. 그것은 마치 조계대사 혜능惠能이 음덕으로 국가를 도왔을 때 당나라 황제가 아름다운 칭호를 내려 준 것과 같고, 덕흠德歆이 국가의 상서를 예언하였을 때 진나라 조정에서 위대한 칭호를 봉해 준 것과 같다. 이제 짐도 또한 그와 같고 대중의 공론도 그러하므로 공경하여 고신告身을 내린다. 그러니 이제 다시 그 뛰어난 안목을 국가로 돌려서 운운.

曹溪宗師三重神定禪師傳【此亦不見狀。只記官誥。】

敎曰。目擊之下心契。是爲祖祖之單傳。師嚴然後道尊。豈以人人而輕授。精掄象侶。寵賜鳴[1]名。某梵相魁梧。天機俊壯。遊方路上。爲首座於學流。選佛場中。作心空之及第。蟬蛻人間之迹。鵬搏格外之游。雖能進步於百尺竿頭。未暇安身於孤峯頂上。出松廣社。居竹林坊。金鳳舞。玉鷄啼。豈尋普覺之兩重案。木馬嘶。銕牛吼。直踏荊南之一片田。及乎大臣開此精舍。請借鉗鎚之用。鎭消兵革之灾。明月照潭而應機。閑雲出岫而灑澤。飛錫過春風。葦嶺管衆來。夏日花山。大振綱維。蔚爲模範。竺師馳辨。時號九州維那。敬脫飛文。人稱四海論主。叢林之規畢擧。稻麻之列悅。從飢湌飱。渴飮茶。禁豊利養。靜坐禪。動念佛。同力修眞。獨露乾坤。咸淸海宇。我會往而觀止。嘆不足故褒之。需然異恩。旌乃高行。惠能陰翊王度。唐賜休稱。德歆預言國祥。奏[2]封大號。令[3]朕亦然公論則然。祇稟告身。更回具眼云云。

---

1) ㉮ '鳴'는 저본의 두주頭註에 "'鴻'으로 의심된다."라고 쓰여 있다. 2) ㉯ '奏'는 '秦'인 듯하다. 3) ㉯ '令'이 『東文選』에는 '今'으로 되어 있다.

56. 조계종사 청허 휴정 선사전

휘는 휴정休靜이고 자는 퇴은退隱이며 호는 서산西山 또는 운학雲鶴이다. 속성은 완산 최崔씨이고 안주 출신이며 아버지는 세창世昌이다. 어머니 김金씨는 한 척 남짓한 유리병이 하늘에서 내려와 품속에 날아드는 꿈을 꾸었다. 또 한 노파가 읍하고 '태 속의 아이가 대장부의 남아이기 때문에 축하를 드리러 왔습니다.'라는 꿈을 꾸었다. 이로 인하여 임신하였는데 정덕 15년【중종대왕 15년(1520)】 경진년 3월 16일에 낳았다.

박상朴祥이 벼슬을 하여 완산으로 나아갔는데 선사도 또한 그를 따라갔다. 청량산 원암사에서 글을 읽었다. 벼슬 기한이 다 되어 박상이 서울로 돌아가자 선사는 단지 붓과 벼루만 챙겨 가지고 멀리 지리산으로 들어갔다. 능인 대사能仁大師에 의탁하여 원통암圓通庵에서 머리를 깎고 부용 대사芙蓉大師에게 참문하여 심법을 전수받았다.

임진왜란 때에 선사가 큰 공을 세우자 조정에서 의논하여 말했다. "가히 상을 내리지 않을 수 없다." 이에 절충장군折衝將軍에 봉해졌다. 또한 '국일도대선사國一都大禪師 선교도총섭禪敎都摠攝 부종수교扶宗樹敎 보제등계普濟登階'라는 이름을 내려 주었다.

대조계종사로서 무릇 동방의 조사이신 태고 보우太古普愚 화상은 중국에 들어가서 석옥 청공石屋淸珙의 정법안장을 이어서 그것을 환암 혼수幻庵混修에게 전수하였고, 환암 혼수는 구곡 각운龜谷覺雲에게 전수하였으며, 구곡 각운은 벽계 정심碧溪淨心에게 전수하였고, 벽계 정심은 벽송 지엄碧松智嚴에게 전수하였으며, 벽송 지엄은 부용 영관芙蓉靈觀에게 전수하였고, 부용 영관은 청허 휴정에게 전수하였다. 석옥 청공은 임제종 제18세손에 해당한다.[118] 그러므로 대사는 태고 보우의 7세손이다.

---

118 임제종의 종조인 임제 의현의 문하인 ① 홍화 존장, ② 남원 혜옹, ③ 풍혈 연소, ④

대사의 문하에 33인이 있었는데, 사명 유정四溟惟政(1544~1610)·편양 언기鞭羊彦機(1581~1644)·소요 태능逍遙太能(1562~1649)·영허 해일暎虛海日(1541~1609)·정관 일선靜觀一禪(1533~1608)·경헌敬憲·영월 청학詠月淸學(1570~1654)·중관 해안中觀海眼(1567~?)·진묵 일옥震默一玉(1562~1633)·기허 영규騎虛靈圭(?~1592) 등이 가장 쟁쟁하여 세간에는 서산십걸西山十傑로 일컬어졌다. 그것은 마치 공자 문하에서 일컬어지는 십철十哲[119]과 같았다.

만력 32년【선조대왕 37년(1604)】 갑진년 정월 22일에 문인들에게 다음과 같이 말했다. "내일 해시亥時 초에 나는 갈 것이다." 이에 시간이 다 되자 붓과 연필을 찾아서 다음과 같은 게송을 썼다.

    천 가지 계탁과 만 가지 분별사량
    모두 붉은 화로의 한 점 눈이라네
    진흙 황소가 물 위로 걸어 들어가니
    대지와 허공이 모두가 무너지도다

붓을 내려놓고 불전에 들어가 삼배를 드리고 나서 곧 입적하였다. 세수는 85세이고, 법랍은 63년[120]이다. 사리 2과를 보현사 나옹懶翁의 계단(級)에 안치하였고, 정골사리頂骨舍利는 유점사의 북쪽 기슭에다 안치하였다. 해남 대흥사 표충원과 회양 표훈사에 비를 세웠다.

수산 성념, ⑤ 분양 선소, ⑥ 자명 초원, ⑦ 양기 방회, ⑧ 백운 수단, ⑨ 오조 법연, ⑩ 원오 극근, ⑪ 호구 소륭, ⑫ 응암 담화, ⑬ 밀암 함걸, ⑭ 파암 조선, ⑮ 무준 사범, ⑯ 설암 조흠, ⑰ 급암 종신, ⑱ 석옥 청공으로 계승되었다.
119 십철十哲 : 공자 문하의 10대 제자를 일컫는 말로서, 곧 안회·자하·자유·자로·자공·염백우·염유·중궁·재아·민자건 등이다.
120 법랍은 63년 : 「西山大師表忠祠紀蹟碑」(1791, 정조 15)와 「海南大興寺淸虛堂休靜大師碑文」(1647, 인조 25)에서는 모두 법랍 65년으로 기록하고 있다.

曹溪宗師淸虛休靜禪師傳

諱休靜。字退隱。號西山。又雲鶴。姓完山崔。安州人。父世昌。母金氏。夢一尺琉璃瓶。從天降。飛入懷中。又夢一老婆揖曰。胚胎丈夫男子故來賀。因有娠。以正德十五年【中宗大王十五年】庚辰三月十六日生。朴祥出宰完山。師亦隨去。而讀書淸涼山圓嵓寺。期年朴祥還京師。師但持筆硯。遠入智異山。依能仁大師。落髮於圓通庵。叅芙蓉大師傳心焉。壬辰之亂。師有大功。朝庭議曰。不可無賞。封折衝將軍。又賜國一都大禪師禪敎都惣攝扶宗樹敎普濟登階。大曹溪宗師。盖東方祖師太古和尙。入中國嗣石屋淸珙。而傳之幻庵。幻庵傳之龜谷。龜谷傳之碧溪。碧溪傳之碧松。碧松傳之芙蓉。芙蓉傳之大師。石屋乃臨濟十八世孫也。大師乃太古七世孫也。大師之徒。有三十三人。唯政彥機太能海日一禪敬憲淸學海眼一玉靈圭等。寂爲錚錚然。世稱西山十傑。孔門十哲云尒。萬曆三十二【宣祖大王三十七年】甲辰正月二十二日謂門人曰。明日亥時初。吾去矣。及期。索筆書偈曰。千計萬思量。烘爐一點雪。泥牛水上行。大地虛空裂。投筆就佛殿禮三拜。卽入寂焉。壽八十五。臘六十三。舍利二箇。奉安于普賢寺懶翁之級。頂骨窆于楡岾之北麓。樹碑于海南之大興寺表忠院。淮陽之表訓寺。

57. 조계종사 청하 법융 선사

曹溪宗師靑荷法融禪師

58. 조계종사 대선 정원 선사

曹溪宗師大選淨源禪師

59. 조계종사 신옹 선사

曹溪宗師信翁禪師

60. 조계종사 영지 선사

曹溪宗師靈芝禪師

61. 조계종사 부휴 등계 존자전

휘는 선수善修이고 속성은 김金씨이다. 옛날 대방帶方(남원)의 오수獒樹 출신이고, 아버지 이름은 적산磧山이다. 어머니 이李씨는 아들이 없어서 길가의 남근바위(古石)를 향하여 오랫동안 기도를 드렸다. 어느 날 저녁 꿈에 신승神僧이 둥근 구슬을 하나 주었는데, 그것을 받아 삼키고는 임신을 하여 가정 22년【중종 38년】계묘년(1543) 2월 무자일에 낳았다. 어려서부터 고기를 좋아하지 않았다.

8, 9세 무렵에 부모님께 다음과 같이 말씀드렸다. "뜬세상을 헛되게 사느니 저는 장차 세속을 벗어나고자 합니다." 부모님을 하직하고 두류산에 들어갔다. 신명 장로信明長老에게서 머리를 깎고, 부용 영관芙蓉靈觀 화상을 참문하여 불학을 배웠다. 다른 사람들보다 키가 크고 우람하였지만 오직 왼손만큼은 자유롭지 못하였다. 읽지 않은 책이 없었고, 글씨는 해서체(鍾王法)를 익혔다. 일찍이 어떤 납자가 선사가 쓴 몇 글자를 얻어서 서울을 지나가다가 글씨에 능숙한 중국인을 만나서 선사의 글씨를 보이자 그 사람이 오랫동안 보다가 말했다. "이것은 예로부터 쉽게 얻을 수 있는 것이 아니다. 틀림없이 한쪽 팔이 불편한 수행자(道人)가 쓴 것이다."

선조 25년 임진년(1592)에 섬나라 오랑캐(島夷)가 강토를 침범하자 선사는 덕유산으로 칼날을 피하여 주석하였다. 이때 도적 10여 명이 출현하였는데, 선사가 차수하고 서 있으니 도적이 칼을 휘두르는 시늉을 하였다. 그럼에도 선사가 태연한 모습을 보이자 도적들은 그것을 무척 훌륭하게 생각하고는 줄지어서 예배를 드리고는 흩어져 버렸다.

선사는 가야산으로 갔다. 그때 마침 명나라의 장군 이종성李宗城이 해인사에 들어와서[121] 선사를 언뜻 보고 나서는 쉽사리 그곳을 떠나지 못하

---

121 1595년 선조 28년 11월의 일이다.

였다. 이별에 즈음하여 시 한 수를 지어 주어 천 리까지 원정을 나온 장군의 면목을 세워 주었다.

선사가 무주 구천동으로 옮겨서 『원각경圓覺經』을 읽고 있었는데, 그때 큰 이무기 한 마리가 갑자기 계단에 나타났다. 선사가 다가가서 이무기의 꼬리를 밟았는데, 이무기는 고개를 숙이더니 그곳을 떠나 버렸다. 꿈에 어떤 노인이 감사의 예배를 드리고는 말했다. "선사의 설법을 듣고는 고통에서 벗어났습니다." 선사의 신이한 행적이 이와 같았다.

광해군 시대에 선사가 두류산에 주석하고 있을 때였다. 어떤 미친 승의 무고로 인하여 투옥되었는데, 광해군이 선사의 죄가 없음을 분명히 알고서 다음 날 궁궐로 초대를 하였다. 이에 불도의 종요宗要를 묻고는 크게 기뻐하여 자납가사와 염주 등을 후하게 내려 주었다. 또한 봉인사奉印寺에서 재를 시설하고는 선사를 명하여 증명법사로 모셨다.

만력 42년 갑인년(1614, 광해군 6) 선사의 나이 72세 때 조계산에서 칠불사로 가서 장차 입적할 곳으로 삼고자 하였다. 이듬해(1615, 광해군 7) 가을 7월에 병을 보였고, 상족上足인 벽암 각성碧巖覺性(1575~1660)을 불러서 정법안장을 전수하고 말했다. "내 뜻은 그대한테 있으니 잘 받들어라." 11월 초하루에 이르러 목욕을 마치고는 시자를 불러서 종이와 붓을 찾아서 다음과 같은 열반게송을 하나 지었다.

칠십삼 년의 꿈같은 바다에서 노닐다가
오늘 아침 몸을 벗고 근원으로 돌아가네
확연하게 공적하여 본래 일물도 없는데
어찌 깨달음과 생사의 뿌리가 있으리오

게송을 마치고 조용하게 입적하였다. 보령은 73세이고, 법랍은 57년이다. 다비를 마치고 영골을 수습하여 송광사·해인사·칠불사·백장사 등 네

군데에 부도탑을 세우고, 홍각등계弘覺登階[122]라는 이름을 가호加號하였다.【비는 송광사에 건립하였다.】

曹溪宗師浮休登階尊者傳

諱善修。姓金。古帶方敖樹人。父積山。母李氏。無子禱于路傍古石無竭。一夕夢有神僧。授一圓珠。呑之有妊。嘉靖二十二年【中宗三十八年】癸卯二月戊子生。孩時不喜肉。丱歲啓父母曰。浮生滾冗。吾將出世。辭入頭流山。從信明長老剃。謁芙蓉和尙學。爲人長身豊頰。唯左手失適。書無不讀。筆鍾王法。嘗一衲者索師數字。過京都。遇漢人能書者。示之。久曰。雖古不易得。必手瘢道人揮也。宣廟二十五年壬辰。島夷侵疆。師栖德裕山避鋒。有賊十數出。師又手立。賊作揮刃勢。師怡然。賊大奇之。羅拜而散。師如伽耶。適天將李宗城入海印。一見師。輒忘去。臨別贈一詩。爲千里面目。師移九千洞。誦圓覺。有一巨蟒暴階。師跣足蹙其尾。俛首而去。夢有翁致拜曰。蒙師說法已離苦。其神異類此。光海時師在頭流。爲狂僧所誣繫獄。光海洞其非罪。翌招入內。詢道要大悅。賜紫衲念珠厚賚。又設齋奉恩[1]寺。命師爲證。萬曆四十二年甲寅。師年七十二。自曹溪之七佛。擬啓手足。翌年秋七月示疾。召上足碧嵓付法曰。吾意在汝。欽哉。至十一月一日。沐浴訖。喚侍者。索紙筆。書一偈曰。七十三年遊幻海。今朝脫殼返初源。廓然寂空元無物。何有菩提生死根。偈畢。泊然而逝。報年七十三。坐夏五十七。闍維收靈骨。樹塔于松廣海印七佛百丈四處。追加弘覺登階者【立碑于松廣寺】。

---

1) 옌 '恩'은 '印'이 옳다.

---

122 홍각등계弘覺登階 : 광해군은 '부휴당浮休堂 부종수교扶宗樹敎 변지무애辯智無礙 추가홍각대사追加弘覺大師 선수등계존자善修登階尊者'라는 시호를 내려 주었다.

62. 조계종사 벽암 각성 선사전

휘는 각성覺性이고 호서 지방 보은報恩 출신이며 속성은 김金씨이다. 어머니는 조曹씨인데 아들이 없어서 북두성에 기도를 드렸다. 고경古鏡을 보는 꿈을 보고 임신을 하였는데, 만력 을해년(1575, 선조 8) 12월 정해시에 낳았다. 선사는 부모에게 효도를 하였고 유희를 즐기지도 않았다.

9세 때 아버지를 여의었는데 상을 마치고 나서 홀연히 지나가던 스님을 뵙고는 온 마음을 기울여 좌선을 공부하였다. 이어서 고모[123]까지 돌아가시자 깨침으로 관심을 돌려서 화산으로 가서 설묵雪默 스님에게 참례하였다.

선사 나이 14세 때 머리를 깎고 보정寶晶 스님에게 구족계를 받았고, 부휴 선수浮休善修를 따라서 속리산으로 들어갔다. 이후 덕유산과 가야산과 금강산 등을 유력하였다. 그러는 가운데서도 매일 대장경을 열람하였는데, 이로부터 항상 경전의 가르침을 따르면서 잠시도 손에서 놓은 적이 없었다.

임진년(1592, 선조 25)에 송운 대사松雲大師 사명泗溟이 의병을 일으켜서 관동 지방으로 나아가 부휴 선수에게 찾아가서 자문을 구하였고, 부휴 선사가 산속에서 왜적을 피하고 있었을 때도 반드시 소식을 전하여 어려움에 봉착할 때마다 자문을 구하였다.

이듬해 계사년(1593, 선조 26) 송운 대사가 부휴를 조정에 천거하여 진상陣上에 나아가자 선사도 무기를 들고 명나라 장군을 따라서 바다에서 왜적을 무찔렀다. 이에 한인漢人(명나라 장수 李宗城)이 선사를 무척 찬탄하였다.

---

123 고모 : 원문은 '阿嬢'으로 어머니를 가리킨다. 그러나 뒷부분에는 39세에 어머니를 여읜 것으로 나오기 때문에 여기서는 달리 번역하였다.

경자년(1600, 선조33)에 칠불선원七佛禪院에서 여름 안거를 지냈다. 부휴 선수가 병을 얻어 선사에게 논강論講을 미루자 선사가 부득이 사양하지 못하고 법좌에 올라 논강을 하여 깊고 오묘한 불법의 도리(玄風)를 크게 떨쳤다.

병오년(1606, 선조 39)에 어머니가 돌아가시자 대중살이에서 물러나 속리산 가섭굴에서 천복薦福을 수재修齋하였다.

선사는 부휴의 문하에서 20여 년을 수행하고 입실하여 정법안장을 전수받았다. 이에 스스로 세 가지 잠언(三箴)을 지어서 말했는데, "은혜를 잊지 않는다, 체면을 부끄럽지 않게 한다, 허리를 굽히지 않는다.(아첨하지 않는다.)"라는 것이었다. 날짐승과 길짐승도 교화하였거늘 하물며 가장 신령하다는 승가대중(衆園)이겠는가.

선사가 중창하고 중수한 큰 사찰만 해도 화엄사·송광사·쌍계사 등이 있는데, 나머지 것은 생략한다. 광해군 시대에 부휴 선사가 요승妖僧에게 무고를 당하자 부휴 선사와 함께 서울에 올라왔다. 광해군이 두 선사를 보고 훌륭하게 여겨 방면해 주고 선사를 봉은사에 주석하도록 하고, 1624년에는 판선교도총섭判禪敎都摠攝에 제수하였다.

인조 시대에는 선사를 불러서 승려들을 통솔하여 남한산성을 축조하게 하였다. 3년에 걸쳐 공사를 마치자 '보은천교원조국일도대선사報恩闡敎圓照國一都大禪師'라는 호와 함께 의발衣鉢을 내려 주었다.

병자년(1636, 인조 14)에 지리산에 있다가, 임금이 남한산성으로 피난했다는 소문을 듣고는 북을 치고 눈물로 대중을 설득하여 군복을 입고 격문을 돌려서 불러 모으자 모여든 사람이 수천 명이었다. 이들을 이끌고 북쪽(남한산성)으로 향하다가 벌써 적군에게 패퇴하였다는 소식을 듣고는 통곡하면서 다시 남쪽(지리산)으로 내려왔다.[124]

---

124 여진족이 세운 후금後金이 청淸으로 국호를 바꾸고 황제국임을 선언하면서 조선을

이후에 일본으로 가는 사신에 임명되자 사양하지 못하였는데 행로에 병이 도져서 산으로 돌아갈 것을 청하였다. 경진년(1640, 인조 18) 8월에 효종이 즉위하자 총섭으로 제수를 받아서 적상산성赤裳山城의 사각史閣을 지켜 냈고(禪衛),[125] 아울러 승려의 가풍을 진작하였다. 또한 같은 해 겨울에는 송광사로 옮겼는데 얼마 안 있다가 다시 화엄사로 돌아왔다.

그리고 기해년(1659) 효종 즉위 10년에 왕이 승하하자 그해 가을 9월에 왕의 죽음(奉諱)에 대하여 슬프게 울음으로써 국은國恩에 보답하였다.

경자년(1660, 현종 1) 정월 12일 문도들에게 경계하여 다음과 같이 말했다. "나는 이제 갈 것이다. 비를 세우지 말라." 이에 게송을 요청하는 문인들을 위하여 손으로 직접 다음과 같이 써 주었다.

대장경 팔만 사천의 게송과
염송 삼천의 게송만 있으면
깨침과 교화에 다 충분한데
어찌 다른 게송이 필요하랴

그러고는 조용하게 입적하였다. 다비식을 하였는데 삼남 지방의 모든 사찰에서 칠부대중七部大衆이 와서 계곡을 가득 메웠다. 사리 3과와 영골 1매를 수습하였는데 갑자기 허공으로 치솟았고, 결국 네 곳의 석탑에 안치되었다. 저술한 여러 책들은 내용이 번잡하지 않았다. 세수 86세이고, 법랍은 72년이다.

침략한 병자호란 때의 일이다. 벽암 각성은 이때 화엄사華嚴寺에 있다가 호남의 승군 3천 명을 일으켜 항마군降魔軍이라 칭하였다.

125 1640년 8월에 호남관찰사 원두표元斗杓의 진언으로 규정도총섭糾正都摠攝의 직을 맡아 무주 적상산성赤裳山城에 있으면서 사고史庫를 보호했던 사실을 가리킨다. 바로 앞에서 언급된 일본에 가는 사신으로 임명받은 것은 1641년으로서 규정도총섭을 제수받은 다음 해에 해당하기 때문에 행장의 순서가 뒤바뀌어 있다.

曹溪宗師碧嵓覺性禪師傳

諱覺性。湖西報恩人。姓金。母曹氏。無子。齋禱北斗。夢古鏡有娠。萬曆乙亥十二月丁亥生。孝于親。不喜戲。九歲失怙。旣沒喪。忽遇過僧。傾心學禪。阿孃重離。旋感悟。之華山。禮雪默。師十四薙髮。受具于寶晶。師從浮休。入俗離山。歷德裕伽耶金剛等山。日閱貝葉。自是相隨不暫離。壬辰松雲倡義。旅軍關東。爲休徍問。避寇于山。必手經問難。癸巳松雲薦休于朝。檄致陣上。師亦杖釼。從天將破賊海中。漢人盛贊之。庚子結夏七佛禪院。休病讓講於師。師辭不獲。登座討論。玄風丕振。丙午喪母謝徒。修齋薦福於俗離迦葉窟。盖業于休門二十餘年。入室傳法。自撰三箴云。恩不忘。面不愧。腰不屈也。飛走猶化。況寂靈衆園。其叔修大者。華嚴松廣雙溪也。餘可略也。光海時休師爲妖所誣。偕入京。光海見二師。奇之放還。留師奉恩寺。爲判禪敎都揔攝。仁祖朝徵師領緇。築南漢城。三年訖。賜報恩。闡敎圓照國一都大禪師號幷衣鉢。丙子在智異山。聞車駕幸南漢。乃鳴鼓泣諭衆。衣戎衣檄召衆。來赴者數千。相率而北。聞賊退痛哭而南。後命使日東。不敢辭。行中路。以病甚。請還山。庚辰八月。孝宗卽位。授以揔攝印。禁衛赤裳史閣。坐化僧風。同年冬移居松廣寺。居無何。還栖華嚴。而己亥夏。孝宗卽位二¹⁾十年賓天。秋九月奉諱哀叫。以酬國恩。庚子一月十二日戒門徒曰。吾當行也。勿樹碑。爲門人請偈。於是掇手寫曰。大經八萬偈。拈頌三千卷。足爲兼二利。何須別爲頌。悠然而化。奉而闍維。三南傾寺。七象塡谷。三舍利。一靈骨。超然騰空。藏諸石鍾于四處。所著諸卷不煩。壽八十六。夏七十二。

---

1) ㉄ '二'는 없어야 옳다.

63. 조계종사 대가 선사전

휘는 희옥熙玉이고 호는 융묘融妙이며 자는 대가待價인데, 본적은 자세히 알려져 있지 않다. 천계 6년 병인년(1626, 인조 4) 11월에 태어났다. 인조가 팔도도승통겸남한도총섭八道都僧統兼南漢都摠攝이라는 직첩을 내렸지만 선사가 받으러 나아가지 않자, 벽암 각성이 그것을 대신하였다. 선사는 항상 조계에 주석하였지만 문장으로 세간에 명성을 떨쳤다. 그래서 혹 신사(縉紳)나 선비(章甫)가 있다는 말이라도 들으면 몸소 찾아갔는데 그들이 결코 말을 놓지 못하였다.

〈삼청선각三淸[126]仙閣〉이라는 뛰어난 시가 있는데 다음과 같다.

　　계곡에 있는 그림같이 아름다운 누각
　　바람 물 달빛이 기이하게 어우러졌네
　　풍청과 수청과 월청의 무한한 풍경을
　　속세에서 몇 사람이나 알고 있겠는가

보통의 사람들은 그 좋고 나쁨을 평가하지 못하였지만, 오직 퇴어자退漁子[127]만큼은 누구인지는 모르겠지만 시를 보고 그 말미에다 다음과 같이 썼다.

"천추의 시인과 묵객이 이 시를 보고 그 사람에 대하여 훌륭하다고 찬탄할 것이다."

---

[126] 삼청三淸 : 일반적으로는 도교에서 신선이 사는 곳을 표현하는 명칭으로 최고의 이상향을 의미한다. 옥청玉淸·상청上淸·태청太淸이 그것이다. 다만 여기서는 수청水淸·월청月淸·풍청風淸의 삼청을 일컫는다.
[127] 퇴어자退漁子 : 김진상金鎭商(1684~1755)인 듯하다. 그는 조선 중기의 문신으로 자는 여익汝翼·태백太白이고, 호는 퇴어자이다.

曹溪宗師待價禪師傳

諱熙玉。號融妙。字待價。籍未詳。天啓六年丙寅十一月生。仁祖賜八道都僧統兼南漢都捴攝職帖。師不肯行。碧嵓代之。師常居曹溪。以文章名於世。或有縉紳章甫。耳風踵門。莫敢下喙。有三淸仙閣詩一闋曰。畫閣臨溪上。風兼水月奇。三淸無限景。塵世幾人知。人莫能評其好惡。而唯退漁子。未知何人。而見以詩繫尻曰。千秋詩墨。奇之贊云尒。

64. 조계종사 백곡 선사전

휘는 처능處能이고 호는 백곡白谷이며 본적은 알려져 있지 않다. 성품이 대단히 민첩하였고, 문장에 탁월하였으며, 널리 배우고 묻기를 좋아하였다. 그리고 온 천하의 신사(縉紳)라는 유명 인사들도 모두 그 밑에 있었다. 당시에 조야의 상소문(章疏)이라면 모두 선사의 손끝에서 나왔다. 세간에서 하는 이야기 가운데 "백곡이 갑자기 죽는다면 글(文章)이 갑자기 일어날 것이다."라고 했으니 선사의 견해가 이로써 증험될 것이다. 벽암각성에게 의지하여 정법안장을 전수받았다. 『유집遺集』 1권이 세간에 유행하였다.

曹溪宗師白谷禪師傳

諱處能。號白谷。籍未詳。性甚捷敏。文章卓越。博學強問。海內縉紳之名。流盡在下風。當時朝野之章疏。皆出師手。俗語云。白谷猝然死。文章勃然起云。師之見解。以此驗矣。依碧嵓受法。遺集一卷。行於世。

65. 조계종사 영월 선사전【이 대목은 벽암 각성 선사전의 바로 밑에 위치해야 좋을 것이다.】

휘는 청학淸學이고 자는 현주玄珠이며 호는 영월詠月이다. 속성은 홍洪씨이고 아버지 이름은 선명先明이며 어머니는 강姜씨이다. 관산冠山 유치有恥 출신으로 융경 4년 경오년(1570, 선조 3) 4월(仲呂) 14일에 태어났다.

나이 13세 때 세속을 싫어하여 부모 곁을 떠나서 가지산迦智山 보림사寶林寺에 들어가 속복을 벗고 승복을 걸치고 머리를 깎았다. 널리 남쪽 지방을 참방하다가 부휴 선수 선사에게 참문하여 선당禪堂에 들어갔다. 이어서 서산에 들어가 청허 노사에게 의지하여 입실入室하였다. 천 가지로 지혜의 불을 정련하였고, 백 가지로 진리의 화로를 단련하였으며, 깨달음의 세계로 통하는 금빛 줄을 놓았고, 미혹한 세계에서는 목탁을 울렸으며, 봉래蓬萊에 주석하여 향적 세계에서 부처님을 모셨으며, 방장方丈에 갓을 걸어 두고, 향로봉으로 학선鶴仙(淸虛休靜)을 참방하였다.

그런 연후에 산청의 금화金華에서 덕을 감추니 신령한 용이 바다 밑바닥에 숨은 것과 같았고, 명예를 해남의 연동蓮洞에서 감추니 문양 있는 표범이 숲속에 숨은 것과 같았다.

물과 구름에 의지하여 유유자적하게 돌아다니고
철우를 채찍질하니 철우가 곧 달 보고 울부짖네
두 갈래 흐르는 시내 소에서 호탕하게 살아가고
돌로 만든 말고삐 죄니 바람을 가르며 울부짖네

아, 임종계를 마치고 방장실로 돌아가서 제자(神足)들에게 유훈을 마치고 영원한 결별을 하고, 섶이 다하니 불이 재가 되듯이 조용하게 입적하였다. 이에 구름도 슬퍼하고 안개도 서글퍼하며 이따금씩 스쳐 지나갔다.

때는 순치 11년 갑오년(1654, 효종 5) 10월 29일이었다. 세수는 85세이고, 법랍은 73년이다.

曹溪宗師詠月禪師傳【此在碧崑下可也。】

諱淸學。字守玄。[1] 詠月號也。姓洪。父先明。母姜氏。冠山有耻人也。隆慶二十三庚午[2]仲呂十四日生。年甫十三。厭世辭親。投迦智山寶林寺。脫白衣薙綠髮。於是飽叅南國。訪修公而昇堂。繼登西山。投靜老而入室。千精智火。百鍊玄爐。界金繩於覺岸。振木鐸於迷途。憩錫蓬萊。奉曇佛於香界。掛冠方丈。訪鶴仙於爐峯。然後匿德金華。神龍隱於海底。韜名蓮洞。文豹潛於林中。依水雲而抴遲。鞭銕牛而哮月。沼複溪而放曠。轡石馬而嘶風。噫。說終偈臨歸。諭神足而永訣。薪盡火灰。泊然而化。雲悲霧慘。偶爾而逝。時唯順治十一甲午十月廿九。壽九[3]旬五。臘七加三。

---

1) ㉮ '守玄'은 '玄珠'이어야 옳다.　2) ㉮ '隆慶二十三庚午'는 '隆慶四庚午'가 옳다.
3) ㉮ '九'는 '八'이어야 옳다.

66. 조계종사 침굉 선사전

휘는 현변縣辯이고 자는 이눌而訥이며 속성은 윤尹씨이다. 그 선조는 서화西華의 명문 귀족으로 남쪽으로 내려온 후에 돌아가지 못하였다. 아버지 이름은 흥興이고 어머니는 최崔씨이며, 만력 44년 병진년(1616, 광해군 8)에 태어났다. 처음에 호가 총민聰敏이었는데, 그 까닭은 눈으로 본 것은 그대로 입으로 암송하였기 때문이다. 이에 사람들은 금리錦里의 신동[128]이라 불렀다. 어린 나이에 아버지가 돌아가시자 어머니를 받들며 살았는데 어떤 점술가(數者)가 말했다. "어째서 이같이(寧馨) 오랫동안 속세에 머물러 있는가? 장차 불교의 가풍을 크게 내세워야 할 것이다." 어머니는 울면서 점술가의 말을 생각하다가 마침내 출가를 허락하였다. 이에 보광葆光을 따라 관산冠山에 들어가서 속세를 벗었다.

13세 때 고창의 방장산方丈山에 들어가서 소요 태능逍遙太能을 참방하여 한 번 뵙고는 곁에서 모셨다. 일찍이 경전을 공부하였는데 청출어람이었다. 이로 말미암아 그 명성이 파다하게 퍼지자 출가자와 재가자 모두가 한 번쯤 선사를 만나 보고자 하였다.

19세 때 송계 원휘松溪圓輝[129] 선사를 따라서 복현福縣에 노닐었다. 이때 복현의 사또가 객사의 상량문을 송계 원휘에게 청하였지만 송계 원휘

---

128 금리錦里의 신동 : 금리는 중국 사천성의 성도成都에 옛날 촉한 때의 거리 모습을 재현해 놓은 거리의 이름이다. 어려서부터 총명했던 두보杜甫가 성도에 머무는 동안 자칭 금리선생錦里先生이라 한 것에 빗댄 것이다.

129 송계 원휘松溪圓輝 : 원휘 대사圓輝大師 송계松溪(1630~1694)를 가리킨다. 성은 최씨이고, 자는 회백會魄이며, 호는 송계로서 연성連城 출신이다. 아버지는 응준應俊이고, 어머니는 함咸씨이다. 15세에 출가하여 지운智運을 은사로 삼았고, 용문산에 들어가 풍담楓潭의 밑에서 공부하였으며, 그 법을 받았다. 여러 강원에서 공부하여 불경에 통달한 뒤에 묘향산에서 서악西岳의 대종사大宗師가 되었다. 언제나 과묵하여 모든 대중에게 무언승無言僧으로도 불렸다. 만년에는 묘향산 칠엽암七葉庵으로 옮겨 주석하였는데 그곳에서 입적하였다.

가 사양하며 선사에게 양보하였다. 이에 선사가 곧바로 상량문을 짓자 복현의 사람들이 모두 경탄하였다. 이후에 해남 백련동白蓮洞의 윤선도尹善道[130]가 가문의 대를 이으려고 양자로 삼으려고 만류하였다.【당시에 윤선도는 아들을 잃은 상태였다.】 여러 날 동안 선사를 거기에 붙들어 두면서 선사가 떠나려는 것을 한사코 말렸다. 선사의 스승인 보광 선사가 석장을 날려 담장 밖에서 새벽에 불러내자, 선사가 나가서 보광 선사에게 예배하였다. 그러자 윤 공이 눈물을 흘리더니 곧바로 차고 있던 칼을 풀어 놓고 말했다.[131] "스님이 환속하지 않으면 저는 아마 제 목을 벨지도 모릅니다." 선사가 윤 공에게 말했다. "저는 동진 출가하였는데 어찌 환속하겠습니까?" 그러자 보광 선사가 윤 공에게 하직을 고하며 말했다. "출가승에게 스승과 제자는 곧 속가의 아버지와 아들에 해당합니다. 황천으로 돌아가는 고통이나 속가로 돌아가는 고통이나 매한가지일 뿐입니다." 그러자 마침내 윤 공은 산으로 돌아가려는 선사의 말을 들어주었다. 선사의 식견이 이와 같았다.

방장산에 오랫동안 주석하다가 송광사를 거쳐 선암사로 갔으며, 다시 연곡사를 거쳐 오봉산으로 갔는데, 그동안 지내 오면서 교화해 준 사람들로서 감복하지 않는 사람이 없었다. 말년에는 금화산에 주석하였다.

강희 23년 갑자년(1684, 숙종 10) 봄에는 조용히 지내다가, 여름 4월 12일 가부좌한 자세로 서쪽을 향하여 입적하였는데, 마치 섶이 다 타자 불꽃이 스러지는 것과 같았다. 그때는 바람도 불지 않고 물결도 치지 않았다. 세수는 69세이고, 법랍은 57년이다.

---

130 윤선도尹善道(1587~1671) : 호는 고산孤山. 조선 중기의 문신이고 시조 작가로서 정철·박인로와 더불어 조선 3대 시가인詩歌人의 한 사람으로 일컬어지며, 서인西人 송시열에게 정치적으로 패해 유배 생활을 했다.
131 선사의 스승인~놓고 말했다 : 이 대목은 『枕肱集』의 「行狀」에 의거하여 보완 해석한 것이다.

曹溪宗師枕肱禪師傳

諱縣辯。字而訥。姓尹。其先以西華望族。落南不能歸。父興。母崔氏。以萬曆四十四丙辰誕。初號聰敏。目寓口誦。人稱錦里神童。亂哭怙奉萱闈。有數者云。此寧馨豈久在塵埃中。將特立梵王家。母泣念數者說。許出家。隨葆光入冠山。卽零染。年十三入方丈。訪逍遙一見服。早詣經。色茜藍。由是聲振名播。緇白願一識焉。十九從松溪。遊福縣。縣請客舍上樑文于松溪。溪讓于師。師便就焉。縣皆驚歎。後爲白蓮洞尹公善道之所挽。欲頂冠繼嗣。【尹公時喪子故】緊執累日。師之師葆光。佩刀飛錫。示刀曰[1] 汝不俗。我何到哉。對曰師在童何俗。告尹公曰。僧之師童。卽俗之父子。歸泉之痛。歸俗之痛一也而已。尹公遂聽還。槩其識見如此。處方丈。舊自松廣而之仙嵓。由燕谷。而於五峯。所過者化。無思不服。末年捿金華山。實康熙二十三年甲子歲也。春不預。夏四月十二日趺坐面西而化。如薪盡而火滅。風息而浪靜焉。壽六十九。夏五十七。

1) ㉑ '佩刀飛錫。示刀曰。'은 『枕肱集』의 「行狀」에는 '投杼飛錫。牆外晨呼。出迎拜葆光。泣始牌去刀曰。'이라고 되어 있다.

67. 조계종사 홍변 선사전

휘는 홍변洪辯이고 속성은 조趙씨이며 호남의 순창 출신이다. 어려서 조계산으로 출가하였는데 바로 중급반 과목을 공부하였다. 거제도로 들어가서 산속에다 암자를 짓고 계율을 지키면서 정진하였는데, 한 글자마다 절을 한 번씩 하면서 7권의 『법화경』 전체를 서사하여 그것을 잘 장엄해 놓고 조석으로 예배하면서 지성으로 공양하였다. 또한 선정을 익히고 지혜를 닦으면서 소나무로 사립문을 만들어 놓고 은거하여 속세에 들어가지 않은 것이 40여 년이었다. 이후에 입적하였다.【선사의 출생과 입적 연대에 대한 기록은 미상이다.】

曹溪宗師洪辯禪師傳

諱洪辯。姓趙氏。湖南淳昌人。童眞出家于曹溪山。早中喬科。徃入巨濟山結庵。精進持戒。一字一拜。書法華經一部。極侈莊嚴。朝夕禮拜。至誠供養。又以禪[1]定均慧。隱居松扃。不入塵境者四十餘而終云。【始末年記未詳。】

1) 역 '禪'은 '習'이 옳다.

68. 조계종사 송계 선사전【휘는 성현聖賢이고 부휴 선수浮休善修의 법을 이었다.】

曹溪宗師松溪禪師傳【諱聖賢。浮休嗣。】

69. 조계종사 취미 선사전

휘는 수초守初이고 자는 태혼太昏이며 호는 취미翠微이다. 속성은 성成씨인데 본은 창녕으로 조선 시대 명신인 성삼문의 방계 후손이다. 만력 18년 경인년(1590, 선조 23) 6월 3일에 경성에서 태어났다. 놀이에는 반드시 불사佛事를 흉내 냈고 앉아 있는 모습이 마치 선정에 들어 있는 스님의 모습과 같았다. 어린 나이에 부모를 여의고 형과 형수에게 의지하였고, 지학志學의 나이에는 어떤 범승이 "어찌 이리도 늦었는가?"라고 버럭 나무라는 꿈을 꾸었다. 이에 형에게 꿈을 이야기하고 출가의 허락을 구하였지만, 형은 손으로 선사의 입을 막고 "그런 말을 하지 말라."라고 말했다. 그로부터 열흘이 지나서 성벽을 넘어 설악산으로 도망가서 경헌敬軒 스님에게 의탁하여 머리를 깎았다.

병오년(1606, 선조 39) 17세 때 남쪽의 두류산에 이르러 부휴 선수浮休善修에게 예배를 드리고 구족계를 받았다. 그때 벽암 각성碧巖覺性은 소장로小長老로서 제일좌로 있었다. 어느 날 부휴가 벽암에게 말했다. "훗날 크게 깨치는 사람이 나온다면 반드시 이 사미가 그 주인공일 것이다. 이 늙은이가 그대에게 부촉하니 잘 이끌고 보호해 주거라." 20여 세에는 방방곡곡을 두루 참방하였다. 선사에게는 네댓 명의 도반이 있었는데 그들이 오烏라는 글자를 가지고 운을 삼아서 시를 청했다. 선사는 먼저 금唫 자를 내놓더니, 마지막 대목에서 다음과 같이 말했다.

평생 동안 사치품이란 없었는데
오로지 하나 대지팡이뿐이라오[132]

---

[132] 대지팡이뿐이라오(竹枝烏) : '죽지오竹枝烏'를 오죽烏竹으로 만든 지팡이라는 의미 이외에 '대나무 지팡이(竹枝)뿐이라오(烏)'라는 시구로 활용한 재치를 보인 글이다.

어느 날 벽암이 법좌에 오르자, 선사가 법좌를 세 바퀴 돌고 나서 예배하고 질문드리니, 벽암이 말했다. "어디에서 한 동이를 얻었기에 베 짜는 노파가 찾아온 것인가?" 선사가 말했다. "내려놓고자 하나 집착거리가 없습니다." 벽암이 부휴 선수에게서 전승받은 부촉을 은밀하게 지시하고 나서 그것을 설법으로 드러내어 인가하고 말했다. "그대야말로 종문의 표준이로다."

숭정 2년 기사년(1629, 인조 7)에 대중의 청익을 받아들여 출세하고, 이에 옥천玉川의 영취사靈鷲寺에서 개당하였다. 상국相國 장유張維가 유리주琉璃珠 한 꾸러미를 보내 주었다.[133]

임신년(1632, 인조 10)에는 관북關北에 초청되어 설법을 하다『설봉어록雪峯語錄』을 읽고 오도悟道하였는데, 선사에게 있어서 영외嶺外의 선학禪學[134]에 대한 관심은 이로부터 비롯되었다. 이에 배를 타고 중국으로 유학하려고 했지만 뜻을 이루지 못하였다.

정축년(1637, 인조 15)에 태백산에 들어갔지만, 이듬해 다시 남쪽으로 돌아와서 벽암을 모셨는데 벽암 선사가 그만 방장산으로 돌아갔다.

계미년(1643, 인조 21)에는 초청을 받아 칠불암으로 옮겼는데 대중이 300명을 넘었다.

임진년(1652, 효종 3)에는 진원珍原으로부터 지리산으로 돌아와서 주석하

---

133 당시 상국인 장유張維가 희고 상인希古上人으로 하여금 북한산에 절을 짓게 하고 특별히 취미 수초 선사를 강주로 청하였다. 그러나 선사가 이를 굳이 사양하고 춘파春坡를 천거하니, 선사를 더욱 존경하게 된 장유가 자거염주를 선물로 보낸 일화를 말한다.

134 영외嶺外의 선학禪學 : 선학은 선의 종지宗旨·수행·교화 등을 의미한다. 영嶺은 대유령大庾嶺으로 강서성 임안부 대유현의 남쪽에 있는, 강서와 광동의 경계가 되는 산인데, 예로부터 그 북쪽을 영북이라 하고 남쪽을 영남이라 하였다. 선종사에서 영남은 조계 혜능으로부터 비롯된 남종선을 상징하고, 영외는 현재 자신이 몸담고 있는 문중 내지 종파 이외의 가르침을 나타낸다. 지금 여기에서 영외는 철령鐵嶺 이북으로서 구체적으로는 중국을 가리킨다.

였다.

병신년(1656, 효종 7)에는 보개산寶蓋山으로부터 반룡산盤龍山으로 갔는데 내한內翰 신 공申公이 제자를 자처하였다.

기해년(1659, 효종 10) 겨울에 벽암 노사께서 병에 걸리자 화엄사로 모시고 돌아왔다. 이듬해(1660, 현종 1) 정월에 벽암이 입적하였다. 이에 선사는 조계대도량曹溪大道場으로 옮겨서 전후 12년 동안 주석하였다. 사찰 내에 네 곳의 대전大殿이 있었는데 불상이 없어 장인에게 명하여 주조하도록 하였다. 네 곳의 대전에는 실제로 여섯 구의 불상을 비롯하여 많은 탱화가 있었는데 그 수가 수천 점이었다.【네 곳의 대전은 곧 화엄전·팔상전·약사전·관음전이다.】

병오년(1666, 현종 7) 9월에 원정元淨으로부터 강사포絳紗袍를 보시받았다.

이듬해(1667, 현종 8)에 황강黃崗의 심원사深源寺에 주석하였다. 가을 7월에 묘향산으로 옮겼다. 그곳에서 다음과 같은 『염송拈頌』에 수록된 게송을 열람하였다.

> 봄을 맞은 산과 강은 모두가 아름다운데
> 비가 그친 교목 숲에는 두견새 울어 댄다
> 강기탕을 달여 한 잔을 쭉 들이켜니
> 가슴이 상쾌하고 시원해 이내 책을 덮네

이에 탄식하여 말했다. "무릇 모든 문자는 술지게미와 같은 것인데 어찌 다른 맛이 있겠는가?" 이에 이르러 좌선의 자세를 취하고 설법을 하여 문풍이 엄격하였다.

이듬해(1668, 현종 9) 정월에 장차 영북嶺北으로 돌아갈 것이라 고하고, 2월 갑신甲申일에 오봉五峯의 삼장사三藏寺에 들어갔다. 4월 기사己巳일에 병기가 나타나자 부백府伯인 홍 공洪公이 문약問藥하러 찾아오니 선사는 거절하고 말했다. "생과 사는 운명이지요. 그런데 어찌 약을 쓰겠습니까?" 6월 을유乙酉일에 회욕頮浴을 마치고 옷을 갈아입고서 목탁을 쳐서 대중에게 이별을 고하여 말했다. "나는 79년을 살아왔는데 65년을 출가인으로 살았다. 그런데 무엇이 불만이겠는가? 그러니 탑도 세우지 말고 비명도 새기지 말라." 어떤 사람이 게송을 요구하자 선사가 말했다. "선정의 마음을 어지럽히지 말라." 이후 3일이 지난 정해丁亥일에 재를 마치고서 무량수불을 10성聲 염념念하고 가부좌하여 합장한 채로 좌화坐化하였다. 7일이 지나서 다비를 하는 자리에 여섯 고을의 사람들이 모두 모여들었다. 정골사리가 튀어나오자 각흘覺屹 등이 이를 받들어 설봉雪峯의 벽송대碧松臺로 모시고 돌아갔다. 21일에 걸쳐 사리 2매枚를 얻었다.

이듬해(1669, 현종 10) 3월 7일에 오봉산과 설봉산과 조계산의 세 곳에 탑을 세우고 안치하였다. 문도 중 해란海蘭·민기敏機·철조喆照·광륵廣泐·성총性聰 등이 상수제자들이다. 세수는 79세이고, 법랍은 65년이다.

曹溪宗師翠微禪師傳

諱守初。字太昏。翠微其號也。姓成。系出昌寧。本朝名臣成三問之傍裔也。萬曆十八庚寅六月初三日。生於京城。兒戲必佛事。坐如入定僧。賦鳩之歲。喪考妣。依兄嫂。及志學。形未交。忽梵僧疾呼來何遲。告兄以夢。求出家。以手窒口曰。勿出此語。才浹旬。踰城走雪岳。依敬軒落髮。丙午南抵頭流。首謁浮休。具尸羅。時碧嵓以小長老。居第一座。一日休師謂嵓曰。異日大吾道者。必此沙彌。吾耄以付汝。好將護之。既冠。遍叅區宇。有青襟四五。以烏爲韻請詩。師立唫。其末云。平生無長物。唯有竹枝烏。一日嵓陞座。師遶三匝。設禮問難。嵓曰。何處得一擔紅婆子來。師云。欲放下無着處。嵓以休之囑密指。顯說印日。宗門準的。崇禎己巳。衆請出世。乃開堂于玉川之靈鷲。相國張維遺琉璃珠一串。壬申被請關北。悟道雪峯。嶺外禪學。自此始矣。航海欲西遊。未果。丁丑之太白。明年南還省碧嵓。嵓罷歸方丈。癸未請移七佛。衆盈三百。壬辰自珎原。回錫智異。丙甲[1]自寶盖之盤龍。有內翰申公。稱弟子云。己亥冬。以嵓老病。歸侍華嚴。明正月嵓順寂。移住曹溪大道場。前後一紀。寺有四大殿。闕像。命工塑之。四殿實六駄凡諸繪畫。其數幾千。【華嚴殿。八相殿。藥師殿。觀音殿。】丙午施絳紗于九月[2]元淨。明年憇錫于黃崗深源。秋七月遷于妙香。閱拈頌偈。承春高下盡嬋妍。雨過喬林叫杜鵑。如服一杯降氣湯。胷次灑落。乃掩卷歎曰。凡諸文字糟粕。豈有餘味也。至是據坐談柄。門風峭峻。明年一月。將歸嶺北。二月甲申。移入五峯之三藏。四月己巳示疾。府伯洪公問藥。師却之曰。死生有數。藥安用爲。六月乙酉。磧浴更衣。鳴楗訣衆曰。吾生七十有九。坐六十有五。何所嫌哉。勿塔勿銘。有索偈者。師曰。勿撓定心。後三日丁亥。齋罷。念無量壽佛十聲。跏趺合爪而坐化。經七日闍維。六郡畢集。頂骨爆出。覺屹等。奉歸雪峯碧松臺。乞三七日。獲舍利二枚。明年三月七日。安塔于五峯雪峯曹溪三處。門徒海蘭敏機喆照廣泓性聰等爲之首。壽七十九。夏六十五。

---

1) 옉 '甲'은 '申'이 옳다. 2) 옉 '九月'이 문장 앞의 '丙午' 뒤에 있어야 옳다.

70. 조계종사 숭인 설은전[벽송碧松의 법을 이었다.]

曹溪宗師崇仁雪訔傳【碧松嗣】

71. 조계종사 추월 조능전[벽송碧松의 법을 이었다.]

曹溪宗師秋月祖能傳【碧松嗣】

72. 조계종사 원오 일진전[벽송碧松의 법을 이었다.]

曹溪宗師圓悟一眞傳【碧松嗣.】

73. 조계종사 경헌 선사전[취미翠微의 은사이다.]

曹溪宗師敬軒禪師傳【翠微師.】

74. 조계종사 보광 선사전[침굉枕肱의 은사이다.]

曹溪宗師葆光禪師傳【枕肱師.】

75. 조계종사 혜관 선사전[무용無用의 은사이다.]

曹溪宗師惠寬禪師傳【無用師.】

76. 조계종사 득우 선사전[영해影海의 은사이다.]

曹溪宗師得牛禪師傳【影海師.】

77. 조계종사 철웅 선사전【풍암楓巖의 은사이다.】

曹溪宗師哲雄禪師傳【楓嵓師。】

78. 조계종사 모운 진언 선사【벽암碧巖의 법을 이었다.】

曹溪宗師暮雲震言禪師【碧嵓嗣。】

79. 조계종사 석실 명안 선사【백암栢庵의 법을 이었다.】

曹溪宗師石室明眼禪師【栢庵嗣。】

80. 조계종사 완화 처해 선사【무용無用의 법을 이었다.】

曹溪宗師玩華處解禪師【無用嗣。】

81. 조계종사 보광 원민 선사【모운暮雲의 법을 이었다.】

曹溪宗師葆光圓旻禪師【暮雲嗣。】

82. 조계종사 회암 정혜 선사【보광葆光의 법을 이었다.】

曹溪宗師晦庵定慧禪師【葆光嗣】

83. 조계종사 중봉 우징 선사【완화玩華의 법을 이었다. 비碑는 청암사青巖寺에 있다.】

曹溪宗師中峯宇澄禪師【玩華嗣碑。在青嵓寺】

84. 조계종사 원조 태휘 선사【석실石室의 법을 이었다.】

曹溪宗師圓照太輝禪師【石室嗣】

85. 조계종사 신암 비현 선사【원조圓照의 법을 이었다.】

曹溪宗師愼庵丕玹禪師【圓照嗣】

86. 조계종사 각흘 선사전【취미翠微의 법을 이었다.】

曹溪宗師覺屹禪師傳【翠微嗣】

87. 조계종사 해란 선사전【취미翠微의 법을 이었다.】

曹溪宗師海蘭禪師傳【翠微嗣】

88. 조계종사 민기 선사전【취미翠微의 법을 이었다.】

曹溪宗師敏機禪師傳【翠微嗣】

89. 조계종사 철조 선사전【취미翠微의 법을 이었다.】

曹溪宗師喆照禪師傳【翠微嗣】

90. 조계종사 광륵 선사전【취미翠微의 법을 이었다.】

曹溪宗師廣泐禪師傳【翠微嗣】

91. 조계종사 설명 선사전【백암栢庵의 법을 이었다.】

曹溪宗師雪明禪師傳【栢庵嗣】

92. 조계종사 돈정 선사전[묵암默庵의 법을 이었다.]

曹溪宗師頓淨禪師傳【默庵師.】

93. 조계종사 만리 선사전

曹溪宗師萬里禪師傳

94. 조계종사 명진 선사전

曹溪宗師明眞禪師傳

95. 조계종사 덕균 선사전[응암應庵의 은사이다.]

曹溪宗師德均禪師傳【應庵師.】

96. 조계종사 법안 선사전[제운霽雲의 은사이다.]

曹溪宗師法顔禪師傳【霽雲師.】

97. 조계종사 이암 희열 선사 [회암晦庵의 법을 이었다.]

曹溪宗師怡庵希悅禪師【晦庵嗣.】

98. 조계종사 용암 채청 선사 [회암晦庵의 은사이다.]

曹溪宗師龍庵采晴禪師【晦庵師.】

99. 조계종사 송암 탈원 선사 [회암晦庵의 은사이다.]

曹溪宗師松庵脫遠禪師【晦庵師.】

100. 조계종사 우암 호경 선사 [회암晦庵의 은사이다.]

曹溪宗師雨庵護敬禪師【晦庵師.】

101. 조계종사 서악 도태 선사 [회암晦庵의 은사이다.]

曹溪宗師西嶽道泰禪師【晦庵師.】

102. 조계종사 문곡 영아 선사[회암晦庵의 은사이다.]

曹溪宗師文谷永訝禪師【晦庵師。】

103. 조계종사 한암 성안 선사[회암晦庵의 은사이다.]

曹溪宗師寒嵓性眼禪師【晦庵師。】

104. 조계종사 추파 홍유 선사[이암怡庵 선사의 법을 이었다. 혹은 한암寒巖의 법을 이었다.]

曹溪宗師秋坡弘宥禪師【怡庵嗣。或寒嵓嗣。】

105. 조계종사 설봉 경오 선사[용암龍庵의 법을 이었다.]

曹溪宗師雪峯景旿禪師【龍庵嗣。】

106. 조계종사 매곡 경일 선사[나암懶庵의 법을 이었다.]

曹溪宗師梅谷敬一禪師【懶庵嗣。】

107. 조계종사 섭허 인규 선사 [나암懶庵의 법을 이었다.]

曹溪宗師攝虛印圭禪師【懶庵嗣.】

108. 조계종사 송암 계익 [부휴浮休의 법을 이은 78인 가운데 한 사람이다.]

曹溪宗師松庵戒益【浮休嗣七八.】

109. 조계종사 뇌정 응묵 [부휴浮休의 법을 이었다.]

曹溪宗師雷靜應默【浮休嗣.】

110. 조계종사 고한 희언 [부휴浮休의 법을 이었다.]

曹溪宗師孤閑希彦【浮休嗣.】

111. 조계종사 해련 선택 [부휴浮休의 법을 이었다.]

曹溪宗師海蓮善澤【浮休嗣.】

112. 조계종사 보감 혜일 [부휴浮休의 법을 이었다.]

曹溪宗師寶鑑惠日【浮休嗣】

113. 조계종사 환적 인문 [부휴浮休의 법을 이었다.]

曹溪宗師幻寂印文【浮休嗣】

114. 조계종사 포허 담수 [부휴浮休의 법을 이었다.]

曹溪宗師抱虛談守【浮休嗣】

115. 조계종사 고운 정특 [벽암碧巖의 법을 이었다.]

曹溪宗師孤雲挺特【碧嵓嗣】

116. 조계종사 동림 혜원 [벽암碧巖의 법을 이었다.]

曹溪宗師東林慧遠【碧嵓嗣】

117. 조계종사 벽천 정현 【벽암碧巖의 법을 이었다.】

曹溪宗師碧川正玄【碧嵒嗣.】

118. 조계종사 월파 인영 【벽암碧巖의 법을 이었다.】

曹溪宗師月波印英【碧嵒嗣.】

119. 조계종사 무의 천연 【벽암碧巖의 법을 이었다.】

曹溪宗師無依天然【碧嵒嗣.】

120. 조계종사 제하 청순 【벽암碧巖의 법을 이었다.】

曹溪宗師霽霞淸順【碧嵒嗣.】

121. 조계종사 유곡 충경 【벽암碧巖의 법을 이었다.】

曹溪宗師幽谷冲冏【碧嵒嗣.】

122. 조계종사 한계 현일[벽암碧巖의 법을 이었다.]

曹溪宗師寒溪玄一【碧嵒嗣】

123. 조계종사 연화 인욱[벽암碧巖의 법을 이었다.]

曹溪宗師蓮花印旭【碧嵒嗣】

124. 조계종사 나암 진일[벽암碧巖의 법을 이었다.]

曹溪宗師懶庵眞一【碧嵒嗣】

125. 조계종사 침허 율계[벽암碧巖의 법을 이었다.]

曹溪宗師枕虛律戒【碧嵒嗣】

126. 조계종사 회은 응준[벽암碧巖의 법을 이었다.]

曹溪宗師晦隱應俊【碧嵒嗣】

127. 조계종사 허월 승준【벽암碧巖의 법을 이었다.】

曹溪宗師虛月勝俊【碧嵓嗣】

128. 조계종사 회적 성오【벽암碧巖의 법을 이었다.】

曹溪宗師晦迹性悟【碧嵓嗣】

129. 조계종사 함화 혜인【벽암碧巖의 법을 이었다.】

曹溪宗師含花慧認【碧嵓嗣】

130. 조계종사 반운 상욱【벽암碧巖의 법을 이었다.】

曹溪宗師伴雲尙旭【碧嵓嗣】

131. 조계종사 동계 경일【벽암碧巖의 법을 이었다.】

曹溪宗師東溪敬一【碧嵓嗣】

132. 조계종사 뇌음 경연 【벽암碧巖의 법을 이었다.】

曹溪宗師雷音敬演【碧嵓嗣】

133. 조계종사 애운 천홍 【벽암碧巖의 법을 이었다.】

曹溪宗師靉雲天弘【碧嵓嗣】

134. 조계종사 섭허 인규 【벽암碧巖의 법을 이었다.】

曹溪宗師攝虛印圭【碧嵓嗣】

135. 조계종사 쌍산 인행 【벽암碧巖의 법을 이었다.】

曹溪宗師雙山印行【碧嵓嗣】

136. 조계종사 설봉 희안 【벽암碧巖의 법을 이었다.】

曹溪宗師雪峯希安【碧嵓嗣】

137. 조계종사 영원 담희[벽암碧巖의 법을 이었다.]

曹溪宗師靈源曇熙【碧嵓嗣】

138. 조계종사 청담 혜휘[벽암碧巖의 법을 이었다.]

曹溪宗師淸潭慧輝【碧嵓嗣】

139. 조계종사 송봉 삼우[벽암碧巖의 법을 이었다.]

曹溪宗師松峯三愚【碧嵓嗣】

140. 조계종사 금파 신여[벽암碧巖의 법을 이었다.]

曹溪宗師金波信如【碧嵓嗣】

141. 조계종사 고운 설우[벽암碧巖의 법을 이었다.]

曹溪宗師孤雲雪祐【碧嵓嗣】

142. 조계종사 제하 정특 [벽암碧巖의 법을 이었다.]

曹溪宗師霽霞挺特【碧嵓嗣】

143. 조계종사 곤륜 준극 [벽암碧巖의 법을 이었다.]

曹溪宗師崑崙準極【碧嵓嗣】

144. 조계종사 원응 보문 [벽암碧巖의 법을 이었다.]

曹溪宗師圓應寶文【碧嵓嗣】

145. 조계종사 고한 희연 [벽암碧巖의 법을 이었다.]

曹溪宗師高閑希演【碧嵓嗣】

146. 조계종사 환호 유문 [벽암碧巖의 법을 이었다.]

曹溪宗師煥乎有文【碧嵓嗣】

147. 조계종사 한영 신홍【벽암碧巖의 법을 이었다.】

曹溪宗師寒影信弘【碧嵒嗣.】

148. 조계종사 선화 경림【벽암碧巖의 법을 이었다.】

曹溪宗師禪和敬林【碧嵒嗣.】

149. 조계종사 성영 선일【벽암碧巖의 법을 이었다.】

曹溪宗師性英禪一【碧嵒嗣.】

150. 조계종사 나묵 경눌【벽암碧巖의 법을 이었다.】

曹溪宗師懶默敬訥【碧嵒嗣.】

151. 조계종사 민성 의현【벽암碧巖의 법을 이었다.】

曹溪宗師敏性義賢【碧嵒嗣.】

152. 조계종사 취암 해란[취미翠微의 법을 이었다.]¹³⁵

曹溪宗師翠嵒海瀾【翠微嗣】

153. 조계종사 설파 민기[취미翠微의 법을 이었다.]¹³⁶

曹溪宗師雪波敏機【翠微嗣】

154. 조계종사 성곡 철조[취미翠微의 법을 이었다.]

曹溪宗師聖谷徹照【翠微嗣】

155. 조계종사 휴암 천해[취미翠微의 법을 이었다.]

曹溪宗師休嵒天海【翠微嗣】

156. 조계종사 채진 각현[취미翠微의 법을 이었다.]

曹溪宗師採眞覺玄【翠微嗣】

---

135 취암 해란翠嵒海瀾은 앞에서 이미 소개하였다.(87. 조계종사 해란 선사전) 내용은 없다.
136 설파 민기雪波敏機는 앞에서 이미 소개하였다.(88. 조계종사 민기 선사전) 내용은 없다.

157. 조계종사 청담 처신【취미翠微의 법을 이었다.】

曹溪宗師淸潭處信【翠微嗣.】

158. 조계종사 현해 각선【취미翠微의 법을 이었다.】

曹溪宗師懸解覺先【翠微嗣.】

159. 조계종사 구봉 광륵【취미翠微의 법을 이었다.】

曹溪宗師龜峯廣泐【翠微嗣.】

160. 조계종사 설계 천기【취미翠微의 법을 이었다.】

曹溪宗師雪溪天機【翠微嗣.】

161. 조계종사 태진 지삼【취미翠微의 법을 이었다.】

曹溪宗師太眞智森【翠微嗣.】

162. 조계종사 조계 초화【취미翠微의 법을 이었다.】

曹溪宗師曹溪楚和【翠微嗣】

163. 조계종사 취죽 인정【취미翠微의 법을 이었다.】

曹溪宗師翠竹仁靜【翠微嗣】

164. 조계종사 혜공 상회【취미翠微의 법을 이었다.】

曹溪宗師慧空尙懷【翠微嗣】

165. 조계종사 설계 처림【취미翠微의 법을 이었다.】

曹溪宗師雪溪處林【翠微嗣】

166. 조계종사 취암 혜영【취미翠微의 법을 이었다.】

曹溪宗師翠嵓惠英【翠微嗣】

167. 조계종사 구련 묘운【취미翠微의 법을 이었다.】

曹溪宗師九蓮妙雲【翠微嗣】

168. 조계종사 옥뢰 양열【취미翠微의 법을 이었다.】

曹溪宗師玉瀨良悅【翠微嗣】

169. 조계종사 적조 경념【취미翠微의 법을 이었다.】

曹溪宗師寂照敬念【翠微嗣】

170. 조계종사 종암 천눌【취미翠微의 법을 이었다.】

曹溪宗師鍾嵒天訥【翠微嗣】

171. 조계종사 금파 옥균【취미翠微의 법을 이었다.】

曹溪宗師金波玉均【翠微嗣】

172. 조계종사 월인 방흠 【취미翠微의 법을 이었다.】

曹溪宗師月印方欽【翠微嗣】

173. 조계종사 성우 호련 【취미翠微의 법을 이었다.】

曹溪宗師性宇瑚璉【翠微嗣】

174. 조계종사 서암 만훈 【백암栢庵의 법을 이었다.】

曹溪宗師瑞嵓萬訓【栢庵嗣】

175. 조계종사 조봉 준각 【백암栢庵의 법을 이었다.】

曹溪宗師祖峯雋覺【栢庵嗣】

176. 조계종사 우계 준익 【백암栢庵의 법을 이었다.】

曹溪宗師友溪雋益【栢庵嗣】

177. 조계종사 벽오 초경【백암栢庵의 법을 이었다.】

曹溪宗師碧梧初冏【栢庵嗣】

178. 조계종사 명곡 현안【백암栢庵의 법을 이었다.】

曹溪宗師明谷玄眼【栢庵嗣】

179. 조계종사 청파 혜영【백암栢庵의 법을 이었다.】

曹溪宗師清波惠英【栢庵嗣】

180. 조계종사 송암 위재【백암栢庵의 법을 이었다.】

曹溪宗師松嵓偉哉【栢庵嗣】

181. 조계종사 설애 성학【백암栢庵의 법을 이었다.】

曹溪宗師雪涯聖學【栢庵嗣】

182. 조계종사 태고 성수【백암栢庵의 법을 이었다.】

曹溪宗師太古性修【栢庵嗣】

183. 조계종사 회암 운권【백암栢庵의 법을 이었다.】

曹溪宗師檜嵓雲捲【栢庵嗣】

184. 조계종사 퇴한 성민【백암栢庵의 법을 이었다.】

曹溪宗師退閑性敏【栢庵嗣】

185. 조계종사 지족 충면【백암栢庵의 법을 이었다.】

曹溪宗師知足忠勔【栢庵嗣】

186. 조계종사 벽하 경영【백암栢庵의 법을 이었다.】

曹溪宗師碧霞慶永【栢庵嗣】

187. 조계종사 삼기 각현 [백암栢庵의 법을 이었다.]

曹溪宗師三幾覺玄【栢庵嗣.】

188. 조계종사 덕민 청변 [백암栢庵의 법을 이었다.]

曹溪宗師德敏淸卞【栢庵嗣.】

189. 조계종사 원변 응찬 [백암栢庵의 법을 이었다.]

曹溪宗師圓卞應贊【栢庵嗣.】

190. 조계종사 쇄연 인현 [무용無用의 법을 이었다.]

曹溪宗師灑然仁賢【無用嗣.】

191. 조계종사 함영 상징 [무용無用의 법을 이었다.]

曹溪宗師涵影尙澄【無用嗣.】

192. 조계종사 악서 취심【무용無用의 법을 이었다.】

曹溪宗師樂西翠諶【無用嗣】

193. 조계종사 만성 대기【무용無用의 법을 이었다.】

曹溪宗師晩成大機【無用嗣】

194. 조계종사 운암 취호【무용無用의 법을 이었다.】

曹溪宗師雲嵒就浩【無用嗣】

195. 조계종사 만리 붕척【무용無用의 법을 이었다.】

曹溪宗師萬里鵬陟【無用嗣】

196. 조계종사 은봉 지명【무용無用의 법을 이었다.】

曹溪宗師隱峯智明【無用嗣】

197. 조계종사 덕봉 회탄【무용無用의 법을 이었다.】

曹溪宗師德峯懷坦【無用嗣】

198. 조계종사 무쟁 취적【무용無用의 법을 이었다.】

曹溪宗師無爭趣寂【無用嗣】

199. 조계종사 금파 달진【무용無用의 법을 이었다.】

曹溪宗師金波達眞【無用嗣】

200. 조계종사 선운 영훈【무용無用의 법을 이었다.】

曹溪宗師船運穎訓【無用嗣】

201. 조계종사 금봉 학수【무용無用의 법을 이었다.】

曹溪宗師金峯鶴樹【無用嗣】

202. 조계종사 보응 위정【무용無用의 법을 이었다.】

曹溪宗師普應偉鼎【無用嗣】

203. 조계종사 두륜 청성【무용無用의 법을 이었다.】

曹溪宗師頭崙淸性【無用嗣】

204. 조계종사 빙암 현단【무용無用의 법을 이었다.】

曹溪宗師冰庵顯端【無用嗣】

205. 조계종사 정흠 돈오【무용無用의 법을 이었다.】

曹溪宗師淨欽頓悟【無用嗣】

206. 조계종사 삼백【무용無用의 법을 이었다.】

曹溪宗師三白【無用嗣】

207. 조계종사 서유 축한【영해影海의 법을 이었다.】

曹溪宗師西游竺閑【影海嗣】

208. 조계종사 벽정 붕민【영해影海의 법을 이었다.】

曹溪宗師碧井鵬敏【影海嗣】

209. 조계종사 연화 숭신【영해影海의 법을 이었다.】

曹溪宗師蓮花崇信【影海嗣】

210. 조계종사 홍파 적우【영해影海의 법을 이었다.】

曹溪宗師洪波的宇【影海嗣】

211. 조계종사 율봉 담정【영해影海의 법을 이었다.】

曹溪宗師栗峯湛淨【影海嗣】

212. 조계종사 죽암 창익【영해影海의 법을 이었다.】

曹溪宗師竹庵暢益【影海嗣】

213. 조계종사 환원 창규【영해影海의 법을 이었다.】

曹溪宗師還源暢奎【影海嗣】

214. 조계종사 수월 징혜【영해影海의 법을 이었다.】

曹溪宗師水月澄慧【影海嗣】

215. 조계종사 백매 재흠【영해影海의 법을 이었다.】

曹溪宗師白梅載烋【碧梧嗣】

216. 조계종사 구암 승각【백곡白谷의 법을 이었다.】

曹溪宗師龜庵勝覺【白谷嗣】

217. 조계종사 식암 진명 【백곡白谷의 법을 이었다.】

曹溪宗師息庵眞明【白谷嗣.】

218. 조계종사 백운 문연 【추파秋坡의 법을 이었다.】

曹溪宗師白雲文演【秋坡嗣.】

219. 조계종사 해운 척제 【추파秋坡의 법을 이었다.】

曹溪宗師海雲尺濟【秋坡嗣.】

220. 조계종사 경암 성일 【용암龍巖의 법을 이었다.】

曹溪宗師鏡嵓性一【龍嵓嗣.】

221. 조계종사 옥암 성천 【무용無用의 법을 이었다.】

曹溪宗師玉嵓性天【無用嗣.】

222. 조계종사 벽허 탄원【대가待價의 법을 이었다.】

曹溪宗師碧虛坦圓【待價嗣】

223. 조계종사 침계 삼인【대가待價의 법을 이었다.】

曹溪宗師枕溪三忍【待價嗣】

224. 조계종사 대지 해연【식영息影의 법을 이었다.】

曹溪宗師大池海淵【息影嗣】

225. 조계종사 설빈 사순【식영息影의 법을 이었다.】

曹溪宗師雪貧思順【息影嗣】

226. 조계종사 혹암 현정【모운慕雲의 법을 이었다.】

曹溪宗師惑庵玄挺【慕雲嗣】

227. 조계종사 해운 민오 【모운慕雲의 법을 이었다.】

曹溪宗師海雲敏悟【慕雲嗣】

228. 조계종사 회은 사원 【모운慕雲의 법을 이었다.】

曹溪宗師晦隱思遠【慕雲嗣】

229. 조계종사 사암 치철 【이암怡庵의 법을 이었다.】

曹溪宗師思嵓致哲【怡庵嗣】

230. 조계종사 무구 성조 【이암怡庵의 법을 이었다.】

曹溪宗師無垢性照【怡庵嗣】

231. 조계종사 유영 원철 【송계松溪의 법을 이었다.】

曹溪宗師柳影圓哲【松溪嗣】

232. 조계종사 우암 혜림【송계松溪의 법을 이었다.】

曹溪宗師愚嵓慧林【松溪嗣。】

233. 조계종사 취은 옥수【벽천碧川의 법을 이었다.】

曹溪宗師翠隱玉修【碧川嗣。】

234. 조계종사 구련 선하【연화蓮花의 법을 이었다.】

曹溪宗師九蓮善荷【蓮花嗣。】

235. 조계종사 구봉 처열【연화蓮花의 법을 이었다.】

曹溪宗師九峯處悅【蓮花嗣。】

236. 조계종사 반송 연우【동계東溪의 법을 이었다.】

曹溪宗師伴松延祐【東溪嗣。】

237. 조계종사 이곡 효선【동계東溪의 법을 이었다.】

曹溪宗師梨谷曉善【東溪嗣】

238. 조계종사 소연 해천【동계東溪의 법을 이었다.】

曹溪宗師蕭然海天【東溪嗣】

239. 조계종사 금파 성탄【동계東溪의 법을 이었다.】

曹溪宗師金波星坦【東溪嗣】

240. 조계종사 백암 성총 선사전

휘는 성총性聰이고 속성은 이李씨이며, 아버지 이름은 강綱으로서 남원 출신이고, 어머니는 하河씨이다. 숭정 4년 신미년(1631, 인조 9) 11월 15일에 태어났다.

13세 때 출가하였고, 16세 때 구족계를 받았으며, 18세 때 방장산에 들어가서 취미 수초翠微守初를 찾아뵙고 9년 동안 공부하여 취미 수초의 법을 터득하였다.

30세 때 처음으로 강의를 하였고, 명산을 두루 참방하였다. 조계사, 징광사, 쌍계사 등에서 주석하면서 항상 선과 교학을 널리 천양하는 것을 자기의 임무로 삼았다. 『치문緇門』 3권에 주해를 달았고, 아울러 외전에도 통달하였는데 특히 시율詩律에 뛰어났다. 당시의 명사였던 김문곡金文谷·정동명鄭東溟·남호곡南壺谷·오서파吳西波 등의 제공이 모두 기꺼이 출가자인 선사의 벗이 되었다.

강희 연간(1681, 숙종 7)에 바닷가(荏子島)에 큰 배가 정박한 것을 보았는데, 『화엄경소초華嚴經疏抄』·『대명법수大明法數』·『회현기會玄記』·『금강경간정기金剛經刊定記』·『대승기신론소필삭기大乘起信論疏筆削記』·『정토보서淨土寶書』 등 190여 권이었다. 선사가 크게 놀라서 세상에 간행하였다.[137] 이로부터 불교를 공부하는 사람이 관심을 쏟지 않는 자가 없었는데, 이로써 대종사로 추앙받았다.[138]

강희 무오년(1678, 숙종 4)에 설명 장로雪明長老로 하여금 무설당無舌堂에 거듭 보조 국사의 비를 세우도록 하였는데, 오늘날의 설법전說法殿은 예

---

137 이때 표착해 온 중국 배에는 가흥嘉興 대장경판 불서들이 실려 있었고 백암 성총이 징관澄觀의 『華嚴經疏抄』를 비롯한 190권의 책을 대대적으로 판각하여 유통시켰다.
138 이때 건립된 것은 송광사의 역사 전통을 강조하고 보조 지눌普照知訥 유풍의 계승을 천명한 「松廣寺嗣院事蹟碑」이다.

전의 구부舊趺가 있던 지역에 해당한다.

경진년(1700, 숙종 26) 7월 25일에 쌍계사 신흥암新興庵에서 시적하였다. 다비를 마치고 정골사리頂骨舍利 2매枚를 수습하여 송광사와 칠불사에 나누어 부도탑을 건립하였다. 이후 제5세 법손인 쵀눌寂訥·낭윤朗允 등이 비碑를 세우고 행적을 새겼다. 세수는 70세이고, 법랍은 57년이다.

曹溪宗師栢庵性聰禪師傳

諱性聰。姓李。父楣。南原人。母河氏。以崇禎四年辛未十一月十五日生。十三出家。十六受具。十八入方丈。謁翠微。九年學得其法。三十始講授。遍叅名山。曹溪澄光雙溪。爲捿息之院。常以禪敎開闡爲已任。註解緇門三卷。兼通外典。又喜詩律。當時名士。若金文谷鄭東溟南壺谷吳西波諸公。皆許爲空門友。康熙年間。於海浦。見大航來泊。所載卽華嚴經疏抄。大明法數。會玄記。金剛記。起信記。淨土寶書等一百九十餘卷。師大驚發信。刊行于世。自是學佛者。莫不靡然。推以爲大宗師也。康熙戊午。使雪明長老。重樹國師碑于無舌堂。今說法殿。前舊趺處。以庚辰七月二十五日。示寂于雙溪新興庵。火浴已。精¹⁾骨二枚。分塔于松廣七佛。至五世法孫寂訥朗允等。樹碑勒銘。壽七十。夏五十七。

1) ㉠ '精'은 '頂'이 옳다.

241. 조계종사 무용 수연 선사전

휘는 수연秀演이고 속성은 오吳씨이며, 용안龍安(전북 익산 용안) 출신으로서 고려 시대 태위문양공太尉文襄公 연총延寵의 후손이다. 아버지의 꿈에 큰 황구렁이 한 마리가 꿈틀거리면서 하늘로 올라가서 잠시 머물다가 땅으로 떨어지더니 집을 여러 바퀴 돌았다. 이로 인하여 잉태되어 순치 8년 신묘년(1651, 효종 2) 3월 13일 경인일에 태어났다.

13세 때 갑자기 부모를 여의었고, 이에 조계산에 들어가 혜관 장로惠寬長老에 의지하여 머리를 깎고 구족계를 받았다.

22세 때 침굉 현변枕肱懸辯을 참문하자 침굉이 말하였다. "원돈의 법문이 모두 그대한테 갖추어져 있다."

26세 때 침굉 현변의 권유를 받아들여 조계산으로 백암 성총栢庵性聰을 참문하였는데, 성총은 한눈에 선사가 대단히 뛰어난 줄을 알아보고 그곳에 머물도록 하였다. 경전 가운데서 어려운 것을 물어도 결코 틀림이 없었다. 선사의 기품은 우뚝하고 학견은 고고하였으며 신사(縉紳)와 사대부들이 공경하며 탄복하지 않은 자가 없었다. 사찰의 동남쪽에 손수 정자 하나를 지어서 수석정水石亭이라는 이름을 붙여 놓고 다음과 같은 시 한 수를 적어 두었다.

> 시원한 정자 수석에 지어 놓고서
> 높이 누우니 이것이 신선이로다
> 재 넘는 해 처마 끝을 비추는데
> 시냇가 바람은 난간을 뚫는다네
>
> 뛰어오르는 물고기 본능 따르고
> 날아가는 새는 허공이 자유롭네

자연 관찰하고 나를 관찰하나니
자연도 그러하고 나도 그러하네

그저 생각나는 대로 읊은 것이 모두 이와 같은 부류였다. 선사의 유고집이 세상에 유행하였는데 시인들이 그것을 무척 소중하게 간주하였다.

기해년(1719, 숙종 45) 10월 3일에 가부좌한 자세로 입적하였다. 다비를 하고 영골을 수습하여 북봉北峰에 부도탑을 건립하였다. 세수는 69세이고, 법랍은 51년이다.

曹溪宗師無用秀演禪師傳

諱秀演。姓吳。龍安人。高麗太尉文襄公延寵之裔。父夢一黃章大虫。蜿蜒上空。小選還墜。繞屋數匝。因有娠。以順治八年辛卯三月十三日庚寅生。十三奄違考妣。轉入曹溪。依惠寬長老剃髮受具。二十二謁枕肱。肱曰圓頓法。全在汝矣。二十六承枕肱之囑。謁栢庵于曹溪。一見大奇。因爲住。執經問難。無不泂合。師之氣宇卓犖。學見孤高。縉縉[1]士夫。莫不敬服。寺之巽隅。手搆一亭。以水石名焉。揭一律云。快亭臨水石。高臥彼哉仙。嶺日簷端射。溪風檻孔穿。躍來魚率性。飛去鳥能天。觀物還觀我。物然我亦然。率爾口占。皆此類也。遺集行于世。詩者寶愛之。己亥十月三日。跏趺而逝。茶毘收靈骨。塔于北峯。壽六十九。夏五十一。

---

1) 徼 '縉'은 '紳'이 옳다.

242. 조계종사 영해 약탄 선사전

휘는 약탄若坦이고 자는 수눌守訥이며 호는 영해影海이고 속성은 광산 김金씨이다. 아버지 이름은 중생中生이다. 어머니 서徐씨는 꿈에 범승梵僧을 보고 난 뒤에 임신을 하여 강희 7년 무신년(1668, 현종 9) 10월 1일에 낳았는데, 몸에 포태를 달고 나왔다. 어렸을 때부터 호탕하여 어디에도 얽매이지 않았다. 8세 때 학업을 시작하였는데 배운 것은 반드시 외웠다.

10세 때 고흥高興 능가사楞伽寺의 득우 장로得牛長老에게 출가하여 머리를 깎고 먹물 옷을 입었다. 17세 때 처음 조계산 송광사에서 무용당 화상無用堂和尙을 뵈었는데 자기도 모르는 새에 눈물을 흘렸다. 18세 때 구족계를 받았고, 22세 때 경법을 배웠는데 아무도 그에게 미치지 못하였다. 28세 때 만법유심萬法唯心의 종지를 더욱더 믿었는데, 납자들이 진심으로 귀의하였다.

37세 갑술년(1694, 숙종 20)에 봉산의 초청을 받아 처음 자수암慈受菴에 들어가면서부터 그 명성이 멀리 퍼졌다. 이에 부르지 않아도 스스로 찾아온 대중이 100명을 넘었는데, 그것이야말로 선사가 이룩한 결과였다.

16세 때 아버지를 여의고, 18세 때 어머니를 여의었다.[139]

52세 때 송광사에서 무용당 노사(無用法老)를 위하여 화엄대회를 시설하자 사방에서 천 명 이상의 대중이 줄지어 모여들었다. 그해(1719, 숙종 45) 여름에 무용당 화상이 입적하였다. 선사가 다비를 하여 묘지에 사리를 봉안하였는데, 이것은 곧 선사가 모범으로 삼은 것이었다.

55세 때 공화工畵에게 명하여 53불에 대한 탱화를 그렸다.

계묘년(1722, 경종 2) 여름에 왕의 명을 받들어 국사의 탑을 송광사에 모시고, 이듬해(1723, 경종 3)에는 『무용당문집無用堂文集』을 간행하였다.

---

139 이 대목은 연대로 보면 선사가 출가했던 전후 대목으로 옮겨야 한다.

81세 때(1748, 영조 24)는 능가사사적비楞伽寺事蹟碑¹⁴⁰를 세우고, 또한 물길을 뚫어 물이 감싸도록 하였는데, 이것이 곧 선사의 주간한 일이었다.¹⁴¹

61세 무신년(1728, 영조 4)에 수백 명의 납자를 거느리고 방장산의 벽송사로 옮겨 주석하였다. 그 지역에서 난亂이 일어나¹⁴² 백성들이 불안해하자 선사가 대중들에게 말했다. "임금의 국토가 이와 같은 변란을 맞이하였는데도 어찌 방책만 세우고 있을 것인가?" 그러고는 이에 대중을 흩어 버리고 난중亂中으로 달려가서 끝내 승리를 보았다. 이것은 곧 선사의 우국충정이었다. 제자가 수십 명이었는데, 오직 풍암楓巖만이 의발을 전수받은 적자였다. 이것은 곧 선사의 전법 제자였다.

82세 경오년(1749, 영조 25)에 풍암 등의 청을 받아들여 잡화엄대법회를 열었는데, 천여 명의 어른들이 모여들었다. 이것이 곧 선사의 중생 구제였다.

87세 건륭 19년 갑술년(1854, 영조 30) 정월 2일에 가벼운 병을 보이더니, 3일 자시에 목욕을 마치고 옷을 갈아입고는 대중에게 다음과 같이 작별의 게송을 말하였다.

> 분명한 일원상을 누가 전승할 것인가
> 맨몸 그대로 하늘과 땅을 활보한다네

---

140 능가사사적비楞伽寺事蹟碑 : 흥양興陽 팔영산八影山에 있다. 능가사 승려 투명透明이 홍문관 부제학副提學 오수채吳遂采에게 청문하여 숙종 16년(1690)에 능가사사적비가 건립되었는데, 그 비碑의 음기陰記를 고흥 출신 승려인 영해 약탄影海若坦이 지은 사실을 가리킨다.

141 이 대목은 연대순으로 간주하면 이하 대목에 위치해야 한다.

142 난亂이 일어나 : 영조 4년(1728) 4월 3일 소론과 남인이 일으킨 무신란戊申亂을 가리킨다. 경기·충청도의 이인좌李麟佐, 경남의 정희량鄭希亮과 조성좌曺聖佐, 호남의 박필현朴弼顯, 평안도의 이사성李思晟, 함경도의 권익관權益寬, 중앙의 남태징南泰徵 등이 주동하여 소현세자의 증손인 밀풍군密豐君 이탄李坦을 새로운 임금으로 추대하고 일으킨 반란이다.

영원한 보배 그대로인 고향 돌아오니
이것을 천상천하유아독존이라 말하네
하하하 그것은 도대체 무얼 말하던가
청정하고 걸림 없어 잡을 수도 없다네

그러고는 단정하게 앉아서 입적하였다. 다비를 하던 날 밤에 열 줄기로 방광放光을 하였다. 2매枚의 사리를 수습하여 조계산 송광사와 팔영산 능가사에 부도탑을 건립하였다. 이것이 선사의 원적이었다. 세수는 87세이고, 법랍은 77년이다.

曹溪宗師影海若坦禪師傳

諱若坦。字守訥。影海其號也。姓金。光山。父中生。母徐氏。夢梵僧而娠。康熙七年戊申十月一日生。身着胞胎。兒時豪逸不羈。八歲入學。學必輒誦。十歲出家於高興之楞伽寺得牛長老剃染。十七初見無用和尙於曹溪。不覺涕泣。十八因受具。二十二受經法。類輩莫及。二十八益信萬法唯心之旨。學者歸心焉。三十七甲寅[1] 受鳳山之請。始入院於慈受菴。聲蔚播遠。衆不召而自至者盈百。此師之樹立也。十六父喪。十八母喪。五十二在松廣寺。爲無用法老設華嚴大會。八表坌集。衆盈千指。其年夏和尙入寂。師火浴封塚。此師之效節也。五十五命工畵五十三佛幀。癸卯夏奉入國師。塔于本址。次年刊無用文集。八十一楞伽事蹟碑樹立。又穿渠環水。此師之幹務也。六十一戊申。將數百衲子。移錫方丈山碧松。亂起蕭墻。民不安堵。師告衆曰。食君土之毛。逢此世變。何愛籌策。乃散衆赴闕。終見凱還。此師之憂國也。弟子數十。唯以楓嵒。爲傳鉢之嫡子。此師之英育也。八十二庚午。受楓嵒等之請。作襥華大會。千人之長。此師之濟衆也。八十七乾隆十九甲戌一月二日微恙。三日子時。沐浴更衣。告衆訣偈曰。凝圓一相誰能嗅。濶步乾坤露裸裸。踏着自家不壞珎。獨尊獨貴唯稱我。呵呵呵是什麼。

淨灑灑沒可把。端坐以逝。茶毘之夕。十道放光。二枚超骨。塔于曹溪八影。此師之圓寂也。壽八十七。夏七十七。
―――――――
1) ㉰ '寅'은 '戌'이 옳다.

243. 조계종사 풍암 세찰 선사전

휘는 세찰世察이고 호는 풍암楓巖이며 속성은 김金씨로서 순천 송광면 장안 출신이다. 어머니 박朴씨는 꿈에 달이 품속으로 들어오는 것을 보고 임신하여 강희 27년 무진년(1688, 숙종 14) 12월 16일에 낳았다. 오뚝한 코와 매서운 눈초리를 지녔으며 용모가 훤칠하고 태도가 대범하였다. 동진 출가하여 동화사의 철웅 장로哲雄長老에게 출가하여 머리를 깎고 먹물 옷을 입었다. 조계산의 무용 수연無用秀演과 영해 약탄影海若坦 두 대종장의 문하에서 경전을 배웠다. 무용 화상이 입적하자 선사가 복제服制[143]하려고 하니, 영해 선사의 지시를 받아 그대로 추진하였다. 선사는 영해 선사의 문하에서 궁극의 깨침(鉏斧)을 터득하고 마침내 전의傳衣의 제자가 되었다. 이로부터 선사의 덕풍은 날개가 없이도 날았고 대중은 부르지 않아도 모여들었으며 조계의 법수法水가 바다 건너까지 적셔 주었고 강론講論과 전경傳經으로 인재를 양성하였다. 이에 설법을 듣지 않고도 스스로 교화한 것이 50여 년 지속되었다.

72세 기묘년(1759, 영조 35) 봄에 최눌寂訥과 낭윤朗允 등의 청익請益을 받아들여 조계산 송광사 대도량에서 화엄대법회를 시설하였다. 이로 인하여 그 깨침(鉏斧)과 신의信依가 묵암 최눌默庵寂訥(1717~1790)과 응암 낭윤應庵朗允(1718~1794) 두 고족高足에게 전수되었다. 이것은 소위 손이 트지 않는 묘약(不龜手藥)을 아무한테나 팔지 않는 것(不鬻於客)[144]으로 항상 전승

---

143 복제服制 : 복제는 가족이나 친척이 사망하였을 때 혈연의 친소親疎에 따라 일정 기간을 근신하고 애도를 표하는 제도를 말한다.
144 손이 트지~않는 것 : 송宋나라 사람 중에 손이 트지 않게 하는 약을 잘 만드는 사람이 있어 대대로 세탁업을 하였는데, 어떤 사람이 백금百金을 주고 그 약방문藥方文을 사서는 오왕吳王을 찾아가서 유세를 하여 마침내 오나라의 장군이 되어 월越나라와 수전을 벌여서 월나라를 크게 격파함으로써 오왕에게 봉토를 하사받았다. 약방문은 한가지이지만 서로 쓰는 법칙이 달랐기 때문에 한 사람은 이것을 가지고 봉토를 하사받았고,

되어 오는 가풍인데, 그 작용의 차이점을 누가 알아내겠는가.

80세 정해년(1767, 영조 43) 7월 8일에 병 없이 보조암普照庵에서 입적하였다. 가치리加峙里에서 다비를 하였는데 맹렬하게 불타는 속에서도 타지 않는 일물一物이 있었다. 이에 사람들은 그것을 백옥명주白玉明珠와 대함명주臺含明珠라 불렀는데, 그 색깔은 부처님의 미호광명眉毫光明과 같았고 형상은 두 눈처럼 생겼고 빛이 났다고 한다.

선사(大師)는 항상 준제삼매準提三昧에 들어 있었기 때문에 방장실에서도 호랑이의 액난을 모면하였다. 그것은 가히 무상광명無相光明 가운데 유위상有爲相을 드러냈고 무위법無爲法 가운데 대명효大明效를 터득한 것이라 할 만한 것이었다. 북쪽 기슭에 부도탑을 건립하였다. 세수는 80세이고, 법랍은 70년이다.

曹溪宗師楓巖世察禪師傳

諱世察。號楓嵓。姓金。順天松光面長安人。母朴氏。夢月入懷有娠。康熙二十七年戊辰十二月十六日生。隆準鳳目。儀狀魁梧。童眞出家於桐華寺哲雄長老零染。受經於曹溪無用影海二大宗匠之家。無用和尙之示寂。師欲爲服制。影海揮而推之。師終得鉏斧於影師之家。竟作傳衣之子。自玆德飛無翼。衆集不招。曹溪法水。遝沾海隅。講論傳經。陶養人材。不言而自化者。五十餘禩矣。至七十二己卯春。受寂訥朗允等所請。設華嚴大會於曹溪大道場。而仍以鉏斧信衣。傳于默庵應庵二高足。卽所謂不龜手藥不鬻於客。而常傳自家。誰知所用之異也哉。八十丁亥七月八日。無恙示寂于普照。茶毘于加峙。得猛火聚中不燒之一物。人稱白玉臺含。兩個明珠。色如佛眉毫。狀若兩眼曜云。大師恒入準提三昧故。方丈室中免山君之厄。可謂無相光中。現有爲相。無爲法中。得大明效也。塔于北麓。壽八十。夏七十。

한 사람은 고작 세탁업을 면하는 데에 그쳤다는 데서 온 말이다.(『莊子』「逍遙遊」)

244. 조계종사 묵암 선사전

휘는 최눌寂訥이고 자는 이식耳食이며 호는 묵암默庵이다. 속성은 박朴씨로서 본관은 밀양이며 고흥 장사촌長沙村 출신이다. 강희 56년【숙종 43년(1717)】정유년 4월 18일에 태어났다. 5세 때 부모님을 따라서 낙안의 웅계촌에 잠시 머물렀다. 6세 때 땅에 떨어져 있는 글씨를 보고는 곧 주워서 벽에다 붙여 놓고 말했다. "나는 장차 학문을 할 것인데 그것이 어찌 과거에 심어 둔 신령스러운 싹이 아니겠는가?"

14세 때(1730, 영조 6) 징광사澄光寺의 돈정 첨지頓淨僉知에게 출가하였다. 18세 때 만리 대사萬里大師에게서 구족계를 받았다. 19세 때 조계산의 풍암 세찰楓巖世察 화상한테 경전을 배웠는데 4, 5년 만에 풍암으로부터 모든 가르침을 받았다. 다시 제방의 법어를 배우고자 하여 호암虎巖·회암晦庵·용담龍潭·상월霜月 등 대종장에게 참문하였고, 명진明眞의 문하에서 선법을 깨쳤으며, 영해 약탄의 문하에서 절차탁마하였다.

27세 계해년(1743, 영조 19) 봄에 다시 풍암 화상의 처소로 돌아와서 도반 응암 낭윤과 더불어 영천암靈泉庵에서 풍암의 법인法印을 받았다. 아, 그리고 7, 8년 동안 대여섯 명의 대가들에게 참방하면서 선과 교학의 경론 및 내전과 외전의 서적들을 두루 다 열람하여 이전에 미처 개발하지 못했던 도리를 널리 베푼 곳이 많았다. 이에 법문을 하고 저술을 하여 『화엄과목華嚴科目(華嚴科圖)』과 『제경회요諸經會要』 등을 세간에 간행하였다. 그 밖에 내전과 외전의 다양한 저술 10여 권이 있었지만 간행하여 유포되지 못한 것이 안타깝다.

33세 때 도반 낭윤과 더불어 금강산으로 갔다. 경오년(1750, 영조 26) 봄에 송광사에서 영해 약탄 옹翁을 위하여 대재회를 시설하였고, 기묘년(1759, 영조 35) 가을에 이르러 다시 송광사(松社)에서 풍암 세찰 부父를 위하여 대재회를 시설하였다.

훌쩍 세월이 지나 을유년(1765, 영조 41) 여름에는 징광사에서 선조先祖 백암 성총의 비문을 창설刱設하였고, 이듬해 여름에는 마침내 송광사松廣社에다 비석을 건립하였다. 곧 문중의 어른들에 대하여 크게 공을 들인 것이 이와 같았는데, 항상 도반 낭윤과 더불어 의기투합(塤篪相和)[145]하였다. 그래서 '법문 가운데서 덕을 알아주고 은혜에 보답해 주는 형제'라고 누가 말하지 않았던가.

54세 경인년(1770, 영조 46) 봄에 표충사表忠祠의 원장으로 부임하였다. 건륭 55년 경술년【정조 14년(1790)】 4월 27일에 병 없이 조계산 보조암에서 입적하였다. 다비를 마치고 유골을 수습하여 비등碑嶝에 부도탑을 건립하였다. 세수는 74세이고, 법랍은 54년이다.

曹溪宗師默庵禪師傳

諱寂訥。字耳食。號默庵。姓朴。貫密陽。高興長沙村人。康熙五十六年【肅宗四十三年】丁酉四月十八日生。五歲隨父母。寓樂安鷹溪村。六歲凡見落地書字。卽拾付壁曰。我將學。豈非宿種靈芽。十四出家於澄光寺頓淨僉知。十八受具於萬里大師。十九受經於曹溪楓嵓和尙。四五年盡得所受敎。更要諸方語。叅虎嵒晦庵龍潭霜月等諸大宗匠。而悟禪於明眞之家。磋磨於影海之門。二十七癸亥春。復歸楓嵓和尙所。與朗允法友。同受法印於靈泉庵。噫。七八年間。飽叅五六大家。禪敎經論。內外書籍。略皆遍閱。尤宣前所未發處多矣。況吐辭成章。華嚴科目。諸經會要。刊行于世。其餘內外雜著十餘卷。恨未刊布。三十三與允友。作金剛行。庚午春設影海翁之大會於松廣寺。至己卯秋。又設楓嵓父之大會於松社。越乙酉夏。刱設栢庵先祖碑於澄光寺。明年夏終立石於松廣社。卽大有功於先門若此。而常與允友。塤

---

145 의기투합(塤篪相和) : 훈호상화塤篪相和는 형이 질 나팔(塤)을 불면 아우가 저(篪)를 불어 서로 화답하는 것을 가리킨다.

箴相和。孰不曰法門中知德報恩之兄弟哉。五十四庚寅春。行表忠之任。乾隆五十五【正祖十四】庚戌四月二十七日。無疾奄寂於曹溪普照。茶毘收骨。樹塔于碑嶝。應身七十四。坐夏五十四。

245. 조계종사 응암 선사전

휘는 낭윤朗允이고 자는 퇴옹退翁이며 호는 응암應庵으로 곡성 통명리通明里 출신이다. 속성은 초계草溪 최崔씨로서 아버지는 봉의鳳儀이고 어머니는 이李씨이다. 강희 57년【숙종 44년(1718)】 무술년 4월 15일에 태어났다. 숙세에 좋은 싹을 심어 놓은 까닭인지 어려서부터 부친의 가르침을 받았다. 13세 때 부모를 모두 여의고 일신의 곤궁함을 남에게 의탁하였다. 15세 때 삼신산三神山의 청학동靑鶴洞을 방문하여 학선鶴仙의 흔적을 찾아서 칠불암에 올라서 마음속에 품었던 경치를 마음껏 바라보니 진실로 머물기에 좋은 곳이었다. 덕균 장로德均長老를 따라서 머리를 깎았고, 17세 때 용담 대사龍潭大師에게서 구족계를 받았다.

18세 때 을묘년(1735, 영조 11)에 조계산의 풍암 세찰 강백을 참방하여 4, 5년 동안 그 스승과 함께 숙식을 하였고, 지기인 묵암 최눌 사형과 더불어 제방을 유행하면서 오대종장五大宗匠을 참방하고, 구준衢樽[146]의 술에 만취하기도 하였다.

26세 계해년(1743, 영조 19)에 다시 풍암이 강백으로 있던 영천암靈泉庵으로 돌아와서 최눌 사형과 더불어 한번 건당을 하니, 소위 사자굴 속에 다른 짐승이 없는 것과 같다고들 말하였다. 최눌과 낭윤의 두 사자가 풍암 문하에서 돌연히 출현하자 풍암 노사는 환희하며 크게 말하였다. "팔방의 눈 밝은 납자들이 이들 두 무외無畏[147]로부터 나올 것이다." 이 말이야말로 묵암과 응암의 지혜와 이해가 어떠했는지 이에 의거하여 증험할 수

---

146 구준衢樽 : 사람마다 실컷 마시도록 대로大路에 놓아둔 술동이라는 뜻으로 임금의 어진 정사를 비유할 때 쓰는 말인데, 여기서는 오대종장五大宗匠의 가르침을 의미한다.
147 무외無畏 : 두려움이 없고 흔들림 없는 자신감을 말한다. 불보살의 덕의 하나로 설법에 있어서 네 가지 흔들림 없는 자신自信을 사무외四無畏라 한다. 어떤 일이든 두려움 없이 자신감을 가지고 안심하고 용감하게 법을 설하는 것이다.

가 있을 것이다.

그러나 선사는 문득 교학을 그만두고 아자방亞字房에 들어가 좌선을 하였다. 일곱 번의 하안거를 지내고 지견知見이 드러나자 시주물이 더욱더 늘어났다. 방장산의 사대암四大庵과 영취산의 정수암淨水庵, 쌍봉산의 부도전浮屠殿, 조계산의 보조암普照庵·은적암隱寂庵 등이 모두 선사의 엄격한 지도(拈鎚堅拂)의 도량이 되었다.

32세 때 최눌 사형과 더불어 금강산으로 들어갔다. 경오년(1750, 영조 26) 도반 최눌과 더불어 조계산으로 돌아와 영해 약탄 옹翁을 위하여 대재회를 시설하였고, 기묘년(1759)에 다시 풍암 세찰 법부法父를 위하여 대재회의 예배를 시설하고 신의信衣를 받았다.

을유년(1765, 영조 41)에 선조先祖인 백암 성총의 비문을 세웠고, 선사先師인 풍암 세찰의 비를 세우는 일에 도반(同氣)묵암과 서로 거들었으며, 도반(同聲)과 서로 힘을 합하였는데, 그들의 믿음에는 거짓이 없었다.

어느 날【호명虎鳴·무붕鵝峯·금붕錦峯】등의 문인을 불러 놓고 말했다. "세월은 무상하고 신속하게 지나가니 대명大命은 갑자기 끝이 난다. 그대들은 삼가 부지런히 정진하며 속세의 반연에 신경을 쓰지 말라." 말을 마치고 엄연하게 무성삼매無聲三昧에 들어갔다. 그때가 건륭 59년【정종대왕(정조) 18년(1794)】갑인년 3월 17일 포시晡時(오후 4시)였다. 문인들이 호곡號哭을 하면서 색신色身을 받들어 염을 한 지 7일이 지나서 다비를 하고 사리를 수습하여 석축을 쌓아서(層塚) 여법하게 모시고 삼가 유계遺誡를 받들었는데, 단지 진영만 조계산과 칠불암에 걸어 두었다. 세수는 78세이고, 법랍은 62년이다.

曹溪宗師應庵禪師傳

諱朗允。字退翁。號應庵。谷城通明里人。姓草溪崔。父鳳儀。母李氏。康熙五十七【肅宗四十四年】戊戌四月十五日生。宿挺靈芽。早蒙庭訓。十三俱喪怙恃。一身難寄。十五訪三神之靑鶴洞。尋鶴仙之浪跡。登七佛庵。縱目憑懷。良可捿息。從德均長老薙髮。十七受具龍潭大師。十八乙卯。訪曹溪之楓嵓講伯。四五年渾食其父牛。與知己訥兄遊方。叅五大宗匠。滿醉衢樽。二十六癸亥。復還楓嵓講軒於靈泉庵。與訥兄。一場建幢。卽所謂獅子崛中無異獸。兩箇獅兒。突出嵓下。嵓老歡喜大言曰。八方靑眼從此無畏云。兩庵之慧解。憑此可驗也。師頓捨敎網。歸坐啞房。七夏安居。知見發露。腥羶益彰。方丈之四大庵。靈鷲之淨水庵。雙峯之浮屠殿。曹溪之普照隱寂庵。皆師之拈鎚堅拂之場。三十二與訥兄。作金剛行。庚午伴歸曹溪。設影海翁之大會。己卯又設法父之大會。拜受信衣。乙酉樹栢祖碑。先師之颣役。同氣相救。同聲相應。信不誣矣。一日命門人【虎鳴鵲峯錦峯】等曰。無常迅速。大命俄遷。爾唯謹愼。勿罹世緣。言訖奄入無聲三昧。卽乾隆五十九年【正宗十八年】甲寅三月十七日晡也。門人等。呼奉色身。殯經七日。茶毘收骨。宜樹層塚。而謹守遺誡。但掛眞於曹溪七佛。壽七十八。夏六十二。

246. 조계종사 두월 선사전

휘는 우홍禹洪이고 호는 두월斗月이며 속성은 김金씨로서 본적은 광산光山이다. 아버지의 이름은 원준元俊이고 어머니는 박朴씨이다. 강희 23년(1684) 숙종 10년 갑자년 3월 5일에 태어났고, 영조 병자년(1756, 영조 32) 11월 20일에 조계산 송광사 천자암天子庵에서 입적하였다. 세수는 73세이다. 15세 때 출가하였고, 법랍은 58년이다. 화청化淸에게서 머리를 깎고, 해담海曇에게서 구족계를 받았으며, 참학한 곳은 풍암楓巖, 약충암若忠庵인데 화봉 장로華峯長老에게 마침내 그 법인을 인가받았다. 부휴 선수로부터 제7세[148]이고 태고 보우로부터 제13세[149]로서 종풍을 수립하였으며, 보시바라밀에 힘써 가히 보리달마의 마음이고 보현보살의 행원이라 할 만하였다.[150] 정사년(1737, 영조 13)에 거듭 천자암을 구축하였고, 이듬해(1738년)에는 만세루萬歲樓를 개창하였다. 그리고 남의 힘을 조금도 빌리지 않고 몸소 양식을 조달하였으며, 도둑의 무리를 교화하여 양민으로 만들었다고 한다.

曹溪宗師斗月禪師傳

諱禹洪。號斗月。姓金。籍光山。考元俊。妣朴氏。康熙二十三年肅宗甲子三月五日生。英祖丙子十一月二十日。化于曹溪松廣天子庵。壽七十三。

---

148 부휴 선수로부터 제7세 : 두월 우홍의 법계는 다음과 같다. 부휴 선수浮休善修—벽암 각성碧岩覺性—취미 수초翠微守初—백암 성총栢岩性聰—우계 준익友溪儁益—화봉 회변華峯懷卞—두월 우홍.

149 태고 보우로부터 제13세 : 그 법계는 다음과 같다. 태고太古—환암幻菴—구곡龜谷—벽계碧溪—벽송碧松—부용芙蓉—부휴浮休—벽암碧岩—취미翠微—백암栢岩—우계友溪—화봉華峯—두월.

150 종풍을 확립한 것은 마치 보리달마가 중국에 최상승의 선법을 전승하여 중국 선종의 효시가 되었던 것을 가리키고, 보시바라밀에 힘쓴 것은 마치 보현보살이 10원願을 통하여 중생제도에 힘썼던 것을 가리킨다.

十五出家。臘六¹⁾十八。所零染者。化淸也。所受具戒者。海曇也。所叅學者。楓嵓若忠庵也。於華峯長老。竟佩其法印也。七世於浮休。而太古爲十四²⁾世云。樹宗風。力檀度。可謂達摩心普賢行。丁巳重搆天子庵。明年剏萬歲樓。不借人一毫。潛與己粮。而化群盜爲良云也。

1) ㉮ '六'은 '五'가 옳다. 2) ㉮ '四'는 '三'이 옳다.

247. 조계종사 제운 선사전

휘는 해징海澄이고 호는 제운霽雲이며 속성은 제諸씨이고 본관은 칠원漆原이다. 아버지 이름은 석준碩俊이고 어머니는 배裵씨이다. 강희 58년(1719) 숙종 기해년 10월 13일 부府의 송광면에서 태어났다.

15세 때 송광사의 법안 선사法顏禪師에게 머리를 깎고 출가하였고, 3년 만인 18세에 구족계를 받았다. 그 이듬해 풍암 세찰에게서 경전 공부를 하였다. 배운 경전을 읽고 나서『화엄경華嚴經』전부를 필사하는데 일 행一行마다 향을 하나 사르고 일 배一拜를 하였다. 필사를 마치고 그것을 전열展閱하던 날 밤에 붓과 벼루에서 한줄기 광명이 뻗쳤다. 그와 같이 신실하게 공을 들이고 배운 것이 7년이었다. 그러던 어느 날 한숨을 쉬면서 말했다. "출가자로서 종일 거품만 움켜쥐고 있으면 어느 누가 자기의 보배를 인식하겠는가?" 그리고 석장 하나와 발우 하나를 지니고 제방과 명산으로 유행한 지 10년 만에 예전의 사찰로 돌아왔다. 보조암에서 풍암 세찰의 법인을 받고 선종(心宗)의 밀인을 터득하여 마침내 교문의 횃불을 초월하였고, 이후로 이와 같이 50년을 보냈다.

가경 9년(1804) 순조 4년 갑자년 86세 때 뜻밖에 병을 보이더니, 고족인 봉의鳳儀 등을 불러 놓고 말했다. "아득하여라, 허깨비 같은 몸뚱이는 시절을 만나 태어났고 시절을 만나 죽는다네. 그런데 자성의 깨침 바다에는 그런 생사가 있겠는가, 없겠는가? 옛날에는 내 모습을 모사하였고 손으로『화엄경』을 베꼈는데, 그것들이야 어찌 바깥의 그림자가 아니겠는가? 그대들은 모름지기 나의 뜻을 명심하여라. 시적하는 날은 무더우면서도 내내 청정할 터인데, 그 또한 그래야 하지 않겠는가?" 10월 6일에 홀연히 입적하니 제자들이 다비를 하고 오랫동안 그 유언을 따르다가 광무 임인년(1902, 고종 39)에 동호東湖와 추파秋波 등이 돌을 쌓고 그 무덤에 봉안하였고, 그 이후 17년째인 무오년(1918)에 문도의 제자들이 남석藍石에 비명을 새겼다. 세수는 86세이고, 법랍은 69년이다.

曹溪宗師霽雲禪師傳

諱海澄。號霽雲。貫漆原。諸氏。父碩俊。妣裵氏。康熙五十八年。肅宗己亥十月十三日。生于府之松光面。十五剃度寺之法顔禪師。三年而受具。翌年受業于楓嵓。讀所敎經畢。手寫華嚴經全部。一行輒添香一拜。寫訖。展閱之方夕。有一線光明。放筆硯間。其篤工劬學。如是者七年矣。一日喟然曰。出家者竟日掬泡。孰與認自寶。乃一錫一鉢。訪諸名山者十年。返于舊居。於普照受楓法印。得心宗密印。薪火敎門。遂以爲超班。如是者五十年。嘉慶九年純朝甲子。年八十六。偶示病。詔高足鳳儀等曰。遜爾幻軀。適來適去。性覺海中。是有耶。是無耶。疇昔模寫我相。手寫華嚴。豈不爲景外罔兩乎。汝等須體我意。示寂之日。幷付炎天。例以淸淨。不亦宜乎。以十月六日。奄忽歸眞。弟子等。茶毘。遵其命而久之。光武壬寅。東湖與秋波等。攻石封塚。越十七年戊午。門弟子勒銘于藍石。壽八十六。夏六十九。

248. 조계종사 벽담 선사전

휘는 행인幸仁이고 호는 벽담碧潭이며 본래 성은 장張씨이다. 아버지 이름은 봉수鳳守인데 가문은 인동仁同 장씨이고 어머니는 박朴씨이다. 강희 60년(1721) 경종 원년 신축년 2월 16일에 태어났다.

14세 때(1734, 영조 10) 송광사에 가서 풍암 세찰楓巖世察에게 출가하고 구족계를 받았다.

이듬해 을묘년(1735, 영조 11)에 『화엄경』을 비롯한 제 경전을 공부하기 시작하여 6년 만에 마쳤다. 이후 기사년(1749, 영조 25)에 대광大光에게서 건당을 하였다. 경오년(1750, 영조 26)에 보조암 강단에 올라서 강의를 하니 출가자와 재가자들이 모여들었다.

또한 기묘년(1759, 영조 35)에 대광 대사를 위해 재회를 주관하였고, 을미년(1775, 영조 51)에 다시 대흥사에서 대재회를 주관하였다.

건륭 20년(1755, 영조 31)에 사암 채영獅巖采永이 『해동불조원류海東佛祖源流』를 간행하였는데, 치우치고 잘못된 부분이 있었기 때문에 사암 채영에게 찾아가서 뜨락에서 그것을 따지고는 거듭하여 그 판본을 불구덩이에 던져서 태워 버렸다. 사람들이 덕산 선감德山宣鑑[151]과 자백 진가紫柏眞可[152]의 유풍이 살아 있다고 말하였다.

정묘 22년(1798, 정조 22) 9월 29일에 시적하였다. 다비를 마치고 나서 당

---

[151] 덕산 선감德山宣鑑(782~865) : 용담 숭신龍潭崇信(?~?)의 제자이자, 설봉 의존雪峯義存(822~908)의 스승이다. 선법을 만나고서 교학을 초월한다는 뜻에서 그동안 자신이 의거했던 『金剛經』 주석서를 불태웠다 한다.
[152] 자백 진가紫柏眞可(1543~1603) : 명대의 4대 고승 가운데 한 사람으로, 속성은 심沈씨이고 자는 달관達觀이며 호는 자백으로 오강吳江(江蘇省) 출생이다. 20세 때 출가하여 화엄종華嚴宗의 변융辯融을 사사하고 화엄학에 달통하였다. 또한 염불과 선을 같이 닦을 것을 주창하여 선정일치를 내세웠으며, 선의 중흥에도 힘쓰고 염불을 권하기도 하였다.

堂에 진영을 모시고 산기슭에 부도탑을 건립하였다. 또한 100여 년 후에 봉욱琫旭 등이 사찰에 그 비문을 건립하였다. 세수는 78세이고, 법랍은 65년이다.

曹溪宗師碧潭禪師傳

諱幸仁。號碧潭。本張氏。父鳳守。家仁同。母朴氏。康熙六十景宗元年辛丑二月十六日生。十四投松廣寺。從楓嵓得度受具。明乙卯修襍花諸經。六年業卒。越己巳建幢于大光。庚午登普照講壇。緇素臠至。又己卯主大光大會。乙未又主大興寺大會。乾隆二十年間。獅嵓采永。刊海東佛祖源流。有偏曲之氣。故師卽赴。而廷詰之。仍投其板本于火坑而滅沒之。人稱爲德山紫栢之風存焉。正廟二十二戊午九月二十九日。示寂。茶毘已。妥眞于堂。塔于麓。又百餘年琫旭等。樹碑于寺。壽七十八。夏六十五。

249. 조계종사 해담 선사 [두월斗月의 은사이다.]

曹溪宗師海曇禪師【斗月師】

250. 조계종사 충암 선사

曹溪宗師忠庵禪師

251. 조계종사 화봉 선사

曹溪宗師華峯禪師

252. 조계종사 운봉 징안 선사【풍암楓巖의 법을 이은 10인 가운데 한 사람이다.】

曹溪宗師雲峯澄眼禪師【楓嵓嗣十。】

253. 조계종사 백화 팔정 선사

曹溪宗師白華八晶禪師

254. 조계종사 송담 신상 선사

曹溪宗師松潭信祥禪師

255. 조계종사 정암 사인 선사

曹溪宗師靜庵思仁禪師

256. 조계종사 화월 현간 선사

曹溪宗師華月玄偘禪師

257. 조계종사 해운 상린 선사

曹溪宗師海雲尙璘禪師

258. 조계종사 오봉 은현 선사

曹溪宗師五峯隱玄禪師

259. 조계종사 묵암 최눌 선사[153]

曹溪宗師默庵寂訥禪師

260. 조계종사 응암 낭윤 선사[154]

曹溪宗師應庵朗允禪師

---

153 묵암 최눌默庵寂訥은 이미 앞에서 소개하였다.(244. 조계종사 묵암 선사전)
154 응암 낭윤應庵朗允은 이미 앞에서 소개하였다.(245. 조계종사 응암 선사전)

261. 조계종사 송파 여심 선사

曹溪宗師松坡呂諶禪師

262. 조계종사 제운 해징 선사

曹溪宗師霽雲海澄禪師

263. 조계종사 청파 성우 선사

曹溪宗師靑坡性宇禪師

264. 조계종사 유악 책현 선사

曹溪宗師維嶽策賢禪師

265. 조계종사 선악 간혜 선사

曹溪宗師禪嶽侃惠禪師

266. 조계종사 경암 돈화 선사

曹溪宗師景庵頓和禪師

267. 조계종사 벽담 행인 선사

曹溪宗師碧潭幸仁禪師

268. 조계종사 사월 극원 [묵암默庵의 법을 이은 16인 가운데 한 사람이다. 봉암 환해鳳巖幻海의 선법은 여기에 나열하지 않는다.]

曹溪宗師沙月極願【默庵嗣十六。鳳嵓幻海有傳不列此也。】

269. 조계종사 설곡 관혜 선사

曹溪宗師雪谷冠惠禪師

270. 조계종사 모암 도일 선사

曹溪宗師母庵道一禪師

271. 조계종사 서암 혜학

曹溪宗師西庵慧學

172. 조계종사 신파 행수

曹溪宗師信波幸修

273. 조계종사 동곡 치한

曹溪宗師桐谷致閑

274. 조계종사 처송 식민

曹溪宗師處松湜敏

275. 조계종사 무송 의인

曹溪宗師撫松義仁

276. 조계종사 낙암 해정

曹溪宗師洛庵海淨

277. 조계종사 보봉 맹척

曹溪宗師寶峯孟陟

278. 조계종사 충담 영수

曹溪宗師忠潭永守

279. 조계종사 금성 성운

曹溪宗師錦性性云

280. 조계종사 팔송 승혜

曹溪宗師八松勝慧

281. 조계종사 오운 기령

曹溪宗師五雲璣玲

282. 조계종사 성봉 장언

曹溪宗師聖峯莊彥

283. 조계종사 해붕 전령

曹溪宗師海鵬展令

284. 조계종사 와월 교평【봉암鳳巖의 법을 이었다.】

曹溪宗師臥月敎萍【鳳嵓嗣】

285. 조계종사 죽암 회은

曹溪宗師竹嵓會銀

286. 조계종사 완허 성서

曹溪宗師翫虛性瑞

287. 조계종사 완월 축행

曹溪宗師翫月竺行

288. 조계종사 봉월 광찬【사월沙月의 법을 이었다.】

曹溪宗師鳳月廣粲【沙月嗣】

289. 조계종사 구봉 천유【설곡雪谷의 법을 이었다.】

曹溪宗師九峯天有【雪谷嗣】

290. 조계종사 경담 진현【처송處松의 법을 이었다.】

曹溪宗師鏡潭振賢【處松嗣】

291. 조계종사 영봉 표정 【환해幻海의 법을 이었다.】

曹溪宗師影峯表正【幻海嗣】

292. 조계종사 화악 재운 【오운五雲의 법을 이었다.】

曹溪宗師華嶽再芸【五雲嗣】

293. 조계종사 호명 약운 【응암應庵의 법을 이은 9인 가운데 한 사람이다.】

曹溪宗師虎鳴若運【應庵嗣九員】

294. 조계종사 화악 평삼 【응암應庵의 법을 이었다.】

曹溪宗師華嶽評三【應庵嗣】

295. 조계종사 영암 등찬 【응암應庵의 법을 이었다.】

曹溪宗師影庵等贊【應庵嗣】

296. 조계종사 무봉 섭화【응암應庵의 법을 이었다.】

曹溪宗師鵡峯攝化【應庵嗣.】

297. 조계종사 용운 어종【응암應庵의 법을 이었다.】

曹溪宗師龍雲語宗【應庵嗣.】

298. 조계종사 금봉 여옥【응암應庵의 법을 이었다.】

曹溪宗師錦峯勵玉【應庵嗣.】

299. 조계종사 몽성 지인【응암應庵의 법을 이었다.】

曹溪宗師夢惺智仁【應庵嗣.】

300. 조계종사 벽파 계파【응암應庵의 법을 이었다.】

曹溪宗師碧波戒坡【應庵嗣.】

301. 조계종사 인봉 영준【응암應庵의 법을 이었다.】

曹溪宗師麟峯英俊【應庵嗣。】

302. 조계종사 지성 선사【봉암鳳巖의 은사이다.】

曹溪宗師智性禪師【鳳嵓師。】

303. 조계종사 한총 선사【환해幻海의 은사이다.】

曹溪宗師翰聰禪師【幻海師。】

304. 조계종사 완해 의준【와월臥月의 법을 이은 4인 가운데 한 사람이다.】

曹溪宗師翫海義準【臥月嗣。四人。】

305. 조계종사 인봉 우현【와월臥月의 법을 이었다.】

曹溪宗師仁峯友玹【臥月嗣。】

306. 조계종사 응봉 의수【와월臥月의 법을 이었다.】

曹溪宗師應峯義修【臥月嗣.】

307. 조계종사 보광 경련【와월臥月의 법을 이었다.】

曹溪宗師葆光敬璉【臥月嗣.】

308. 조계종사 운한 장로【퇴은退隱의 은사이다.】

曹溪宗師雲閑長老【退隱師.】

309. 조계종사 해암 장로

曹溪宗師海嵒長老

310. 조계종사 환응 장로

曹溪宗師喚應長老

311. 조계종사 봉곡 선사【기봉奇峯의 은사이다.】

曹溪宗師鳳谷禪師【奇峯師。】

312. 조계종사 궤운 선사

曹溪宗師軌雲禪師

313. 조계종사 성암 정은【봉월鳳月의 법을 이었다.】

曹溪宗師聖庵定垠【鳳月嗣。】

314. 조계종사 인파 선사【성암聖庵의 법을 이었다.】

曹溪宗師印坡禪師【聖庵嗣。】

315. 조계종 화운【제운霽雲의 법을 이었다.】

曹溪宗華雲【霽雲嗣。】

316. 조계종 보광【제운霽雲의 법을 이었다.】

曹溪宗葆光【霽雲嗣.】

317. 조계종 도봉【벽담碧潭의 법을 이었다.】

曹溪宗道峯【碧潭嗣.】

318. 조계종 송악 투명【금파金波의 법을 이었다.】

曹溪宗松嶽透明【金波嗣.】

319. 조계종 중봉 문성【선운船運의 법을 이었다.】

曹溪宗中峯文性【船運嗣.】

320. 조계종 와암 획린【선운船運의 법을 이었다.】

曹溪宗臥嵓獲獜【船運嗣.】

321. 조계종 악련 등수【선운船運의 법을 이었다.】

曹溪宗樂蓮等守【船運嗣】

322. 조계종 영송 염화【금봉金峯의 법을 이었다.】

曹溪宗咏松念華【金峯嗣】

323. 조계종 눌암 조훈【완화玩華의 법을 이었다.】

曹溪宗訥庵照焄【玩華嗣】

324. 조계종 중봉 우징【완화玩華의 법을 이었다.】

曹溪宗中峯宇澄【玩華嗣】

325. 조계종 성월 서유【영암影庵의 법을 이었다.】

曹溪宗聖月瑞蕭【影庵嗣】

326. 조계종 봉성 위신 【몽성夢惺의 법을 이었다.】

曹溪宗鳳城偉信【夢惺嗣】

327. 조계종 밀암 경찬 【몽성夢惺의 법을 이었다.】

曹溪宗密庵敬贊【夢惺嗣】

328. 조계종 호봉 행정 【몽성夢惺의 법을 이었다.】

曹溪宗護鳳幸正【夢惺嗣】

329. 조계종 남파 각초 【화월華月의 법을 이었다.】

曹溪宗南波覺初【華月嗣】

330. 조계종 퇴암 화일 【화월華月의 법을 이었다.】

曹溪宗退庵華一【華月嗣】

331. 조계종 성암 의수【운봉雲峯의 법을 이었다.】

曹溪宗聖庵義修【雲峯嗣】

332. 조계종 대운

曹溪宗大雲

333. 조계종 정담【기봉奇峯의 법을 이었다.】

曹溪宗靜潭【奇峯嗣】

334. 조계종 금담【기봉奇峯의 법을 이었다.】

曹溪宗錦潭【奇峯嗣】

335. 조계종 한담【기봉奇峯의 법을 이었다.】

曹溪宗漢潭【奇峯嗣】

336. 조계종 경담【기봉奇峯의 법을 이었다.】

曹溪宗鏡潭【奇峯嗣。】

337. 조계종사 봉암 선사전

휘는 낙현樂賢이고 속성은 김金씨이며 곡성谷城의 석곡石谷 출신이다. 어려서 고아가 되어 족적을 감추고 돌아다니다가 지리산 화엄사에 도착하였다. 거기에서 지성 장로智性長老에 의지하여 출가하고 구족계를 받았다. 석장을 짚고 남쪽 지방을 유행하다가 조계산 묵암당 최눌 문하에 도착하였다. 그곳에서 4, 5년 동안 스승의 가르침을 온전히 받고 스승의 밥을 먹고 스승의 법인을 받았다.

경술년(1790, 정조 14) 봄에 신의信衣를 부촉받고 궁극의 깨침을 전수받았는데, 그 법은法恩이 막중하여 혹 은혜에 보답하지 못할까 염려될 정도였다. 다시 화상의 휘하로 돌아와서 수년 동안 시봉한 뒤에 입적하자, 장례를 마치고 부도탑을 건립하는 것도 스스로 경륜經綸하였다. 원시요종原始要終[155]한 후에 점차 남쪽 지방으로 유행하여 대흥사 성도암成道庵에 이르러 스스로 소림 가풍을 진작하여 문을 걸어 잠그고 벽관壁觀을 하면서 오로지 무상無常을 참구하느라고 수년을 보냈다.

갑인년(1794, 정조 18) 3월 3일에 병 없이 엄연하게 입적하였다. 다비하던 날 밤에 상서로운 광명이 하늘에 뻗쳤고, 영롱한 구슬이 재 속에서 발견되었지만 고족高足이 무지하여 그것을 파쇄해 버리고 말았으니 참으로 어이가 없고 안타깝다.

曹溪宗師鳳巖禪師傳

諱樂賢。姓金。谷城石谷人。早孤遁跡。轉到智異山華嚴寺。依智性長老。零染受具。策杖南遊。至曹溪默庵堂下。四五年間。盡沾法雨。食其牛。佩

---

155 원시요종原始要終 : 사물이나 일이 발전되어 가는 기원과 결과를 연구하는 것을 말한다.

其印。庚戌春付信衣。傳鈯斧。莫重法恩。恐或難報。還赴于和尙足下。汲侍數年。終喪葬塔。能自經綸。原始要終後。漸次南行。至大興成道庵。自作少林家風。杜門壁觀。只求無常者數稔矣。甲寅三月三日。無疾而奄然。火浴之夕。祥光亘天。一珠超灰。有高足無知者破碎。嗚呼嗚呼。

338. 조계종사 환해 선사전

호는 환해幻海이고 휘는 법린法璘이다. 속성은 임林씨이고 아버지 이름은 만창萬昌이며 어머니는 유柳씨이다. 건륭 14년【영조 25년(1749)】기사년에 고흥 남면 분천리粉川里에서 출생하였다. 어려서는 시詩와 사史에 통달하였다.

16세 때 능가산의 한총 대사翰聰大師를 찾아갔고, 18세 때 머리를 깎고 구족계를 받았다. 승평의 조계산에 유화하면서 묵암 화상默庵和尙을 참방하였는데, 묵암 화상은 대번에 뛰어난 재목임을 알아보았고 삼장을 가르쳐 주었다. 이에 대승보살계(大戒)를 받고 의발衣鉢을 전수받았다.

28세 때 보조암普照庵에서 개당을 하자 수많은 수행납자들이 모여들었다. 이후로 능가楞伽·만경萬景·태안泰安·봉서鳳瑞 등 영호남의 단점壇坫[156]에서 올곧게 선지禪旨를 만참晩參하였고, 틈이 나면 선지를 말로 내뱉었는데, 그것이 그대로 글이 되어 유고집으로 남게 되었다.

순조 18년 무인년(1818)에 만경암萬景庵으로 돌아갔고, 이후 경진년(1820) 5월 21일에 병 없이 시적하였다. 다비를 마친 이후에 문인 침명枕溟 등이 사리 3매枚를 수습하여 조계산의 비등碑嶝에 부도탑을 건립하였다.

이후 101년째에 해당하는 경신년(1920)에는 그 4세 후손인 호붕 진홍浩鵬振弘(1863~?)이 그 상족上足 포당布堂과 함께 비문의 건립을 의논하여 비명을 새겼다. 세수는 72세이고, 법랍은 56년이다.

曹溪宗師幻海禪師傳
幻海其號。法璘其諱也。姓林。父萬昌。母柳氏。以乾隆十四【英祖二十五年】

---

156 단점壇坫 : 본래는 제후가 조령을 내리거나 맹약을 맺는 장소를 의미하는데, 여기에서는 능가楞伽·만경萬景·태안泰安·봉서鳳瑞 등의 사찰을 중심으로 널리 설법하고 전법했던 장소(法壇)를 가리킨다.

己巳。生師于高興之南面粉川里。幼通詩史。十六投楞伽翰聰大師。十八祝髮受具。遊昇平之曹溪。叅默庵和尙。一見許以良驥。涉三藏。受大戒。傳衣鉢。二十八開堂於普照庵。學者坌集。自後楞伽萬景泰安鳳瑞。嶺湖之壇坫。屹然晚叅禪旨。暇而吐詞成章。有遺稿。純祖十八年戊寅。歸萬景庵。越庚辰五月二十一日。無疾示寂。闍維後。門人枕溟等。收舍利三枚。塔于曹溪之碑嶝。越一百有一年庚申。四世孫浩鵬振弘。與上足布堂謀竪碑。勒其銘焉。壽七十二。夏五十六。

339. 조계종사 회계 선사전

휘는 휘종輝宗이고 호는 회계會溪이다. 속성은 장張씨이고 아버지 이름은 문칠文七이며 어머니는 이李씨이다. 본관은 남원南原으로 곡성의 서면西面에 살고 있을 때 어머니는 성인의 교훈(聖訓)으로 태교胎敎를 하였다. 건륭 24년【영조 35년(1759)】 기묘년 2월 15일에 태어났다. 골상이 특이하였고 남들과 더불어 놀지 않았다. 8세 때 학교에 들어갔는데 외우지 못한 것이 없었기 때문에 그 재능이 거리마다 자자하였다. 밖으로는 자선慈善의 가르침을 받고 안으로는 가문의 교훈(庭訓)을 받들었으며 또한 속세를 벗어나는 길을 공부하였으니 어찌 맹모지천孟母之遷의 가르침뿐이었겠는가? 더욱이 양갓집 규수의 서신마저 거절하였다.

14세 임진년(1772)에 조계산으로 가서 벽담 대사碧潭大師의 발에 예배를 드리고 머리를 깎고 구족계를 받았다. 16세 갑오년(1774, 영조 50) 봄에 처음으로 경전을 배우기 시작하였는데, 8년이 안 되어 경전의 깊은 뜻을 모두 터득하여 마치 쪽(藍)과 꼭두서니(茜)가 본색을 잃는 것과 같았다. 24세 임인년(1782) 봄에 보조암의 조실에 들어가서 은부恩父의 법인을 받고 건당식을 하여 널리 대중을 제접하면서 선종의 종지를 크게 떨친 것이 십수 년이었다.

40세 정조 22년(1798) 무오년 9월 29일에 법부法父의 입적(大行)을 통곡하였는데, 하늘에 닿도록 애통해하였고 땅끝이 울리도록 두드리면서 멈추지 않았다. 3년에 걸친 복제服制를 마친 이후 경신년(1800)에 보조암 북쪽에 있는 풍탑楓塔의 왼쪽에다 법부의 영주탑靈珠塔을 건립하였다.

68세 병술년(1826)[157] 봄에 문인들이 조계산에서 대재회를 시설하자 납

---

[157] 68세 병술년(1826) : 66세라면 갑신년 1824년이어야 하고, 병술년이라면 68세 1826년이 되어야 한다. 여기에서는 갑자년의 기록에 따라서 68세로 간주한다.

자들이 전국에서 운집하였고 사부대중이 바람처럼 모여들었다. 이후 도광 15년(1835) 헌종 원년 을미년 11월 9일에 문인들에게 말했다. "나는 이제 가려고 한다. 그대들은 잘 삼가라." 말을 마치고 보조암의 방장실에서 입적하였다. 다비를 하여 사리 2매枚를 수습하여 보조암의 서북쪽 모퉁이 그리고 풍탑의 오른쪽에 석총을 건립하였다. 세수는 77세이고, 법랍은 64년이다.

曹溪宗師會溪禪師傳

諱輝宗。號會溪。姓張。父文七。母李氏。本南原。寓谷城西面。母有胎教之聖訓。乾隆二十四【英祖三十五年】己卯二月十五日生。骨相殊特。不與嬉戲。八歲入校。學無不誦。才譽喧巷。受慈善指導。多蒙庭訓。亦以出塵之道教之。何但孟母之遷教。猶切良娘之書囑。十四壬辰。投曹溪禮碧潭大師之足下。祝髮受具。甲午春始就經。未及八年。盡得其奧旨。藍茜壞色。壬寅春入普照之室。佩恩父之印。樹幢普接。大振宗教者。十數年矣。正宗二十二年戊戌[1]九月二十九日。哭法父之大行。終天之痛。叩地之極。無攸遞及。三年服制後。庚申堅法父靈珠塔于普照之北楓塔之左。六十六[2]丙戌春。門人等設大會於曹溪。八表雲集。四象風馳。越道光十五憲宗元年乙未十一月九日。謂門人等曰。吾欲行矣。汝等愼哉。言訖而逝于普照之方丈。茶毘得舍利二枚。封塚于庵乾隅楓塔右。壽七十七。夏六十四。

1) ㉠ '戊'은 '午'가 옳다. 2) ㉠ '六'은 '八'이 옳은 듯하다.

340. 조계종사 퇴은 선사전

선사의 속성은 칠원漆原 제諸씨이고 아버지 이름은 한성漢城이다. 어머니는 강姜씨로서 진해 하구리河口里에서 살았는데, 그 부친과 조부(父祖) 대 이상은 순천에서 살았다. 건륭 32년【영조 43년(1767)】 정해년 5월 17일 을유일에 태어났다. 처음에 어머니가 꿈에 기이한 스님을 보고서 임신을 하였다. 어려서부터 냄새나는 채소를 좋아하지 않았고 또한 유희도 즐기지 않았다.

14세 경자년(1780, 정조 4)에 조계산의 운한 장로雲閑長老를 찾아가서 머리를 깎았고, 해암 선사海巖禪師를 계사로 삼아서 봉의鳳儀라는 법명을 받았다. 정조 6년 임인년(1782)에 묵암默庵의 강헌에 참문하여 5, 6년 동안 머물면서 삼장의 가르침(法乳)을 맛보았다. 24세 경술년(1790, 정조 14)에 남쪽으로 달마산과 두륜산 등을 유행하며 12강사講師에게 참문하였다.

30세 병진년(1796, 정조 20)에 법부 제운 화상霽雲和尙에게서 법의를 받고 호를 퇴은退隱이라 하였으며, 보조실普照室에서 개당하였다. 이후 무오년 (1798, 정조 22)에 동리산桐裏山의 대중들로부터 청익을 받고 그것으로 나아가서 봉서암鳳瑞庵에 주석하였다. 이듬해에 혜철암慧徹庵으로 옮겼다. 동지同知(관직명) 의일宜日에게 탁발을 하자, 그가 집안의 재물을 내놓고자 발원하였다. 이로부터 5, 6년 동안에 걸쳐서 사찰을 지었고, 아울러 새롭게 불상과 시왕상十王像을 조성하여 날마다 혁신하였는데, 그것이야말로 모두 선사의 덕풍에서 불어 나온 것이었다.

갑술년(1814, 순조 14)에 조계산의 은적암隱寂庵에서 하안거를 하였고, 을해년(1815, 순조 15)에는 동리산의 미타전彌陀殿에서 안거를 하였다. 정축년 (1817, 순조 17)에 환응 장로喚應長老와 더불어 금강산으로 갔다. 그리고 설악산과 낙가산 등 명승지를 유람하고 가을바람이 부는 시기에 다시 주석했던 산으로 돌아왔다. 신사년(1821, 순조 21) 겨울에 조계산으로 옮겼는데, 그때 마침 청나라의 어떤 고승【이름은 미상】이 찾아와서 예배를 하고 물었다. "스님께서 바라시는 것이 있습니까." 선사가 말했다. "특별히 바라는 것은 없지만, 무릇 자휘字彙라면 우리나라에서 보물이 될 듯합니다." 그 승은 그렇겠다고 말하고 청국으로 돌아가서는 약속대로 자휘를 보내왔다.

갑신년(1824, 순조 24)에 명적암明寂庵에 주석하였다. 손수 초당 한 동을 짓고 좌선하는 여가에 『법화경法華經』 1부를 필사하였는데, 일 행마다 일 배씩 하여 끝마치고는 그것을 책으로 엮어서 수지독송受持讀誦하였다. 이것을 기타 일상의 글 쓰는 사람들과 비교하자면 하늘과 땅만큼 현격한 차이가 났다. 계묘년(1843, 헌종 9) 겨울에 송광사 대법당에서 점안불사가 있었을 때 증명법사로 초청되었는데 선사는 사양하며 말했다. "나는 이처럼 큰 불사와는 거리가 멀다. 혹 청정한 불사를 오염시킬까 두렵다." 그러고는 끝내 증명법사로 나아가지 않았고, 허주 덕진虛舟德眞으로 하여금 그 불사를 대신하도록 하였다.

이듬해(1844, 헌종 10) 2월 11일에 과연 병 없이 시적하였는데, 영감靈鑑(신불神佛의 영묘한 보살핌)이 이와 같았다. 동리산의 기슭에서 다비를 하였다. 세수는 78세이고, 법랍은 64년이다.

曹溪宗師退隱禪師傳

師姓漆原諸氏。父漢城。母姜氏。世居鎭海河口里。父祖以上寓順天。乾隆三十二【英祖四十三年】丁亥五月十七日乙酉生。初母夢異僧而娠。幼不喜葷。亦不嬉戲。十四庚子。投曹溪雲閑長老薙髮。以海嵩禪師爲戒師。法名鳳儀。正宗壬寅叅默庵講軒。費五六星霜。味三藏法乳。二十四庚戌。南遊達摩頭崙。叅十二講師。三十丙辰。受衣於霽雲法父。號曰退隱。開堂于普照室。越戊午赴桐山之請。住鳳瑞庵。明年移慧徹庵。化緣宜日同知。同知願出家財。五六年間。叛修佛宇。及新造佛像十王等像。一一革新。是皆師之德風所吼也。甲戌曹溪隱寂庵結夏。乙亥桐山彌陁殿安居。丁丑與喚應長老。作金剛行。雪嶽洛迦等名勝遊覽。秋風還山。辛巳冬移曹溪山。有淸國高僧【未記氏名】適謁拜曰。師有願否。別無願而但字彙卽鰈域奇珍也。僧應之歸國。如約返之。甲申住明寂。手搆草堂一棟。禪餘手寫法華經一部。每行一拜。成帙粧繢。受持讀誦。比諸尋常翰墨。若天淵懸矣。癸卯冬有松廣大法堂點眼佛事。請爲證明。師却曰。吾大行在邇。恐汚淸淨佛事。竟不赴。以虛舟德眞代行之。翌年二月十一日。果無疾示寂。其靈鑑盖如此。茶毘桐山之麓。壽七十八。夏六十四。

341. 조계종사 와월 선사전

선사의 속성은 지池씨이고 곡성군 석곡면 운월리雲月里【오늘날의 운룡리雲龍里】출신이다. 아버지 이름은 득룡得龍이고 어머니는 이李씨이다. 건륭 25년【영조 36년(1760)】경진년 4월 15일에 태어났다. 12세 때 고아가 되어 몸을 의탁할 곳이 없어서 산야로 전전하면서 걸식을 하였다. 이에 동리산 태안사의 무성 수좌無性首座가 사랑하여 귀엽게 키워 주고는 머리를 깎아 주고 출가시켜 교평敎萍이라는 이름을 주었다. 주축呪祝과 염송念誦을 하였는데 마치 숙세의 버릇처럼 익숙하였다.

15세 갑오년(1774, 영조 50)에 봉암鳳巖을 따라 경전을 배웠는데 4, 5년도 되지 않아서 능통하였기 때문에 새끼 봉추鳳雛가 도리어 늙은 봉황을 이겼다고들 말하였다. 20세 기해년(1779, 정조3)에 조계산 묵암 선사의 강석에 참문하였는데 수많은 고승들이 다들 그 자리에 모여들었다. 그러나 오직 선사만이 뛰어난 재주에 있어서는 창암蒼巖[158]의 묘법妙法을 능가하였고, 지혜와 이해에 있어서는 안광安光의 토론討論을 발현하였다. 이에 묵암 노사는 선법의 전승자로서 선사를 묵묵히 인정하였다.

25세 갑진년(1784, 정조 8) 봉암 노사의 부름을 받고 다시 동리산으로 들어가 혜철 국사慧徹國師[159]의 도량에서 건당을 하여 봉암 노사의 조실에서 와월臥月이라는 호를 받았다. 봉암鳳庵에서 개당을 하여 널리 방외자들까지도 제접하기를 수기數紀(紀는 12년) 동안 하였다. 31세 경술년(1790, 정조 14) 봄에 조계산에서 묵암 노사의 입적에 통곡하였고, 다비를 하여 석총에 모셨으며, 그 요종要終을 경륜하여 마쳤다.

갑인년(1794, 정조 18) 2월에 성도암成道庵에서 봉암 노사의 부고를 받고

---

158 창암蒼巖 : 조선의 명필인 창암蒼巖 이삼만李三晚(1770~1847)을 가리킨다.
159 혜철 국사慧徹國師(785~861) : 신라 말기에 전남 곡성의 동리산 태안사를 중심으로 동리산문桐裏山門을 개창한 개산조를 가리킨다.

는 밤을 잊고 달려가서 다비를 마치자 영롱한 구슬 하나가 나왔는데 미치광이 승려에 의하여 파괴되어 버렸으니 그 슬픔이 끝이 없다. 무상無相 가운데서 현상現相하였는데 다시 무상으로 돌아갔으니, 그 무無야말로 반본환원返本還源의 흔적이다. 같은 해 4월에 성도암이 무너지는 것을 염려하여 단월들을 불러 모아서 다시 보수를 시작하여 정사년(1797)에 낙성하였는데, 거기에 붙인 시는 다음과 같다.

　　예전의 자리에 전각을 거듭 보수하니
　　빛나는 모습이 신축한 것은 아니라네

　가경 6년 신유년(1801, 순조 1)에 묵암 노사가 지은 『화엄품과華嚴品科(華嚴科圖)』와 『제경회요諸經會要』와 『묵암시집默庵詩集』과 『금강경간정기金剛經刊定記』 등을 간행하고, 그 기판記板을 진본사鎭本寺에 소장하였다. 그리고 모아 둔 판본을 조계산으로 옮겨 놓고 다시 다음과 같이 시로 읊었다.

　　누각에서 간경하는 데 두 달이 족히 걸리니
　　육신은 피곤하고 또 재물은 충당되지 않네
　　스승의 책들이 세간에 영원할 뿐만 아니라
　　또한 금강석과 같이 만고에 밝게 빛나리라

　묵암 스승이 기울인 처음의 노력은 맨발로 처음 쌓은 공적 아님이 없었으니, 가히 불교의 담악曇嶽이었고 선종의 추기樞機였다고 할 수가 있다. 선업先業이 이미 널리 퍼져 있고 그 공업功業이 좋다고 할지라도 그것이 어찌 정업淨業의 안락이 될 것인가. 문득 번쇄한 교학(鈆槧)을 내던져 버리고, 청정하게 오롯이 앉아서 한줄기 청향이 다 타도록 네 시간(二時)마다 차가운 차를 들이켜고 밤새도록 경전을 읽고 염불을 하며 오직 무상無常

을 추구한 것이 10여 년이 넘었다. 어느 날 문도들을 불러 놓고 게송으로 말했다.

> 허깨비 같은 몸은 보존하기 어려우니
> 세상의 인연이 다하면 다 지나 버리네
> 그러니 내가 어찌 오랫동안 머무르랴
> 그대들 삼가 진력하여 잘 정진하거라

말을 마치고는 조용하게 입적하였는데, 도광 12년(1832) 임진년 2월 15일이었다. 세수는 73세이고, 법랍은 57년이다.

曹溪宗師臥月禪[1]傳

師姓池氏。谷城郡石谷面雲月里【今雲龍里】人。父得龍。母李氏。乾隆二十五【英祖三十六】庚辰四月十五日生。年十二孤無托身。轉丐山野。抵桐山之泰安寺。有無性首座愛養之。薙髮得度。名敎萍。呪祝念誦。如宿慣焉。十五甲午。從鳳嵓學經。不四五年。能通之。可謂朝生之鳳雛。反勝老鳳。二十己亥。叅曹溪之默庵講下。濟濟開士。多會于此。而唯師之穎鋒。專奪蒼嵓之妙法。慧解發見安光之討論。默老默許爲傳禪之子。二十五甲辰。爲鳳老之招。還入桐山。建幢於徹國師之道場。佩印於鳳嵓師之室中號臥月。開堂鳳庵。普接方外者。數紀矣。庚戌春哭默老於曹溪。茶毘封塚。經綸要終。甲寅二月。聞鳳老訃於成道庵。罔夜馳走。茶毘已。超然一珠。爲狂僧所壞。嗚呼罔極。無相中現相。還歸無相。無乃反本還源之迹歟。同年四月慮本庵之顚仆。叫化檀門。經營叛繕。至丁巳竣功。其詩云。殿閣重修仍舊墟。煥然不下建新初。嘉慶六年辛酉。默老所述華嚴品科。諸經會要。及詩集。金剛經刊定記。幷刊板而記板。藏鎭本寺。集板移于曹溪又詩云。樓上刊經涉兩月。勞身費財不能形。非唯先集長行世。亦使金剛萬古明。以其先

• 241

師之籾役。莫不跌足而倡囙之。可謂釋苑之曇蕁。宗門之樞機。先業旣周。功業雖好。何如淨業之安樂哉。頓掃鉛槧。淨單打坐。一炷淸香。二時冷茶。書讀夜念。只求無常者。餘十稔矣。一日詔門徒曰。幻身難保。世緣易謝。吾何久住。爾等愼哉。言訖奄然。道光十二壬辰二月十五日。壽七十三。夏五十七。

---

1) ㉑ '禪' 뒤에 '師'가 있어야 옳다.

342. 조계종사 기봉 선사전

휘는 장오藏旿이고 자는 은옹隱翁이며 호는 기봉奇峯이고, 속성은 최崔씨로서 본관은 전주인데 후에 화순으로 옮겨 살았다. 아버지 이름은 보석寶錫이다. 어머니는 조曺씨인데, 별이 떨어지고 호랑이가 울부짖으며 범승이 석장을 주는 꿈을 꾸고 깨어나서 임신을 하였다. 건륭 41년【영조 52년 (1776)】 병신년 10월 2일에 태어났다. 나이 12세 때 경사經史를 널리 읽었다. 정미년(1787, 정조 11)에 부모를 잃고 묘지에서 3년의 복제를 마쳤는데도 맛있는 음식을 보면 문득 울면서 먹지 않으니, 사람들이 그것을 기이하게 여기지 않을 수 없었다. 어린 동생과 함께 숙부에게 의탁하였지만 학문에 더욱더 전심하였다. 후에 고향의 현령을 따라 함께 서울로 올라가서 태학에서 공부하였다.

몇 년 후에 고향으로 돌아와서는 개탄하며 불도를 추구하였다. 전주의 봉서사鳳捿寺로 찾아가서 궤운軌雲 법사에 의지하여 머리를 깎고, 봉곡鳳谷 법사에게서 구족계를 받았다. 이후 유방하다가 조계산의 묵암 선사默庵禪師에게 참문하였고, 두월 선사斗月禪師에게 경전을 배웠으며, 득법한 후에는 보조암에 주석하였다.

4년이 지난 후에 낙안의 징광사澄光寺와 곡성의 태안사泰安寺와 남원의 천은사泉隱寺에 나아가 13년 동안 경전을 강의하였다. 법을 전수한 스님이 시적하자 (본사로 돌아와서) 정토왕생하기를 천도하고 명복을 빌어 주었다. 또한 방장산에서 『화엄경』의 요청을 받고 그곳에 나아가서 3년 동안 경전을 강의하였는데, 어느 날 한숨을 쉬고 탄식하며 말했다. "삼장을 강의하느라고 혀를 내두르면서 일생을 허비하였다." 그러고는 칠불암의 아자방亞字房에서 침묵수행을 하였고, 삼일선원三日禪院에서 좌선수행(澄心)을 수년 동안 한 연후에 지견知見을 결택받고는 흉금이 시원하였다.

67세 임인년(1842) 3월 본사에 화재가 일어나서 2,152칸이 모두 불에

타 버렸다. 이에 대중이 갈팡질팡하면서 재건하는 데 앞장서서 지휘하는 자가 없었다. 그러자 67세인 선사가 계좌戒佐인 용운龍雲과 함께 서울에 나아가서 당시 재상이던 권돈인權敦仁을 찾아뵙고 재삼 왕복하면서 내막을 상세하게 말하였다. 그로 말미암아 특별히 공명空名의 칙첩勅帖 700장을 받아 가지고 돌아와서 불타 버린 모든 건물을 재건하였다. 그리고는 사찰의 모든 재건은 오직 용운 법사에게 맡겨 두고 선사는 물러나서 좌선을 즐겨하였다. 이에 벽관壁觀과 송념誦念으로 일관하면서도 선사는 오직 사찰의 재건에 장애가 없는 것만 도모하였다. 이에 3년 만에 낙성을 하였다.

함풍 3년 계축년[철종 4년(1853)] 8월 16일에 목욕을 마치고 옷을 갈아입고 문인들을 불러 놓고 말했다. "세상은 본래 무상하다. 나는 이제 떠나간다." 그리고는 결가부좌를 하고 합장한 채로 조용하게 입적하였다. 법손인 허주虛舟와 덕진德眞 등이 다비를 마치고 나서 기록을 찬술하여 후대에 남겼는데, 제4세손에 해당하는 두성斗性이 돌을 옮겨 놓고 글을 새겼다. 세수는 78세이고, 법랍은 63년이다.

曹溪宗師奇峯禪師傳

諱藏旿。字隱翁。號奇峯。姓崔。本全州。後移和順。父寶錫。母曺氏。夢星落虎鳴。梵僧授杖。覺有娠。乾隆四十一年[英祖五十二年]丙申十月二日生。年十二遍讀經史。丁[1]父母憂。墓終三年服。遇佳饌。輒泣不食。人莫不異之。與幼弟併托于叔父。尤專心學問。後隨本縣令。同上京師。遊太學。踰年還。慨然求道。投于全州之鳳捿寺。依軌雲祝髮。受戒于鳳谷。遊方叅曹溪之默庵。學經於斗月。得法仍住普照。越四年。赴于樂安澄光。谷城泰安。南原泉隱。講授十三載。以法傳示寂還本。薦淨業。資冥福。而又赴方丈華嚴之請。三年講授。喟然歎曰。掉舌于三藏。徒費一生。杜口於七佛啞房。澄心於三日禪院者。有年矣。決擇知見。灑落胸襟也。壬寅三月。本寺回祿。

二千一百五十二間。都入煨燼。大衆罔措無倡首者。師年六十六。[2] 與戒佐龍雲走京。謁時相權公敦仁。備陳情由。徃返再三。特蒙空名勅帖七百張以歸。凡諸叛業。專囑龍雲。退坐慈靜。壁觀誦念。只圖叛事無障。越三年告竣耳。咸豊三年癸丑【哲宗四年】八月十六日。洗浴更衣召門人曰。世自無常。吾今行矣。結趺合爪。寂然而化。法孫虛舟德眞等。茶毘已。撰錄遺之。四世孫斗性。運石勒銘。壽七十八。夏六十三。

1) ㉠ '丁' 뒤에 '未'가 있어야 옳다. 2) ㉠ '六'은 '七'이 옳다.

343. 조계종사 침명 선사전

휘는 한성翰惺이고 호는 침명枕溟이며 속성은 경주 김金씨인데 대대로 고흥에서 살았다. 아버지는 통정通政(문관의 정3품 당상관堂上官의 품계)으로서 이름이 이혁以赫이고 어머니는 신창 맹孟씨이다. 가경 6년(1801, 순조 1) 신유년에 태어났다. 남들보다 총민하고 지혜가 있었으며 세속을 벗어날 상像을 지니고 있었다.

15세 을해년(1815, 순조 15)에 출가하여 입으로는 대운大雲의 경전을 부지런히 배우고 마음으로는 백파白坡[160]의 선법을 부지런히 배웠다. 팔영산 영봉당影峯堂에게서 건당하였고, 조계산 보조암의 실중室中에서 개당하였다. 삼일암三日庵과 칠불원七佛院에서 안거를 하였고 사산四山을 유력하면서 수많은 선지식에게 참문하였다.

무술년(1838, 헌종 4) 봄에 태안사 봉서암鳳瑞庵으로부터 조계산 은적암隱寂庵으로 옮겨서 선오善旿와 지효至孝라는 시자를 두었다. 이후에 선암사 대승암大乘菴으로 주석처를 옮기자 설법을 들으려고 출가자는 노을처럼 밀려들었고 신도들은 구름처럼 모여들었다. 30년 동안 강석을 펼치지 않는 날이 하루도 없었는데 천하의 문하생이 모두 침명의 문하에 속하였고 성중의 용상龍象들도 모두 이 침명에게서 배출되었다.

마침내 설저雪渚에게 전법한 이후 달마의 종지를 깊이 참구하였는데 나이가 들어 갈수록 더욱더 크게 힘쓴 것이 23년이었다. 노년에 눈이 침침해진 이후에야 문인들이 더 이상 묻지 않게 되었다. 초상화가 벽에 걸렸는데 손으로 쓰다듬어 만져 보고 알아차리고는 다음과 같이 시로써 교훈

---

[160] 백파白坡 : 백파 긍선白坡亘璇(1767~1852). 본관은 전주이며, 성은 이李씨이다. 12세에 고창 선운사禪雲寺의 시헌 장로詩憲長老에게서 승려가 되고, 용문암龍門庵을 거쳐 영원암靈源庵에 이르러 상언尙彦에게 서래西來의 종지를 배우고, 구암사龜岩寺에서 회정懷情의 법통을 잇고 백양산 운문암雲門庵에서 개당開堂하였다.

을 써 넣었다.

> 팔을 구부려 베개를 삼아 남쪽 바다에 누워서
> 필묵의 도량에서 꾸는 꿈 아직 깨지도 않았네[161]
> 명호는 지해에서 나왔으니 실제 사실 아니건만
> 문밖에 벗어난 목상이 어찌 참모습일 것인가

광서 2년(1876, 고종 13) 병자년 9월 30일에 이르러 시적하였다. 세수는 76세이고, 법랍은 62년이다. 다비를 마치고 보조암과 대승암에 진영眞影을 걸어 두었다. 이후 손제자 운악雲岳이 독판獨辦으로 사재를 털어서 돌을 다듬고 비명을 새겼다.

曹溪宗師枕溟禪師傳

諱翰惺。枕溟其號。姓金。系慶州。世居高興。父通政以赫。母新昌孟氏。嘉慶六年辛酉生。而聰慧過人。有脫塵之像。十五乙亥出家。勤于學。口大雲之經。心白坡之禪。建幢於八影之影峯堂下。開堂於曹溪之普照室中。三日庵七佛院安居。遊歷四山。參諸知識。至戊[1)]戌春。自泰安之鳳瑞。移于曹溪隱寂庵。率侍者。名善旿。至孝也。後移錫於仙嵓之大乘菴。聲聞霞蔚。聽徒雲集。三十年間。無日不講法。天下桃李。盡在其門。域中龍象。皆出此溟。竟傳法于雪渚。深究達摩宗旨。老盆矻矻。二十有三年。晚歲眼眩。門人不告。塑影掛于壁。乃撫而知之。詩以訓曰。曲肱爲枕臥南溟。翰墨場中夢未惺。名號從知非實事。出門木像豈眞形。至光緒二年丙子九月三十日示寂。壽七十六。夏六十二。茶毘已。掛眞于普照菴與大乘庵。後孫雲岳。

---

161 팔을 구부려~깨지도 않았네 : 침명 한성枕溟翰惺이라는 자신의 이름에 대하여 각각 제1구에서는 침枕과 명溟을 드러내고 제2구에서는 한翰과 성惺을 드러내어 시로 읊었다.

獨辦自財。攻石勒銘。

1) ㉑ '戉'은 '戊'가 옳다.

344. 조계종사 이봉 선사전

휘는 낙현樂玹이고 자는 천연天然이며 호는 이봉离峯이다. 그 선조는 가락국의 왕족인데, 아버지는 김원중金願中이다. 어머니는 박朴씨인데 영암으로부터 나주로 옮겨 살았다. 가경 9년【순조 4년(1804)】 갑자년에 태어났다.

13세 때 청계사淸溪寺에서 머리를 깎았고, 제방을 유력하다가 조계산의 회계會溪한테서 경법을 배웠고, 30세 때 승당升堂하여 그 종풍을 진작하였다. 또한 장흥의 보림사로 옮겼다. 중년의 나이에 멀리 금강산과 태백산을 유력하였고, 두류산의 옥보대玉寶臺에서 하안거를 보냈다. 천봉산天鳳山에 주석하다가 만년에 조계산의 보조암으로 옮겼다.

세수 87세 때 2월 12일에 미약한 병을 보이자, 게송을 써 놓고는 조용하게 입적하였다. 이때가 광서 17년【금상인 고종 28년(1891)】 신묘년 2월 12일이었다. 3일 지나서 북봉北峰에서 다비를 마치고 동각東閣에다 진영을 모셨다. 그로부터 28년 후에 문손인 우송友松 등이 조계산 문밖의 새로운 비등碑嶝에다 돌을 다듬고 비명을 새겼다. 법랍은 75년이다.

曹溪宗師离峯禪師傳

諱樂玹。字天然。號离峯。其先駕洛王族。考金願中。妣朴氏。自靈嵓。寓羅州。嘉慶九年【純祖四年】甲子生。十三薙髮於淸溪寺。遊歷諸方。從曹溪之會溪。學得經法。三十升堂。振其宗風。又移長興之寶林寺。中歲遠遊金剛太白。坐夏於頭流之玉寶臺。自天鳳山。晚至曹溪之普照。壽八十七歲二月十二日。示微疾。書偈訖。寂然歸眞。卽光緖十七年【今上二十八年】辛卯二月十二日也。越三日茶毗北峯。掛眞東閣。後二十八年。門孫友松等。攻石勒銘于曹溪門外新碑嶝。夏七十五。

345. 조계종사 용운 선사전

휘는 처익處益이고 자는 경암警庵이며 호는 용운龍雲이다. 속성은 완산 이李씨이며 아버지 이름은 춘필春弼이고 어머니는 밀양 박朴씨인데 남원에서 곡성으로 옮겨 살았다. 가경 18년【순조 13년(1813)】 계유년 10월 7일에 태어났다. 어머니 박씨는 어떤 범승梵僧이 가사를 걸치고 자기에게 예배 드리는 꿈을 꾸고 임신을 하였다. 자라서 대여섯 살쯤 되었을 때는 배움에 있어 외우지 못한 것이 없었다.

15세 때 조계산으로 찾아가서 남일南日을 은사로 하고, 기봉奇峯에게서 계를 받았으며, 제봉霽峰에게서 선법을 받았다. 침명枕溟과 인파印坡와 성암惺庵에게 참문하여 배우는 즉시 향상사向上事를 알았다.

27세 때 보봉寶峯의 조실祖室에 향을 살랐다.[162] 그리고 그해 곧 기해년 (1839, 헌종 5)에 해남 표충사表忠祠의 원장으로 나아갔는데, 대인大人(은사 남일)의 병환에 대한 소식을 듣고 급히 돌아와서 손가락의 피를 내어 갱생 시켰다.

때는 임인년(1842, 헌종 8) 3월의 어느 날 밤에 갑자기 사찰의 요사채 2,152칸이 완전히 연기에 휩싸여 사람과 하늘이 모두 슬퍼했다는 안타까운 보고를 받았다. 그때 선사의 나이는 30세였는데, 그것을 복구하려고 단단히 마음을 잡고 계사戒師 기봉과 함께 서울로 올라가서 당시의 재상 권돈인權敦仁을 찾아뵙고 내막을 상세하게 말하였다. 이에 멀리 산을 넘고 물을 건너 찾아와서 복구에 동참한 사람이 그 전후를 헤아릴 수 없었다. 그리고 특별히 칙첩勅帖 700장을 받아서 예조禮曹에 권축勸軸으로 보내 놓고 돌아왔다.

계사 기봉 화상이 나이가 들어 물러났지만 선사가 법력을 다하자 시

---

162 보봉寶峯의 조실祖室에 향을 살랐다 : 보봉의 조실이 되었다는 것을 가리킨다.

주자들이 모여들었다. 이로써 그해(1842, 헌종 8) 여름부터 갑진년(1844, 헌종 10)에 이르러 보궁寶宮과 법우法宇가 점차 웅장하고 아름답게 제 모습을 갖추고 어지러운 모습이 정리되자 온전히 옛날의 경관이 복구되었다. 그리고 정미년(1847, 헌종 13)에는 모든 불사가 완성되었다. 그 밖의 일곱 전각과 여덟 암자 등 모든 누관樓觀의 흥폐興廢는 다 열거할 수 없을 정도였다. 해남의 표충사를 비롯하여 산양의 죽원암과 곡성의 길상암과 천태암 그리고 운봉의 백장암과 금산의 장륙상丈六像과 완산 송광사에 이르기까지 삼존불에 도금불사하여 모두 서상을 드러내었다. 통도사 계단戒壇과 해인사 장경각의 팔만경판과 광주 봉은사에서도 인연을 따라 수리하였다.

선사는 기미년에 다시 표충사에 나아가서 총섭의 임무를 맡았다. 이에 도내의 승통이 흐트러진 곳에 대해서는 순영巡營(감사가 직무를 보던 관아)에 보고하도록 하여 인장을 없애고 폐해를 제거하였다.

병인양란(1866, 고종 3) 때는 본도本道에 직접 지시를 내려 의승장義僧將에게 적장의 행보를 살피게 하여 주둔해 있던 배를 퇴각시켰다. 어떤 스님이 선사를 가엾게 여겨서 나한전에서 7일 동안 기도를 하니 꿈에 푸른 옷을 걸친 어떤 동자가 말을 전했다. "용운 선사는 소백산의 신령인데 이곳에 내려와서 사문의 모습을 보인 것이 세 번째입니다."

기묘년(1879, 고종 16) 여름에 가사 81벌(大九品)을 만들어서 생전예수시왕생칠재生前豫修十王生七齋를 지냈는데 회향하던 날에 상서를 보였다.

병술년(1886, 고종 23)에 동방장산東方丈山에 안치했던 세 전각의 패를 중수하였는데, 선사와 같은 사람을 가리켜 진실로 법문法門에서 크게 공을 쌓은 사람이라 말할 수가 있을 것이다.

광서 14년 무자년(1888, 고종 25) 5월 5일 조용히 입적하였다. 세수는 76세이고, 법랍은 61년이다. 북봉北峯에서 다비를 하고 그 동쪽에 모셨다. 이후 9년째 되는 병신년(1896, 고종 33)에 문손 법선法宣과 영우靈祐 등이 돌을 다듬고 비명을 새겼다.

曹溪宗師龍雲禪師傳

諱處益。字警庵。號龍雲。姓完山李。父春弼。母密陽朴氏。自南原。寓谷城。嘉慶十八年【純廟十三年】癸酉十月七日生。朴夢一梵僧。着袈[1]而禮有娠。甫髫齓。學無不誦。十五投曹溪。南日爲師。得戒于奇峯。受禪于霽峰。叅枕溟印坡惺庵。學卽知向上事。二十七拈香於寶峯室。己亥赴海南表忠祠任。聞大人疾報馳還。斫指得甦。時日壬寅三月夜半。欎攸告警。佛宇僧寮二千一百五十二間。蕩爲煙塵。人天忉怛。師時年三十。銳意復舊。陪戒師奇峯。走京謁時相權公敦仁。竭誠告陳。跋涉塗努者。前後莫算。特蒙勅帖七百紙。與禮曹勸軸而還。戒師以老退居。法力所到。檀門歙集。自同年夏。至甲辰春。寶宮法宇。次第輪奐。凡繫周章。盡復舊觀。至丁未無不畢擧。其餘七殿八庵。凡諸樓觀之興廢者。指不勝縷[2]泊海南之表忠。山陽之竹原。谷城之吉祥天台。雲峯之百丈。金山之丈六像。完山之松廣。三佛鍍金。皆現瑞。抑通度之戒壇。海印之經閣經板。廣州之奉恩寺。隨緣建修。己未再赴表忠祠摠攝任。以道內僧統之瘼。告于巡營。銷印祛害。丙寅洋亂。本道直指。使以義僧將。督招將行。以舶退而止。有僧欲憾師者。祈羅漢七日。夢一靑衣傳曰。龍雲卽小白山靈。降作沙門示者。三也。己卯夏設大九品。十王生七齋。回向有瑞。丙戌修東方丈安三殿牌。如師者。眞可謂大有功於法門。非過語也。光緖十四年戊子五月五日。奄然而化。壽七十六。夏六十一。茶毘北峯掛東。越九年丙申。門孫法宣靈祐等。攻石勒銘。

---

1) 웹 '袈' 뒤에 '裟'가 있어야 옳다. 2) 웹 '縷'는 '數'가 옳다.

346. 조계종사 기룡 선사전

휘는 활해濶海이고 자는 운강雲江이며 호는 기룡麒龍이고, 속성은 황黃씨이고 본관은 장수長水이다. 아버지 이름은 봉수鳳秀이고 어머니는 이李씨이다. 가경 20년【순조 15년(1815)】 을해년 2월 18일에 순천군 황전면 동고리東古里에서 태어났다. 10세에 입학을 하였고, 15세에 경사에 통달하였으며, 배운 것은 반드시 가르쳤고, 본 것은 반드시 그것을 외웠다. 이에 고향 사람들은 선사를 동몽교원童蒙敎員이라 불렀다. 17세와 18세 연속해서 아버지와 어머니를 여의고, 묘지에서 3년의 복제를 마쳤다.

20세 갑오년(1834, 순조 34) 봄에 동리산의 태안사로 찾아가서 낙천 화상樂天和尙에게 머리를 깎고 퇴은 율사退隱律師에게 계를 받았다. 병신년(1836, 헌종 2)에 침명 한성枕溟翰惺의 강헌에 참문하여 경전을 배웠고, 인파印坡를 찾아뵙고 선법을 받았으며, 성암에게서 역사를 배웠고, 기봉에게서 장자(莊文)를 공부하였다. 28세 임인년(1842, 헌종 8) 조계산 화봉의 조실에서 법인을 받고 은적암에 주석하며 개당하여 법문을 강의하였다.

갑인년(1854) 봄에 『화엄경』의 「정행품淨行品」을 읽다가 책을 덮고는 탄식하여 말했다. "삼천대천세계만큼의 경권도 오직 한 줌의 지게미로다. 일생 동안 사구死句만 먹는다면 누구에게 활구를 참구토록 할 수 있겠는가?" 그러고는 표주박 하나와 납의 한 벌로 여러 선지식을 참문하여 10년 동안 하나의 누비로써 몸을 가렸다. 그리고 하루에 두 끼를 먹은 적이 없었지만 주린 배를 잘 위로하였다. 조계산의 은적선원과 삼일선원, 동리산 명적암의 미타선원, 선암사의 칠전선원七殿禪院, 쌍계사의 칠불선원七佛禪院 등은 선사가 30년 동안 참구했던 선실禪室이었다.

천문법과 지리학에 대해서는 일찍부터 섭렵하였고, 유교 경전과 불경에 대해서 본래 유인游刃[163]의 경지와 같은 점이 있었다. 향상본분向上本分에 대해서도 말후末後의 일념에 이르기까지 진실하였다.

광서 19년【고종 29년(1893)】 계사년 8월 9일에 가벼운 병을 보이더니, 은 적암에서 조용하게 입적하였다. 다비를 마쳤는데 단지 한 벌의 포대만 남아 있었다. 세수는 79세이고, 법랍은 59년이다.

曹溪宗師麒龍禪師傳

諱潤海。字雲江。號麒龍。姓黃。貫長水。考鳳秀。母李氏。嘉慶二十年【純廟十五】乙亥二月十八日。生於順天郡黃田面東古里。十歲入學。十五通經史。學必敎。見則誦之。鄕人謂之童蒙敎員。十七八連怙恃之痛。墓終三年服。二十甲午春投桐山之泰安寺。剃於樂天和尙。戒於退隱律師。丙申叅枕溟講軒學經。謁印波¹⁾而受禪。檢史於惺庵。讀莊文於奇峯。二十八壬寅。於曹溪華峯之室。佩法印住隱寂。開堂講法。甲寅春讀大經淨行品。洒掩卷歎曰。三千經卷。唯一掬糟粕。一生喫了死句。孰與叅得活句耶。單瓢一衲。叅諸善知識。十年一縷褐。足遮陋形。一日再不食。能慰飢腸。以曹溪之隱寂三日庵。桐山之明寂彌陀殿。仙嵓之七殿。雙溪之七佛。爲三十年叅究之禪室。於天文法地理學。早已涉獵。魯誥竺墳。固所游刃。至於向上本事。在末後一念。眞實而已。光緒十九年【今上二十九年】癸巳八月九日示微疾。而奄然化於隱寂庵。茶毘已。只有一領布袋而已。壽七十九。夏五十九。

1) 영 '波'는 '坡'이어야 옳다.

---

163 유인游刃 : 『莊子』「養生主」에 나오는 포정해우庖丁解牛의 이야기를 가리키는데, 여기에서는 선사의 탁월한 능력을 의미한다.

347. 조계종사 허주 선사전

휘는 덕진德眞이고 호는 허주虛舟이며 속성은 김金씨이다. 태어날 때 아버지는 안 계셨고 어머니는 박朴씨이다. 가경 20년【순조 15년(1815)】을해년 3월 13일에 태어났다. 광서 14년【이태왕[164] 25년(1888)】무자년 10월 12일【혹 11월 17일】에 입적하였다. 세수는 74세이고, 법랍은 63년이다.

구오驅烏의 나이[165]에 부모를 모두 여의고 가까운 친척이 없어서 여러 곳을 전전하면서 걸식을 하며 한 목숨을 부지하기 위하여 도모하였다. 조계산의 자응방慈應房을 찾아가서 좌선하는 선방에서 제공하는 십시일반에 의탁하였다.

11세 을유년(1825, 순조 25)에 한 벌의 누더기를 걸친 수좌가 선사를 보고는 기쁘게 말했다. "그대는 어찌하여 이리도 늦게 왔느냐? 나하고 스승과 상좌의 인연을 맺어 불교 문중에서 사는 것이 어떤가?" 선사가 말했다. "그렇게 하겠습니다." 수좌가 말했다. "나한테는 송곳 꽂을 만한 땅도 없다. 그런데 그대는 또한 송곳조차 없구나. 그러니 어떻게 생활하면 좋겠는가?" 선사가 말했다. "천촌만락千村萬落에 어찌 제가 먹을 양식이 없겠습니까? 그리고 남시북전南市北鄽에 어찌 제가 입을 의복이 없겠습니까? 의복과 양식은 두려워할 것이 없습니다. 오직 바라는 것은 지귀指歸[166]로 잘 이끌어 주십사 하는 것입니다."

---

164 이태왕李太王 : 순종 재위 때에 태상왕인 고종을 이르던 말이다.
165 구오驅烏의 나이 : 3종의 사미 가운데 하나이다. 사미沙彌[Ⓢ Sramanera]는 20세 미만의 남자 출가자로서 비구가 되기 이전의 사람을 말하며, 식자息子·식악息惡·행자行慈·근책남勤策男 등으로 번역한다. 구오사미驅烏沙彌는 7~13세의 나이에 해당하는데 음식에 덤벼드는 까마귀를 쫓는 역할을 한다는 뜻이고, 응법사미應法沙彌는 제대로 수행하는 14~19세의 사미이며, 명자사미名子沙彌는 아직 구족계를 받지 못한 사미를 가리킨다.
166 지귀指歸 : 궁극적으로 도달해야 할 경지를 말하는데, 깨달음을 가리킨다.

이에 삼일선원의 불전佛殿 앞에서 머리를 깎고 속복을 벗어 구족계를 받았다. 그것은 마치 연꽃이 진흙에서 피어난 것과 같았고, 미꾸라지가 용이 된 것과 같았다. 이에 어깨에 바랑을 짊어지고 육환장을 흔들면서 마을마다 돌아다니자 보통의 사람들이 기쁘게 보시를 하였는데, 일일이 다 언급할 수 없을 정도였다. 이로 말미암아 스승과 제자가 입고 먹을 것이 그것으로 충족되었다.

이로부터 계절마다 제방을 유력하였고 다행스럽게도 선방에 앉을 수 있게 되었다. 몸소 강원(講肆)으로 돌아가서 침명枕溟을 참문하고서 경전을 배우고, 인파印坡를 참례하고서 선을 배웠다. 이에 문자를 지게미와 같이 간주하여 불구심해不求甚解[167]할 뿐이고, 오로지 소전所詮의 요의了義만 궁구하였는데 남들은 선사의 그 뜻을 헤아리지 못하였다.

은부恩傅께서 삼일암에서 동안거를 하던 차에 도적이 양식과 돈을 훔쳐 갔는데 그것을 심히 원통해하는 모습을 보고 선사가 말했다. "돈을 가져간 자는 아마 긴급히 필요해서 그랬을 것입니다. 그런데 어찌 근심하는 것입니까? 그리고 모으는 것은 어렵지 않습니다." 그러고는 이에 눈길을 걷고 서리를 맞고 자면서 화주하여 열흘이 채 안 되어 다시 석 달 안거 동안에 필요한 양식을 조달하여 갖다 바치자 안거를 하는 데 아무런 장애가 없었다. 선사가 참기 어려운 것을 잘 참아 낸 것이 무릇 이와 같았다.

30세 때 은적암에서 건당을 하고, 정담당靜潭堂에게서 법을 터득하여 은적암에 주석하니 납자들이 무수하게 모여들었다. 강석에서 어려운 질문에 답변을 할 때는 반드시 눈을 감았는데, 그것이 마치 못을 끊고 무쇠를 자르는 것처럼 과단성이 있었다.

어느 날 학도들이 산을 유람하러 나갔을 때 선사가 대중방에다 큰 글씨

---

167 불구심해不求甚解 : 책을 읽어 대강의 큰 뜻을 깨달을 뿐, 지나치게 깊이 자세한 것을 파고들어 세세하게 이해하려 들지 않음을 의미한다.

로 불佛이라는 글자를 써 놓고 조용히 방장실에 앉아서 그것을 아는지 시험을 하였다. 모든 학도들이 모여들어 그 글씨를 보고 소리 내어 말했다. "이 불佛 자를 누가 쓴 것인가?" 선사가 방장에서 나와 말했다. "그대들이 이미 불 자를 알아차렸으니 내 글씨도 또한 만족한다."

대중이 각자 본래 자리로 돌아간 즈음에 선사는 7일 동안 지장기도를 하여 꿈에 시루떡 한 사발을 얻었다. 이로부터 자비의 덕이 온몸에 가득하였고, 총명한 지혜가 남을 능가했으며, 불망념지不忘念智(한번 들은 것을 결코 잊지 않는 지혜)를 터득하였고, 선풍이 멀리까지 퍼져 나가자 동방의 명승지마다 그 선풍에 관심을 쏟지 않는 곳이 없었으며, 물욕이 점차 사라지고, 주석하는 곳이 일정하지 않았다. 팔영산의 서불암, 고산의 화암사, 구례의 오산암, 곡성의 길상암 등은 여름 안거를 지낸 선원이었다. 여염집 여인들까지도 문전성시를 이루자 보광명지普光明智로써 설법을 하였는데 다음과 같이 찬탄하지 않은 이가 없었다. "직접 얼굴을 뵈니 귀로 듣는 것보다 백 배나 더하구나." 여산廬山의 심곡사深谷寺에 주석하던 어느 날 뜨락에서 배회하다가 세숫대야의 물을 한 모금 들이켰다. 어떤 청신녀가 그 모습을 보고는 놀라서 말했다. "얼굴 씻은 그 물을 스님께서는 어찌 마신단 말입니까?" 선사가 말했다. "물맛은 곧 똑같습니다." 임기응변하는 선사의 법어는 실로 이와 같았다.

무자년(1888, 고종 25) 가을에 초청을 받고 한양성에 들어가서 동별궁에서 보광법회를 시설하여 7일 동안 기도와 축원을 하였다. 귀비와 중신들은 향을 사르고 선사를 섬기며 예배를 드리지 않은 자가 없었다. 법회가 끝나자 선사가 말했다. "속세의 번거로운 거리는 곧 신사(縉紳)들이 사는 곳입니다. 푸른 섬돌과 붉은 궁전이 어찌 누더기를 걸친 사람이 오랫동안 기거할 곳이겠습니까? 바라건대 새는 산으로 돌아가고 용은 물로 돌아가도록 작은 성의를 베풀어 주시기 바랍니다." 이에 동대문 밖의 대원사大原寺를 하산했을 때 머무는 장소로 지정해 주었다. 그리고 중사中舍 일행으로 하여금 수레를 흥국사興國寺에 도착할 때까지 딸려 보내고 그 뒤를 신료臣僚와 궁속宮屬들이 따랐는데 그 왕래가 10여 리에 걸쳤다.

그해(1888, 고종 25) 10월 10일에 가벼운 병을 보였는데, 상궁 천千씨가 친히 곁에서 모시면서 의원을 부르고 약을 달이자 이에 선사는 만류하며 말했다. "태어나면 죽는 것이고 죽으면 또 태어나는 것입니다. 그것은 마치 바다에서 일어나고 스러지는 물거품과 같아서 다가왔다가는 멀어지고 멀어졌다가는 또 다가오는 것입니다. 마치 고갯마루의 구름이 모였다가 흩어지는 것과 같습니다. 열반으로 가는 길이 지금 발밑에까지 와 있는데 약인들 무슨 소용이 있겠습니까?" 그러고는 이어서 탕약을 끊어 버렸다. 이후 이틀이 지난 새벽에 목욕을 마치고 옷을 갈아입고 게송을 마치고는 조용하게 입적하였다. 이에 귀비와 신첩들이 소식을 듣고 애통해하면서 말했다. "배를 안내하는 노가 부러져 버렸으니 우리를 누가 건네주겠는가?" 이에 향과 등불과 종이와 초와 삼베와 비단의 시주물이 저자와 거리에 쌓여 있는 것과 같았다. 그리고 그 자리에 참석하지 못한 궁궐의 비妃와 부녀자들은 더불어 청정해지려고 향을 사르고 망참望參하였다. 또한 사람들과 재물이 모여들었는데 국성國城이 기울어질 정도였다.

그때 금상 곧 고종 임금은 그 상황을 기이하게 여기고 묻자, 황문시랑黃門侍郎이 아뢰었다. "허주라는 스님이 입적하였습니다." 금상이 말했다. "스님의 장례식인데 꼭 인산因山(임금의 장례식) 같구려."라고 하였다. 무릇 종이와 초와 향불만 가지고 다비를 하였는데 그 불길이 하도 세차게 하늘을 밝혔고 한줄기 상서로운 광명이 허공까지 뻗쳐서 한양성이 훤하니 사람들이 큰 믿음을 일으켰다. 제자인 퇴운退雲과 효오孝唔 등이 영골을 수습하여 보석寶石 조계曹溪에 부도탑을 건립하였다.

曹溪宗師虛舟禪師傳

諱德眞。號虛舟。姓金。父失。母朴氏。嘉慶二十【純廟十五】乙亥三月十三日生。光緒四¹⁾年【李太王二十五】戊子十月十二日【或十一月十七日】化。壽七十四。夏六十三。驅烏之年。俱喪怙恃。無强近之族。轉乞千門。圖生一命。抵曹溪之慈應房。掛口於居禪十匙之湌矣。十一歲乙酉。有一樓褐首座見而喜曰。汝來何暮。與吾結師。佐緣於佛門可乎。曰然。座曰。吾無立錐之地。汝亦錐也無。其於生活何如。曰千村萬落。誰非吾之粮。南市北鄽。何無我之衣乎。衣粮不足畏。唯願善導指歸。仍以剃零。受具於三日佛前。猶蓮花之出泥。似鯉魚之成龍。於是肘掛鉢囊。鈴動村閭。張三李四之隨喜捨施。不能枚擧。由是師佐衣粮。從此豊稔矣。隨節遊方。恩坐禪房。自歸講肆。衆枕溟而學經。禮印波²⁾而得禪。不求甚解文字糟粕。只究所詮了義。人莫測其意。恩傳於三日庵結臘次。見盜粮金。甚痛切之。師曰。執金者。猶繁用。何足爲憂。更乞非難。乃踏雪宿霜。未十日。更辦九旬粮奉呈。無障安居。難忍能忍。凡如此也。三十竪幢隱寂。得法於靜潭堂。下住本庵。學者坌集。講授答難。必瞑目而如斬釘截鐵焉。一日學徒遊山。師以大書佛字於房中。隱坐方丈。試其知否。諸生會見唱曰。遮佛字誰書云。師出曰君等旣知佛字。吾筆亦足云。衆各歸本之際。祈地藏七日。夢得甑餠一甌。自是慈德滿身。聰慧過人。得不忘念智。禪風遠播。東方名勝。無所處而不靡然。物欲剝落。所住無定。八影之西佛。高山³⁾花嵓。求禮之五山。谷城之吉祥。結夏之院。士女成市。以普光明智說了。莫不嗟咤曰。面謁百倍乎耳聞云。住廣山深谷寺。一日就庭彷徨。飮盥水一口。有信女見而驚曰。此汙水師何吸。師曰。其味則一也。臨機法語。槩此類焉。戊⁴⁾子秋赴請。入城於東別宮。設普光會七日祈祝。貴妣重臣。無不拈香。事師禮。會畢。師曰。紅塵紫陌。是縉紳之所捿。碧砌朱宮。何褸褐之久居。願許山鳥海龍之微忱。乃以東門外大原寺。爲下山所。使中舍陪行。輿至興國。追後臣僚宮屬。絡繹十許里。至十月十日示微疾。尙宮千氏。親自侍湯。邀醫點藥。師却曰。生而死。死而生。若海漚之起沒。來而去。去而來。似嶺雲之聚散。涅槃路頭。現在足下。藥安用爲。連絶湯飮。至二日晨。浴衣說偈已。奄然而化。貴妃臣妾。聞

259

而痛悼云。舟楫先折。吾儕誰渡。香燈紙燭。布帛氈幣。若霧市雲衢。未叅宮妃婦女。與欲淸淨。投香望叅。人物注泊。國城震傾。時今上怜而問之。黃門奏曰。虛舟僧死故也。上曰。僧葬。便同因山云云。但庸紙燭香火而茶毘。火尙熾燃而洞宵。一道祥光亘空洞城。人天廓信也。弟子退雲孝唐等。收靈骨塔于寶石曹溪云尒。

---

1) ㉠ '四' 앞에 '十'이 있어야 옳다. 2) ㉢ '波'는 '坡'이어야 옳다. 3) ㉢ '山' 뒤에 '之'가 있어야 옳다. 4) ㉢ '戉'은 '戊'이어야 옳다.

348. 조계종사 우담 선사전

영남 안동군 출신으로 아버지 권중국權重國과 어머니 조趙씨의 아들이다. 휘는 홍기洪基이고 호는 우담優曇으로 도광 2년【순조 22년(1822)】 임오년 3월 3일에 태어났다.

지학의 나이에 마음으로 다짐하고 출가하고자 하였지만 부모가 허락하지 않았다. 이에 조용히 부처님이 성을 넘어 출가했다는 고사를 생각하고서, 순흥면의 소백산 희방사希芳寺로 찾아가서 자신 장로自信長老에 의지하여 머리를 깎았으나 세업世業이 청빈하여 취학就學하지 못하였다.

이에 마음이 통하는 도반과 더불어 팔공산으로 가서 혼허 대사渾虛大師에게 참문하여 많은 경전을 공부하여 마쳤다. 그러나 마음을 거기에 매어두지 않고 점차 남쪽으로 내려가서 조계산의 옛 길상사吉祥社에 이르러 지봉 장로智峯長老의 자량위資糧位를 터득하였다. 그리고 인파印坡와 침명枕溟 등 선과 교학의 종장을 참문하였다.

27세 무신년(1848, 헌종 14)에 연월 법부蓮月法父의 조실에서 법인을 받고, 광원암廣原庵에서 향을 사르고 개당하였다. 그리고 설인雪仁과 연묵蓮默의 사봉詞鋒(筆鋒)을 통해서 교학에 대한 안목을 맑게 하였고, 진구眞龜와 백초白草의 엄격한 단련을 통해서 선추禪椎를 두드렸다. 글을 읽고 뜻을 해석하는 것은 마치 콧구멍에서 바람이 발생하고 화살이 발사되는 것과 같았고, 화답하고 토론하는 것은 그 지침指針이 단금斷金과도 같았다.

선사는 『선문증정록禪門證正錄』 1권과 기타 『잡저문집雜著文集』 1권 등을 저술하였는데, 그것이 세간에 유행되었다. 그 법계를 고찰해 보면 부휴 선수의 제11세이고 벽담의 제7세손이다. 광서 7년 신사년(1875, 고종 12)[168] 9월 8일에 가벼운 병을 앓자, 문인 관훈寬訓 등을 불러 놓고 말했다. "나

---

[168] 『東師列傳』에는 생몰 연대가 순조 22년(1822)~고종 17년(1880)으로 기록되어 있다.

는 이제 떠나려고 한다. 그대들은 모름지기 잘들 있거라." 그러고는 조용하게 입적하였다. 세수는 60세이고, 법랍은 45년이다.

曹溪宗師優曇禪師傳

嶺南安東郡權重[1]國妣趙氏之子也。諱洪基。號優曇。道光二年【純廟二十二年】壬午三月三日生。志學之年。盟心出家。父母不許。竊念踰城古事。投順興之小白山希芳寺。依自信長老薙髮。世業淸寒。未能就學。與心友道伴。抵八公山。叅渾虛大師。數經終畢。以不繫爲志。漸次南行。至于曹溪山古吉祥社。得智峯長老資粮位。叅仁[2]坡枕溟禪敎匠。二十七戊申。佩法印於蓮月法父之室。拈香開堂於廣原庵。敎眼澄於雪仁蓮默之詞鋒。禪椎皷於眞龜白草之鉗鎚。對格披文釋義。鼻孔生風。發機酬答討論。指針斷金。所著禪門證正錄一卷。雜著文集一局。刊行於世。考系則浮休之十一世。碧潭之七世孫也。光緒七年辛巳九月八日示微疾。召門人寬訓等曰。吾當行矣。爾須珎重。奄然化。壽六十。夏四十五。

1) ㉩ '重'이 『東師列傳』에는 '鍾'으로 되어 있다.　2) ㉩ '仁'은 '印'이어야 옳다.

349. 조계종사 화산 선사전

휘는 선오善旿이고 속성은 김金씨로서 순천 주암 운곡 출신이다.【부모에 대해서는 기록이 없다.】 도광 3년 계미년(1823, 순조 23)에 태어났다. 일찍이 부모를 여의고 다만 형제 둘이서만 도와 가면서 서로 의지하며 배가 고플 때나 배부를 때나 동고동락하였다. 그때 침명 한성枕溟翰惺 화상이 개당을 하여 크게 교화를 하였는데, 조계산 은적암에까지 그 소문이 났기 때문에 침명 화상의 발아래 참례하였다. 침명 화상은 대번에 선사가 법기임을 알아보고 이에 머리를 깎아 주었다.

17세 때(1839, 헌종 5) 동생이 함명涵溟(太先, 1824~1902)의 제자가 되었는데, 당시에 동생의 나이는 11세이고 이름은 익운益運[169]이었다. 형제가 모두 백락伯樂(본래 천상天上의 별자리 이름인데 천마天馬를 관리하는 책임을 맡고 있다.)의 마구간에 들어가서 다리를 펴는 가을이 아니었겠는가. 가히 용이 물을 만난 것과 같고, 호랑이가 산을 의지하며, 형제가 공순하고 조부가 자애하는 것과 같았다. 형이 효행으로 세상에 이름을 날리고 아우가 재덕으로 시대를 울리니, 마치 삼평三平과 이원二遠이 거듭 도래한 것이 아닌가 하고 의심할 정도였다. 산에 오르지도 않고 바다에 들어가지도 않는데 대보大寶를 얻은 것과 같고, 할아버지로부터 아버지로 이어지면서 끝까지 가업을 잇는 것과 같았다.

32세 갑인년(1854, 철종 5) 침명 화상의 신의信依를 받고 호를 화산華山이라 하였는데 곧 법이 또한 지중하였다. 동생인 익운도 스승인 함명 태선에게서 법인을 받고 호를 경붕景鵬이라 하였다. 함명은 침명 화상에게서 전강傳講을 받았고, 경붕은 그 사부인 함명에게서 전강을 받아서 개당을

---

169 익운益運 : 경붕 익운景鵬益運, 함명 태선涵溟太先—경붕 익운—경운 원기擎雲元奇—금봉 기림錦峯基林으로 이어지는 선암사의 4대 강맥을 형성하였다.

하여 널리 제접하였다. 그것은 마치 옛날부터 전해 오던 이야기 가운데 소위 손이 트지 않는 묘약(不龜手藥)을 아무한테나 팔지 않아(不鬻於客) 가업으로 전승되어 왔다는 것이 진실로 빈말이 아니었음을 말해 준 것이었다.

그때 침명 화상은 시력이 어두워져 침식을 제대로 할 수가 없었다. 이에 선사가 만자滿慈(富樓那)의 수행으로 지극정성을 다하여 봉양하면서 잠시도 곁을 떠나지 않고 털끝만큼의 불평이나 근심을 보이지 않으니, 실로 왕상王祥이 얼음을 깨고 잉어를 잡아 오고 맹종孟宗이 눈 속에서 죽순을 구한 것[170]과 같았다. 이와 같이 외모를 부드럽게 보였으며, 음식을 봉양하는 것에 대해서도 또한 전장典章에서는 찾아볼 수 없을 정도였다는 것이 곧 지나친 말이 아니었다. 만면에 자비로운 마음으로 혼신을 다하여 근검을 보여 준 것은 일일이 열거할 수 없을 정도이다.

몸을 가리고 입에 풀칠하는 것에 있어서도 반드시 해진 옷과 거친 현미도 마다하지 않았지만, 손님을 접대함에 있어서만큼은 성찬盛饌을 갖추어 내놓았다. 일생 동안 경전의 염송을 과업으로 삼았고, 평생에 걸쳐서 믿음으로 부처님을 예경하였으니, 진정으로 본색납자로서 가풍의 궤범이었다.

병자년(1876, 고종 13) 9월에 침명 화상이 입적하였는데, 절에는 솥단지 하나도 없었고, 들에는 한 뙈기 땅도 없었으며, 천 리가 가뭄의 폐해로 황폐화되어 방법이 없어서 다비를 붙이기에도 민망할 정도였다. 마침 그때 송광사의 부의賻儀와 찾아온 문도들이 가져온 음식으로 인하여 뜻밖에도 근심을 떨칠 수 있을 만큼 풍족하고도 남음이 있었다. 아마도 그것은 침명 화상의 덕풍이었을 것이고, 상제喪制의 효성과 절개였을 것이다.

상족인 취봉翠峯도 또한 지극한 효 상좌였지만, 불행하게도 선사보다

---

170 왕상王祥이 얼음을~구한 것 : 『四字小學』에 나오는 "雪裡求筍。孟宗之孝。叩氷得鯉。王祥之孝。"의 구절이다.

먼저 세상을 떠나 버린 것이 안타까웠다. 대정 3년 갑인년(1914) 4월 28일에 선사는 조용히 입적하였다. 다비를 마치고 사리 23매枚를 수습하였는데, 손제자 야운野雲이 남쪽 언덕에다 부도탑을 건립하였다. 세수는 92세이고, 법랍은 78년이다.

曹溪宗師華山禪師傳

諱善昨。姓金。順天住崙雲谷人。【父母未記】道光三年癸未生。早喪怙恃。但弟兄二人。携手相扶。飢飽同苦。時枕溟和尙。開堂盛化。聞風到曹溪山隱寂庵。禮和尙足下。一見甚器之。乃爲薙髮。年十七以弟爲菡溟之子。年十一名益運。兄弟俱入伯樂之廐。無乃展足之秋歟。可謂如龍得水。似虎靠山。兄恭弟順。祖愛父慈。兄以孝行名於世。弟以才德鳴於時。疑是三平二遠之重來耶。不山不海。而採得大寶。乃祖乃父。而極紹家業。三十二甲寅。受和尙之信衣。號華山。卽法恩兼重。弟亦佩其師菡溟之法印。號云景鵬。溟受和尙傳講。鵬受其父傳講。開堂普接。昔所謂不龜手之藥。不鬻於客。而傳於家者。信不誣矣。適和尙眼眩。未辨枕食。師以滿慈之行。極誠奉供。不離晷刻於側。不見毫末之憂。實王孟之冰竹。猶是外兒蘭參之像。饌亦非典章。卽非過言也。滿面慈心。渾身勤儉。不欲枚擧。而至於遮身糊口。必不厭龜糲。對客接賓。惟嚴脩盛饌。一生之誦經念課。百年之信佛禮敬。眞本色衲子軌範家風。丙子九月和尙示滅。家無斗儲。野無尺壤。千里赤地無路。茶毘悚且罔極矣。適本山之賻儀。門徒之香需。迥出望外豊饒而猶餘。倘是和尙之德風歟。喪制之孝節耶。有上足翠峯亦至孝。不幸先化師之所大欠也。大正二[1]年甲寅四月二十八日。師奄然而化。茶毘已。得舍利二十三枚。孫弟子野雲。塔于南岸。壽九十二。夏七十八。

---

1) 㾓 '二'는 '三'이 옳다.

350. 조계종사 침연 선사전

휘는 장선章宣이고 호는 침연枕淵이며, 속성은 윤尹씨이고 본관은 파평坡平이며, 아버지 이름은 좌은佐殷이고 어머니는 조趙씨이다. 도광 4년【순조 24년(1824)】갑신년 정월 5일에 순천 주암 매우리에서 태어났다. 얼굴이 풍부하고 정수리가 높이 솟았으며 입은 바다처럼 넓고 눈은 연꽃처럼 가늘었다. 성품은 예의가 바르고 말하는 데에는 주로 침묵을 지켰다. 어려서부터 통사에 밝았고 필법은 퍽 기특하였다. 세속을 벗어나려는 마음을 품었지만 부모가 그것을 만류하였다.

14세 정유년(1837, 헌종 3) 비밀리에 집을 떠나서 조계산의 추담 대사秋潭大師에게 찾아가서 머리 깎고 먹물 옷을 입었고, 청봉 율사青峯律師에게서 계를 받았다.

18세 신축년(1841, 헌종 7) 침명 강사枕溟講師에게 참문하여 6, 7년 동안 경전과 율장을 갈고닦았다. 선사는 청진암 염화실拈花室의 편액을 썼다. 사람들이 그 글씨를 보고 시샘을 하자 추담 대사가 선사에게 말했다. "그대는 붓을 놓는 것이 좋겠다." 선사는 곧 큰 붓을 태워 버리고 끝내 큰 붓을 잡지 않았다. 선사의 뛰어난 필법은 이것으로 증험할 수가 있다.

27세 철종 원년(1850)에 은사로부터 깨침을 인가받고 보조암에서 개당을 하였다. 이후에 은적암과 광원암과 청진암 등으로 옮겨 다니면서 널리 선종의 종지를 천양하기를 10년 남짓 하였다.

법부法父가 노환으로 병이 들자 친히 간호하면서 나무하고 물 긷는 일을 동자나 노복에게 시키지 않고 손수 불을 피워서 약탕을 달였다. 예로부터 천륜의 효도라 할지라도 이것을 능가하지는 못하였다.

31세 때 지수智藪라는 상좌를 하나 두었는데 호는 대붕大鵬이었다. 대붕이 보여 준 효는 선사가 그 스승에 대하여 보여 준 효와 같은 그런 효였다. 이것이야말로 어찌 선사가 여력에 얻은 경사慶事가 아니겠는가? 중년에 대붕은 악연에 연루되었지만 어찌 인연을 끊을 수 있었겠는가? 선사가 갑자기 병에 걸려 목숨이 호흡지간에 달려 있을 때 대붕이 소식을 듣고 돌아오자 선사는 곧 병에서 회복되었다. 대붕이 혹 인근의 암자에라도 갔다가 잠시라도 돌아오지 않으면 선사는 반드시 문설주에 기대어 돌아오기를 기다렸다가 함께 수저를 들었다. 선사의 자애가 바로 이와 같았다.

광서 33년【이태왕(고종) 44년(1907)】 정미년 5월 8일에 병이 없이 시적하였다. 세수는 84세이고, 법랍은 70년이다.

曹溪宗師枕淵禪師傳

諱章宣。枕淵其號也。姓尹。貫坡平。父佐殷。母趙氏。道光四年【純廟二十四年】甲申一月五日。生於順天住嵓埋牛里。面豊而頂高。海口而蓮目。性恭謹。言沈默。幼年能通史。筆尤奇。心欲出塵。父母却之。年十四丁酉。窃投曹溪之秋潭大師零染。從青峯律師受戒。十八辛丑。叅枕溟講師。六七年間。硏得經律。師題清眞庵拈花室額。人有鴟嚇。潭曰汝放筆下可也。師卽燒巨穎。終不把穎。師之筆妙。於此可驗。二十七哲宗元年。佩恩師鋤斧。開堂於普照庵。後移隱寂廣原清眞。廣闡宗敎者。十有餘年。以法父老恙。親以看護。搬汲不責於童僕。藥餌自點於炭頭。雖古之天孝莫過也。三十一率養一高足。曰智藪。號大鵬。鵬之孝。孝於師之孝於師。此豈非師之餘慶得乎。中年鵬爲惡緣所牽。幾離緣。師猝疾。命在呼吸。鵬聞返。師卽甦焉。鵬或徃隣庵。踰時不還。必倚門待還。共執匙著。其慈愛如此也。光緒三十三【李太王四十四年】丁未五月八日。無疾示寂。壽八十四。夏七十。

351. 조계종사 연봉 선사전

휘는 봉린鳳麟이고 속성은 김金씨로서 순천 송광면 출신이다. 도광 13년【순조 33년(1833)】계사년에 태어나서 임자년(1912) 정월 25일 입적하였다. 세수는 79세이다.[171] 조계산의 한담 선사漢潭禪師에게 동진 출가하여 머리를 깎고 먹물 옷을 입었다. 숙사叔師인 금담錦潭에게 계를 받고 대승사大乘寺의 침명枕溟 강헌에서 경전을 배웠다.

30세 때 은사인 한담 선사에게서 법을 받고서 자정암慈靜庵과 청진암淸眞庵에 주석하면서 10여 년 동안 추를 잡고 불자를 세웠다.[172] 그 외모는 검박하고 수수하였으며 그 마음은 순후하고 자애로웠다. 사람을 상대하여 법담을 나눌 때 일찍이 상대의 마음을 거스른 적이 없었고, 물품을 구하는 사람을 보면 자기에게 없는 것이라도 남에게서 얻어다 구해 주어 빈손으로 돌아가지 않게 하였다. 비록 선사는 아침저녁으로 밥을 해 먹지 못할지라도 주린 사람을 보면 반드시 요기할 것을 구해다 주었다. 그와 같이 용심하는 선사의 부지런한 정진은 헤아리기 어려웠기 때문에 세간에서는 인보살麟菩薩이라 일컬었다.

거주하는 처소도 또한 깨끗하고 더러운 곳을 가리지 않았고, 먹는 음식도 또한 좋고 거친 것을 가림이 없이 다만 배를 채우면 그만이었다. 더욱이 그와 같은 타니대수拖泥帶水[173]의 모습은 마치 조백棗栢[174]의 가풍과 같

---

[171] 세수는 79세이다 : 생몰 연대가 1833~1912년이므로 세수가 80세이어야 하지만 여기에서는 세수를 79세라 기록하였다. 1900년 이후는 일반적으로 양력을 기준으로 세수를 계산하기 때문이다. 따라서 선사의 입적 날짜를 음력으로 환산하면 1911년에 해당하므로 실제로는 79세에 해당한다.
[172] 추를 잡고 불자를 세웠다 : 제자를 지도하고 제접하는 행위인 염추수불拈鎚堅拂을 가리킨다.
[173] 타니대수拖泥帶水 : 진흙 속에 발을 담그고 물을 뒤집어쓴다는 뜻으로, 중생과 더불어 살아가는 보살행을 가리킨다.
[174] 조백棗栢 : 이통현李通玄(635~730) 장자가 719년(당 현종 7)에 『新華嚴經』을 가지고

앉고, 차를 마시고 욕심이 없었던 것은 마치 진묵震默[175]의 방편행과 같았다. 부족한 것이라고는 오직 오연五緣[176]을 갖추지 못한 것과 육신의 불균형이라는 것뿐이었다.

선사는 본지本地의 풍광風光은 홀연히 동작하면서도 본분本分의 수각手脚은 끝내 굴신屈伸하지 않았으며, 마침내 좌포단 위에 앉아서 한 덩어리의 덧없는 육신으로 살아갔다. 오호라, 참으로 망극하도다.

曹溪宗師蓮峯禪師傳

諱鳳麟。姓金。順天松光人。道光十三年【純廟三十三】癸巳生。壬子一月二十五日化。壽七十九。童眞出家於曹溪漢潭禪師剃染。戒於錦潭叔師。學於大乘枕溟講軒。三十得法於恩師。住慈靜淸眞。拈鎚竪拂。餘十年矣。其形質實。其心淳慈。對人接話。未嘗逆其心。見人求物。非吾所有而從他求得。使不空行。雖朝夕懸鼎。見飢必餉。難測其用心之磁矻。故世稱麟菩薩云。所居也不擇淨龕。所食也不辨侈糲。但充腸而已。尤其拖泥帶水。如棗栢之家風。喫茶離欲。若震默之權行歟。唯欠五緣不具。四大莫均。本地風光。忽然動作。本分手脚。卒未屈伸。竟爲蒲團上一塊幻軀。嗚呼罔極哉。

태원太原의 우현盂縣에서 고산노高山奴 집의 옆방에 들어가서 3년에 걸쳐 『新華嚴經論』을 저술할 때, 마당에 나오지도 않고 매일 대추 열 개와 손가락만 한 잣나무 잎을 갈아서 만든 떡 하나씩을 먹었기 때문에 그를 가리켜 조백대사棗栢大士라 불렀다고 한다.

175 진묵震默 : 진묵 대사震默大師 일옥一玉(1562~1633). 1568년(선조 1)에 완주 봉서사鳳捿寺에서 출가하였고 신이한 행적으로 널리 알려졌으며, 일정한 주처 없이 천하를 유람하였다. 변산의 월명암月明菴, 전주의 원등사遠燈寺와 대원사大元寺 등에 주석하였다.

176 오연五緣 : 수행을 여법하게 진행하기 위한 다섯 가지 외연外緣으로 한거정처閒居靜處, 지계청정持戒淸淨, 의식구족衣食具足, 득선지식得善知識, 식제연무息諸緣務 등이다.

352. 조계종사 동명 선사전

휘는 지선智宣이고 호는 동명東溟이며 속성은 김金씨로서 가락국의 왕족이다. 아버지 이름은 생석生石이고 어머니는 박朴씨이다. 도광 19년【헌종 5년(1839)】 을해년 정월 15일에 태어났다. 부드러운 얼굴로 온건한 말씨를 지녔고 귀인의 상인 제비턱을 지녔다. 겨우 6세의 나이에도 변설이 비상하였고, 언문에 능통하였으며, 소리꾼의 재담을 타고났기 때문에 고향의 노인들은 전생부터 익혀 온 신동이라 말하였다. 8세에 아버지를 잃고, 9세에 어머니를 잃었는데 가까운 친척도 없었다. 그리하여 인가가 보이는 대로 들어가 잠시 묵어 갔는데, 잠은 반드시 학교 건물에서 자면서 학생들이 독서하는 것을 듣고는 그대로 암송을 하자 동네 노인들이 선사를 사랑하여 그 내용을 가르쳐 주었다. 13세에 이미 경사經史를 열람하였는데 눈으로 한 번 본 것은 반드시 입으로 읊어 내었다. 또 문장을 잘 짓고 운을 띄워 시를 읊조렸는데 이미 지어 놓은 것을 외우는 것과 같았다. 글씨도 빨리 써서 붓을 잡아 한 번 휘두르면 여러 줄을 써 내려갔다.

14세 임자년(1852, 철종 3)에 조계산으로 가서 계월桂月 스님에게 참례하고 득도得度하였고, 운계雲桂 스님에게 계를 받았다.

16세 때 우담優曇의 강단에 나아가서 경전을 배웠고, 함명菡溟과 설두雪竇와 응화應化와 용호龍湖 등 대종장들에게 참문하였는데 쪽(藍)과 꼭두서니(茜)가 본색을 잃는 것과 같았으니 제방에 유력하는 것을 이미 마쳤다.

23세 신유년(1861, 철종 12) 봄에 조계산 보조암에서 건당을 하였고, 용운 대사龍雲大師의 가풍에서 의발을 전수받았다. 이후에 개당하여 불자拂子를 치켜세우자 납자들이 끝없이 모여들었는데, 그것은 마치 청평靑萍・결록玦綠과 같았고, 설변薛卞[177]의 문중에서 감정평가를 받은 것과 같았으

---

[177] 설변薛卞 : 칼 감정가인 설촉薛燭과 미옥美玉을 찾아낸 변화卞和를 가리키는데, 감

며, 백락의 마구간에서 녹이騄駬와 제기騕驤와 같은 준마가 채찍의 그림자를 본 것과 같았다.

그러나 항상 표주박의 생각을 잊지 않다가 산을 넘는 구름과 물결의 흔적처럼 초연하게 사산四山의 명승지와 도력이 높은 사람이 있는 곳에는 반드시 찾아가서 나뭇가지 하나로 법을 이야기하면서 근기에 따라서 교화를 펼쳤는데, 심지어 신사(縉紳)와 시와 서를 통해서 서로 주고받는 문답에 이르기까지 기쁘게 감복하지 않은 사람이 없었다. 그 시가 곧 "사람이 헤어져 10년이 지나면 옛 모습이 없어지는데 춘삼월이 돌아오면 꽃은 습관처럼 새로운 얼굴을 내보이네.(人別十年無舊樣。花逢三月慣新顏)"라는 구이다.

중생을 제도하는 것이 급선무인 까닭에 서울 가까운 산에 석장을 멈추고 남한南漢과 북한北漢 그리고 동방과 서방에서 고삐를 당기지 않은 곳이 없었다. 그러나 오직 광주의 청계사에서는 하산소로 삼으니 당시 궁궐에 속한 신도들이 바람처럼 따르고 구름처럼 분주히 모여들었다. 선사는 고해苦海의 방주芳舟가 되었고, 교문敎門의 법경法鏡이 되었으니, 그 누군들 흠모하고 공경하지 않겠는가?

그러나 교화의 인연이 널리 다하고 법운法運이 조만간 지나가서 광서 15년 기축년(1889, 고종 26) 3월 5일에 청계사에서 입적하였다. 오호라, 덕량德良에서 태어났고 조계曹溪에서 강의하였으며 청계淸溪에서 교화하였으니 그런 곳이야말로 선사의 생사보토生死報土일 줄을 그 누가 미리 정해둘 수 있었겠는가? 청계사 남쪽 기슭에서 다비를 하였다. 세수는 51세이고, 법랍은 37년이다.

식안이 있고 훌륭한 인재를 발굴하는 사람을 의미한다.

曹溪宗師東溟禪師傳

諱智宣。號東溟。姓金。卽駕洛王族也。父生石。母朴氏。道光十九【憲宗五年】己亥一月十五日生。綏頰燕頷。纔六歲辯說非常。能通諺文。明唱里談。鄕老稱爲宿習神童。八歲孤。九歲哀。亦無強近。望門投止。寢必學庠。聞人讀輒誦記。父老愛敎之。十三已閱經史。目一覽。口必誦。又善屬文。呼韵口占。如宿搆。筆又捷。一揮俱下數行焉。十四壬子。抵曹溪山。禮桂月得度。於雲桂受戒。十六詣優曇講壇學經。參菡溟雪竇應化龍湖諸大宗匠。藍茜沮本色。遊方旣畢。二十三辛酉春。建幢於曹溪普照庵。傳鉢於龍雲大師家。開堂堅拂。學子坌集。靑萍玦綠。定價於薛卞之門。駷駓騠驥。見鞭於伯樂之廐。每念瓢觚之想。以山雲浪迹。四山名勝。跡高必尋。一枝談柄。隨機化演。至於縉紳之酬唱。莫不悅服。其詩云。人別十年無舊樣。花逢三月慣新顏之句是也。以渡生爲急務。憩錫於京山南北兩漢。東西二契。莫不靡然。而唯以廣州淸溪寺爲下山所。當時宮屬信徒。風從雲奔。以師爲苦海芳舟。敎門法鏡。誰無欽敬哉。化緣已周。法運俄遷。光緒十五己丑三月五日。示寂於淸溪。嗚呼。生於德良。講於曹溪。化於淸溪。人之生死報土。孰能預定。茶毘于淸溪之南麓。壽五十一。夏三十七。

353. 조계종사 원화 선사전

휘는 덕주德柱이고 자는 수미守微이며 호는 원화圓華이고, 속성은 정鄭씨로서 담양 출신이며 아버지 이름은 기철基喆이다. 어머니는 오吳씨인데 별이 떨어져 품속으로 들어오는 꿈을 꾸고 임신을 하여, 도광 19년 기해년(1839, 헌종 5) 5월 25일에 낳았다.

선사의 나이 7, 8세 무렵에 집안이 가난하여 취학을 하지 못하자 반드시 학교에 가서 놀면서 책 읽는 소리를 몰래 들었고, 책을 읽다가 정해 놓은 시간을 놓쳐 버렸으며, 글을 쓸 때는 꼭 밥 먹는 시간을 잊어버렸다. 낮에는 오직 두 끼만 먹었고 밤에는 오직 한 번만 잤으며, 눈으로 본 것은 반드시 익혔고 귀로 들은 것은 반드시 기억하였다. 동네 노인들이 혀를 차면서도 선사를 사랑하였다. 15세 계축년(1853, 철종 4) 안타깝게도 고애자孤哀子가 되어 3년의 복제服制를 마치고 말했다. "아, 서글프구나. 나는 어디로 돌아가야 할까?"

17세 때(1855, 철종 6) 여러 곳을 떠돌다가 지리산 화엄사에 도착하여 일신의 행각과 호구를 의탁하였다. 서우 장로西藕長老에게 머리를 깎고 먹물옷을 입었으며, 포허 대덕抱虛大德에게 계를 받았고, 응월應月과 우담優曇과 함명函溟에게 참문하여 경전을 배웠으며, 우담에게 선법을 받았고, 노장들로부터 역사를 익혔다.

28세 병인년(1866, 고종 3)에 화엄사의 두월 대사斗月大師 문하에서 건당을 하였으니, 부휴 선수의 제12세손이다.[178] 금정암에 주석하면서 개당하여 보설普說을 하였다.

---

178 부휴 선수浮休善修의 제12세손이라는 점은 의문이다. 왜냐하면 그 법계는 부휴 선수—벽암 각성碧岩覺性—취미 수초翠微守初—백암 성총栢岩性聰—우계 준익友溪雋益—화봉 회변華峯懷卞—두월 우홍斗月禹洪—원화 덕주圓華德柱로 계승되었으므로 제8세손에 해당하기 때문이다.

30세 무진년(1868, 고종 5)에 어명을 받드는 금부禁府의 순라군에게 붙들려서 수레를 타고 상경하였다. 훈련장에 끌려가서 자신을 붙잡아 온 장교의 질문에 조금의 두려움도 없이 이전의 역사歷事 및 유교와 불교의 경전의 지취旨趣에 대하여 명쾌하게 답변을 하자, 선사의 무고가 분명해졌기 때문에 무사하게 석방되었다. 가히 용의 턱밑에서 여의주를 찾아온 것과 같았고 호랑이의 입속에다 고기를 던져 주는 것과 같다고 말할 만하다. 이로부터 그 이름이 더욱더 드러나게 되어 그 가상한 명성이 멀리까지 퍼졌다. 사대암四大庵과 수도암修道庵과 금보암金寶庵과 구봉암九鳳庵 등으로 항상 도량을 옮겨 다닐 때에도 손에는 대비주大悲呪의 염주(圓珠)를 놓지 않았고, 입으로는 『묘법연화경妙法蓮華經』을 그치지 않았다. 저술로는 『법화기法華記』와 『회경록會鏡錄』이 있고, 서사書寫한 책으로는 사서삼경四書三經으로 불리는 칠서대전七書大典과 『남화경南華經』과 어록 등 도합 100여 권을 모든 책상에 쌓아 두고 상목常目으로 삼았다.

광서 19년 계사년(1893, 고종 30) 5월 25일에 병을 보이자 문인들을 불러 놓고 말했다. "사대는 빈껍데기이고 오온은 실체가 아니다. 명칭이므로 세상에 드러남이 없고 빈껍데기이므로 실체가 없다." 5월 30일에 이르러 목욕을 하고 옷을 갈아입고, 가부좌한 채로 조용히 입적하였다. 화엄사의 남쪽 기슭에서 다비를 하였고, 서당에 진영을 모셨다. 세수는 55세이고, 법랍은 38년이다.

曹溪宗師圓華禪師傳

諱德柱。字守微。號圓華。姓鄭。潭陽人。父基喆。母吳氏。夢星殞入懷而娠。道光十九年己亥五月二十五日生。年七八家貧不就學。遊必庠傍。窃聽弦誦之聲。讀必移晷。書必忘饌。日唯兩食。夜唯一宿。目所見必敎。耳所聞必記。父老諺嗟而愛之。十五癸丑。酷遭孤哀。三年服畢。嗚呼哀哉。我安適歸乎。十七轉到智異山華嚴寺。托迹行唫。有西藕長老剃染。戒於抱虛大德。參應月優曇菡溟學經。受禪於優曇。質史於王老。二十八丙寅。建幢於華嚴之斗月大師門。卽浮休十二世孫也。住金井庵。開堂普說。三十戊辰。有御命禁府之邏取乘棚上京。抵訓鍊衙庭。答捕將之問草。少不恐怖。前來歷事。儒釋經趣。對如燭炤。洞其無辜。無事放還。可謂探珠於龍頷之下。投肉於虎牙之中。自是聲譽益彰。令譽遠播。四大庵修道庵。金寶九鳳。恒爲遊履之場。手不釋大悲呪之圓珠。口不掇妙蓮花之根葉。所著法華記。會鏡錄。所寫七書大典南華經語錄等。合百餘冊。藏諸案以爲常目。光緒十九年癸巳五月二十五日示疾。召門人曰。四大是假。五蘊非實。無以名而顯世。無以假而爲實。至三十日。浴衣趺坐。而奄然示化。茶毘于華嚴南麓。掛眞于西堂。壽五十五。夏三十八。

354. 조계종사 남화 선사전

휘는 우정宇定이고 속성은 유劉씨로서 곡성 출신이며, 아버지 이름은 한익漢翼이고 어머니는 장張씨이다. 도광 20년 경자년(1840, 헌종 6) 3월 4일에 태어났다. 기개와 도량이 득의양양하고 골상이 탁월하였으며, 오악五嶽은 준풍峻豊하고 삼초三焦는 단합端合하였기 때문에 실로 남아의 체상體像을 지니고 있었다. 이에 어떤 점술가가 말했다. "이 아이는 속세에서 살아갈 수가 없고 산속에서 살아갈 인물입니다. 만약 속세에 있으면 혹 중년에 어머니를 잃을지도 모릅니다." 점술가가 선사의 아버지에게 그 말을 고하자 출가를 허락하였다.

14세 계축년(1853, 철종 4)에 조계산의 순담 장로淳潭長老에게 찾아가서 머리를 깎고 먹물 옷을 입었으며, 추담秋潭 선사에게 참례하여 계를 받았고, 우담優曇을 따라서 경전을 배웠으며, 함명函溟과 응화應化 등 여러 대종장에게 5, 6년 동안 참문하면서 스승과 함께 공양을 하면서 그 스승의 본색本色을 잃게 만들고 널리 제방으로 유력하였다.

선사는 계부戒父 추담 선사에게서 선禪을 받았고, 은부恩傅 순담 장로에게서 법을 터득하였기 때문에 선과 계를 아울러 전승하였고, 은부와 법사를 아울러 맺은 사람이었다. 이 때문에 일상의 부담만 해도 더욱 갑절이었는데, 하물며 숙세에 걸친 겁파刼波[179]의 기이한 인연이 아니었겠는가? 선사는 지혜와 이해가 재능이 있고 민첩하여 삼우三愚와 십둔十鈍에 필적할 수 있었고, 그 필봉(詞鋒)과 방棒과 할喝은 엄격하기가 서릿발과 같았다. 또한 세상일로는 손재주와 기교가 매우 뛰어나, 전단을 쪼개면 조각조각이 모두 전단이고, 금 그릇을 만들면 빛과 빛이 모두 금이었으니, 이

---

179 겁파刼波 : ⑤ kalpa의 음역으로 겁파劫波·겁파劫簸·갈랍파羯臘波라고도 한다. 장시長時 혹은 대시大時라 의역하기도 한다.

는 진실로 거짓이 아니었다.

52세 신묘년(1891, 고종 28)에 총섭의 인印을 받아서 거듭 천왕상天王像을 보수하였다. 이듬해에는 태안사로 옮겨 주석하며 부처님을 받들면서 안거를 하였다.

갑오년(1894, 고종 31)에 이르러서는 동학의 난리(東匪之亂)로 산야가 시끄러워 승려들도 흩어지고 족적을 감추었기 때문에 보존할 수가 없었다. 선사가 부득이하게 승려를 창솔倡率하여 동학의 무리를 물리쳤기 때문에 사찰이 수호되었고 승려는 목숨을 보존할 수 있었다. 소규모의 승려로도 이러했는데 하물며 대규모의 승려이겠는가? 창설된 의승의 담력과 기개는 모두 동일하였다. 이로부터 태안사의 상황은 말 그대로 태안하였다. 태안사로 말하자면 공이 높고 덕이 커서 그 어떤 사찰과 비교해도 제일가는 창업이었다는 것이 과언이 아니었다.

경자년(1900, 고종 37) 3월 2일에 경미한 병을 보이더니 조용하게 귀적하였다. 태안사의 서쪽 기슭에서 다비를 하였다. 세수는 61세이고, 법랍은 47년이다.

曹溪宗師南華禪師傳

諱宇定。姓劉。谷城人。父漢翼。母張氏。道光二十年庚子三月四日生。氣宇軒軒。骨相卓卓。五嶽峻豊。三焦端合。實男兒體像也。有數者曰。此非枳棘之所捿。乃煙雲之物。若在塵俗。恐或中夭母傷。數者言告父而許出家。十四癸丑。投曹溪之淳潭長老剃染。禮秋潭而得戒。從優曇而學經。參菡溟應化諸大匠宗。[1] 五六年間。食其父牛。泪其本色。遊方旣周。受禪於戒父。得法於恩傳。禪戒之複傳。恩法之重結者。尤倍尋常負擔。何尙非刼波之奇緣哉。其慧解才敏。能敵三愚十鈍。詞鋒棒喝。嚴如霜風。以其世諦。上手藝巧技。可謂如析梅檀。片片皆檀。如作金器。光光皆金者。信不誣矣。五十二辛卯。以佩捴攝之印。重繕天王之像。明年移錫泰安寺。奉佛安居。

越甲午以東匪之亂。山野騷動。僧渙遁跡。不能保存故。師不獲已。倡率僧侶。退熄匪類。寺以安堵。僧以保命。以小況大。倡義之膽氣一也。泰安從玆泰安。其於是寺。功高德大。比諸一番剏業。不爲過言也。至庚子三月二日。示微疾。庵然歸寂。茶毘于泰安之西麓。壽六十一。夏四十七。

1) ㉑ '匠宗'은 '宗匠'이 옳다.

355. 조계종사 보명 선사전

휘는 수일守一이고 속성은 장張씨이며 아버지 이름은 한우漢尤이고 어머니는 김金씨로서 곡성군 죽곡면 유봉리 출신이다. 도광 21년【헌종 7년 (1841)】신축년 6월 5일에 태어났다.

14세 때 동리산 명적암의 호월 선사皓月禪師를 찾아가서 먹물 옷을 입고 득도得度하였다. 봉곡鳳谷에게 참문하여 경전에 입문하였고, 침명 강백枕溟講伯에게 참례하여 경전과 불교 전적을 깨쳤다.

27세 때 혜철암慧徹庵에서 건당을 하였고, 충운 화상忠雲和尙의 가풍에서 법을 얻었으며, 호를 보명葆明이라 하고, 혜철암에 주석하니 납자들이 점차 운집하였다.

30세 경오년(1870, 고종 7) 5월 5일에 이르러 혜철암이 참혹하게도 화재의 변을 당하였는데 암자를 중건할 사람이 없었다. 선사가 스스로 원력을 세우고 화주를 하였다. 신미년(1871, 고종 8) 봄에 혜철암을 중건하고 나니 찬연히 화성化城과 같았다. 이것이야말로 선사가 가장 공력을 기울여 노력한 불사였다. 널리 배우고 행위에는 집념이 넘쳤으며 계품이 고결하고 용의가 늠름하였으며 행의行義가 고고하지 않은 사람과는 벗이 되지 않았다.

병자년(1876, 고종 13) 9월에 이르러 병도 보이지 않고 조용히 입적하였다.

오호라, 망극하도다. 위로는 은법恩法이 반백의 눈썹과 하얀 머리털처럼 넉넉하였는데, 선사 앞으로는 봉향奉香하는 상족의 비구도 두지 않았으니, 더욱더 망극하도다. 세수는 36세이고, 법랍은 22년이다.

曹溪宗師葆明禪師傳
諱守一。姓張。父漢尤。母金。谷城竹谷留鳳里人。道光二十一年【憲宗七年】

辛丑六月五日生。十四投桐裡山明寂庵皓月禪師。零染得度。參鳳谷入經。禮枕溟講伯了經籍。二十七建幢于慧徹庵。得法於忠雲和尙家。號葆明。住本庵。學子稍稍雲集。迄三十庚午五月五日。本庵酷遭回祿之變。無人重起。自願行化。辛未春重建本庵。煥然如化成。[1] 此乃師之肯綮劬勞之事業也。博學固行。戒器潔潔。容儀軒軒。非行義高孤者。莫與友也。至丙子九月。無疾而奄然。嗚呼罔極哉。上有恩法之厖眉鶴髮。前無奉香之上足芘芻。尤乎罔極。壽三十六。夏二十二。

---

1) 㑊 '成'은 '城'이어야 옳다.

356. 조계종사 대붕 선사전

휘는 지수智藪이고 호는 대붕大鵬이며 속성은 김金씨로서 순천 주암 출신이다. 아버지 이름은 만기萬基이고 도광 21년 신축년(1841, 헌종 7)에 태어났다.

13세 때 조계산으로 가서 침연 화상枕淵和尙 밑에 참례하고 머리를 깎았으며 은사에게서 계를 받았다.

18세 때 우담優曇의 강석에 참문하여 경전을 배웠고, 침룡 선사枕龍禪師에게서 선禪을 받았다.

30세 때 은사에게서 법을 받고 청진암淸眞庵에 주석하였다. 선사가 은사에게 보여 준 효는 은사가 그 은사에게 보여 준 효와 같았다. 곧 음식을 봉양하고 물을 길었으며, 몸소 문단속을 하고 아침과 저녁으로 문안 여쭈기를 한시도 빠뜨리지 않았다.

35세 때 선사는 악연으로 해를 받아서 거의 음실婬室에 떨어질 뻔하였다. 그러나 은사가 병에 걸렸다는 급보를 받고는 문득 악연을 끊고 본사로 돌아오니 은사의 병환이 조만간 회복되었다. 세간 사람들의 정애情愛로 그것을 논하자면 이런 경우를 당해서도 선사의 경우처럼 행동할 수 있는 사람이 과연 몇 명이나 되겠는가?

이로 말미암아 본사로 돌아오게 된 것을 감사하게 간주하여 은부恩傅의 권장을 받아서 제방의 선지식을 참방하였다. 그리하여 자취가 높은 곳은 반드시 찾아갔고, 훌륭한 스님이 계신 곳이라면 반드시 참문하였다. 이처럼 사산四山의 명승지를 유람하면서 행각하면서 터득한 지견은 보통 납자들보다 아득히 뛰어났다.

이로부터 은사를 더욱더 부지런히 받들었는데, 혹 이웃 암자에서 특별한 공양청이 들어오는 경우일지라도 은사에게 공양하는 시간에 늦어질까 염려하여 그 공양청에 참여하지 않고 일찍 돌아와서 반드시 은사의 공양을 마치고서 자신의 공양을 하였다. 이 또한 아무나 할 수 없는 어려운 일이었다.

선사는 범자학梵字學에 능통하여 주련柱聯과 다라니에 대한 요청이 들어오는 경우에는 흔쾌히 곧바로 붓을 들었다. 그렇지만 한자漢字를 써 달라는 요청이 들어오는 경우에는 한 번도 붓 잡는 것을 수락하지 않았고, 또한 시율詩律의 경우에도 기뻐하지 않았으니, 실로 본색납자의 본분이라 할 만하였다. 계해년(1923) 7월 9일에 경미한 병을 보이더니 입적하였다. 세수는 83세이고, 법랍은 70년이다.

曹溪宗師大鵬禪師傳

諱智藪。號大鵬。姓金。順天住崑人。父萬基。道光二十一辛丑生。十三投曹溪。禮枕淵和尙足下祝髮。受戒於恩師。十八叅優曇講下學經。受禪於枕龍禪師。三十受法於恩師。住淸眞庵。師之孝於師。孝於恩師之孝於師。奉饌侍汲。親自幹檢。晨昏定省。一時無闕矣。三十五師爲惡緣所害。庶墮婬室。聞恩疾急報。頓斷惡緣而還寺。恩患頓甦。以世人情愛論之。犯此境遇。能行此事者。有幾人哉。由是感其返本。爲恩傳所勸。參訪知識。迹高必尋。僧眞必詣。四山名勝。遊覽行脚。所得知見。逈異平品。自是奉師益勤。或有隣庵別供。恐或恩供晚時。不參其供而還。必設恩供而自湌。此亦不爲不難也。師善梵字學。有請柱聯及陀羅尼。輒喜而下筆。而至於漢字所請。一不肎把筆。又不喜詩律。實所謂本色衲子而已。癸亥七月九日。示微疾而化。世壽八十三。夏臘七十。

357. 조계종사 구연 선사전

휘는 법선法宣이고 자는 삼화三和이며 호는 구연九淵이고, 속성은 박朴씨로서 아버지 이름은 만상萬相이고 어머니는 이李씨이다. 도광 24년 갑진년(1844, 헌종 10) 3월 3일에 곡성군 석곡면 운월리에서 태어났다. 기상이 장대하였고 용의가 반듯하고 원만하였으며, 말씨는 맑고 깨끗하였고 심성은 평탄하여 흡사 대인의 그릇을 지니고 있었다.

13세 때 아버지를 여의고 3년의 복제를 마친 이후에 어머니를 따라서 외삼촌 댁으로 가서 살았지만 성명性命을 보존하기가 어려웠다.

17세 때(1860, 철종 11) 조계산 송광사로 찾아가서 의영 총섭宜映摠攝에게 머리를 깎고 출가하였다. 이후 우담 화상이 선사의 설계사說戒師가 되었다.

19세 때 처음으로 우담의 강석에서 경전을 배우기 시작하였고, 거듭하여 선게禪偈를 받았다.

21세 때는 제방을 유력하면서 경붕景鵬·청공靑空·원화圓華 등의 대종장들로부터 진속이제眞俗二諦의 도리를 참문하였는데, 모두 유인游刃[180]의 경지와 같았는데 오직 행상行相과 식수識數에 대하여 더욱더 간절하게 공부에 힘썼다. 그리하여 만약 선문의 향상어구向上語句에 대하여 말하자면 우담 노인優曇老人의 골수를 베고도 남을 정도였다.

37세 경진년(1880, 고종 17)에 용운당龍雲堂의 의발을 전수받았고, 보조암에서 개당을 하였다. 이에 선사의 덕운이 부드럽게 펼쳐지니 법도들이 무수하게 모여들었다.

무자년(1888, 고종 25) 겨울에 500금을 화주하여 한꺼번에 범종을 주조하여 암자의 동쪽에 내걸었다.

---

180 유인游刃 : 『莊子』「養生主」에 나오는 포정해우庖丁解牛의 이야기를 가리키는데, 여기에서는 선사의 탁월한 능력을 의미한다.

기축년(1889, 고종 26)에 천자암天子庵으로 주석처를 옮겨서 처음으로 사성각四聖閣의 성탱聖幀과 단청(丹艧)을 해 놓으니 암자가 찬연하였다.

은부恩傅를 시봉하여 손수 공양을 지어 드렸는데, 몸을 봉양하는 것보다 뜻을 봉양하는 것에 더 마음을 다하였다. 부처님을 모시고 송념하는 일도 결코 일과로 빠뜨린 적이 없었다. 또한 『미륵상생경彌勒上生經』을 가지고 아침과 저녁으로 발원을 하니 그것이야말로 도솔내원궁으로 상생하는 인연을 맺는 곳이 아니었겠는가?

광서 23년 정유년(1897, 고종 36) 가을에 보조암의 별실로 주석처를 옮겼는데 그때 약간의 병을 보였다. 11월 28일에 이르러 보조암에서 조용히 귀적하였다. 북쪽 기슭에서 다비를 하였고, 동각東閣에 진영을 모셨다. 세수는 54세이고, 법랍은 37년이다.

曹溪宗師九淵禪師傳

諱法宣。字三和。號九淵。姓朴。父萬相。母李氏。道光二十四年甲辰三月三日。生於谷城石谷雲月里。氣像魁梧。容儀方圓。語韻淸亮。心性平坦。恰爲大人之器局也。十三孤。服三年畢。隨母至舅家。難保性命。十七抵曹溪山松廣寺宜映惣攝。爲之剃度。優曇和尙。爲之說戒。十九始學經於優曇講下。仍受禪偈。二十一遊方參景鵬靑空圓華諸大宗匠。眞俗二帝。[1] 悉游刃如而唯以行相識數。尤切着力工夫。若其禪門向上語句。斫得曇老之骨髓。三十七庚辰傳得龍雲堂之衣鉢。開堂於普照庵。德雲冉冉。法徒濟濟。戊子冬化緣五百金。鑄鉎井一口。掛庵之東。己丑移錫天子庵。刱始四聖閣聖幀及丹艧。煥然輪焉。奉侍恩傅。手自進供。養志尤勝於養身。以奉佛念誦。宜無闕課。又於彌勒上生經。爲晨夕發願處。疑是上生內院之結緣耶。光緖二十三丁酉秋。移錫普照別室。小有微恙。至十一月二十八日。奄眞[2] 歸寂。茶毘于北麓。掛眞于東閣。壽五十四。夏三十七。

---

1) ㉘ '帝'는 '諦'가 옳다. 2) ㉠ '眞'은 '然'이 옳다.

358. 조계종사 경해 선사전

휘는 관일官一이고 호는 경해鏡海이며, 속성은 엄嚴씨이고 아버지 이름은 노영魯永이고 어머니는 □씨로서 순천군 주암면 갈마리 출신이다. 도광 23년 계묘년(1843, 헌종 9) 11월 12일에 태어났다. 집안이 가난하여 책을 읽을 수가 없었다.

20세 때 조계산의 경잠 대사敬岑大師를 찾아가서 출가하였고, 우담 선사에게 참례하여 계를 받았다. 처음으로 배우기 시작하여 3년여 동안 열심히 공부하였는데 등불로 밤을 밝혔다. 함명菡溟·청공靑空·경붕景鵬·보명葆明에게 참문하여 경학을 마치고 『통사通史』를 세 번이나 열람하였지만 그 맛은 마치 지게미와 같았다.

30세 때 백의대성관음보살에게 100일 기도를 하였는데, 몇 차례나 가피를 받고 자비와 인욕이 증상하였다. 이에 참석하는 법회마다 향을 살라 부처님께 바치니 그 명성이 파다하였다. 비록 지혜와 이해가 명랑明朗하지는 않았지만 살림살이에 점차 여력이 생겼다.

35세 때 응허 대사應虛大師에게 법을 얻고 자정암慈靜庵과 광원암廣原庵에 주석하면서 인연을 따라 자비로써 제도하는 것을 행업으로 삼았다. 연후에 민족의 구원을 앞세우느라 자못 많은 재물을 쓰고 끝내 청빈한 선자로 남았다. 무진년(1928) 2월 3일에 입적하였다. 세수는 86세이고, 승랍은 66년이다.

曹溪宗師鏡海禪師傳

諱官一。號鏡海。姓嚴。父魯永。母□氏。順天住崑渴馬里人。道光二十四[1])年癸卯十一月十二日生。家貧不能讀書。二十投曹溪之敬岑大師得度。禮優曇禪師得戒。始入學。三[2)]餘篤工。以燈繼晷。參菡溟靑空景鵬葆明經畢。三讀通史。猶味糟粕。三十祝白衣大聖一百日。幾蒙加被。慈忍增上。所到會以看香奉佛。頗得其名。慧解雖不明朗。產業稍有餘力。三十五得法於應虛大師。住慈靜廣原。隨緣慈濟爲業焉。後以爲先救族。頗費產物。竟爲淸寒禪子也。戊辰二月三日化。世壽八十六。僧臘六十六。

1) ㉠ '四'는 '三'이 옳다. 2) ㉡ '三' 뒤에 '年'이 있어야 옳다.

359. 조계종사 원해 선사전

휘는 봉옥鳳玉인데 이후에 문주文周【어떤 노인이 꿈에서 내려 준 이름이다.】라 개명하였고, 자는 어화魚化이며 호는 원해圓海이고, 속성은 음陰씨이며, 아버지 이름은 도황道晃이고 어머니는 김金씨이다. 낙안 출신으로 도광 30년【철종 원년(1850)】경술년 3월 15일에 태어났다. 골상이 특수했고 얼굴은 길어서 한 길이 넘었으며 누구보다도 힘이 셌다. 집에서는 책을 읽을 수가 없어서 출가하여 배우려고 하자 부모가 허락하며 말했다. "만약 수행을 성취하지 못한다면 그것이야말로 큰 죄를 짓는 것이다."

16세 때 조계산의 송광사로 가서 수산 대사守山大師에게 빌어서 머리를 깎았고 응해 선사應海禪師에게 계를 받은 후에 처음으로 공부에 들어갔다. 그것은 마치 새가 새장을 벗어난 것과 같았고, 호랑이가 산을 버티고 앉은 것과 같았다. 속가의 집에 있으면서 발원했던 것이 여기에 이르러 바야흐로 해결되었다. 이에 좌선과 독서로 날을 보내 땀으로 봄옷을 적시는 줄도 몰랐으며, 붓을 들고 밤을 지새워 엉덩이 살이 썩어서 여름 잠방이를 적시는 줄도 몰랐으며, 잠도 폐하고 밥 먹는 것도 잊었으니, 어찌 옛날의 모범이 아니겠는가?

21세 때 우담 화상에게 참문하여 경전을 배웠고, 경붕景鵬·원화圓華·혼해混海 등 여러 대강백들을 찾아가서 삼장의 교해를 배웠으며, 육경六經(시·서·역·춘추·예기·악의 여섯 경전)과 사림詞林(시문을 모아 엮은 책)을 샅샅이 섭렵하였고, 기타 오행과 점술까지도 종합하고 분석하였다.

32세 신사년(1881, 고종 18) 3월에 건당을 하였는데, 은사로부터 법인을 받았으니 곧 부휴 선수 종풍의 제10세손이다. 광원암에 주석하다가 이듬해에 천자암天子庵으로 주석처를 옮겼다.

을유년(1885, 고종 22) 봄에 함명 화상函溟和尙을 참방하여 『선문염송禪門拈頌』에 대하여 묻고 공부하였다.

병술년(1886, 고종 23) 봄에 남쪽으로 범해 대가梵海大家를 찾아가서 세속제를 배우고 구족계를 받았다. 같은 해 가을에 은적암隱寂庵에 주석하였는데 경전을 공부하는 스님이 좌선하는 것을 싫어하자 자정암慈靜庵으로 옮겼다. 그리고 도량이 좁은 것을 피하여 정해년 가을에 보조암普照庵으로 옮기자 훌륭한 제자들이 우루루 그를 따랐다.

광서 14년 무자년(1888, 고종 25) 2월 22일에 미미한 병을 보이고서 열반하였다. 오호라, 망극하도다. 상족의 비구로서 찬의贊儀 등이 다비를 하였고, 진영을 그려 모셨다. 세수는 39세이고, 법랍은 23년이다.

曹溪宗師圓海禪師傳

諱鳳玉。後改文周【有老人夢授云】字魚化。號圓海。姓陰。父道晃。母金氏。樂安人。道光三十【哲宗元年】庚戌三月十五日生。骨相殊特。面尺所丈似餘。膂力過人。家未能讀。求出家學。父母許之曰。學若不成。幽悠有在。十六投曹溪之松廣。祝守山大師髮。受應海禪師戒。始入學。如鳥出籠。似虎靠山。在家結願。到此方解。坐讀移晷。不知汗沾春衣。把筆經宵。不卞髀腐夏褌。廢枕忘饌。何專燉於古哉。二十一參優曇和尙學經。訪景鵬圓華混海諸大講下。三藏敎海。六經詞林游泳而涉獵。其餘五行數術。莫不綜劾。三十二辛巳三月建幢。佩恩師法印。卽浮休宗十世孫也。住廣原庵。明年移錫天子庵。乙酉春參菡溟和尙。叩問禪門拈頌。丙戌春南向梵海大家。學世俗諦。受具足戒。同年秋住隱寂庵。執經者嫌寂。移錫慈靜庵。又嫌陜窄。丁亥秋移普照庵。獅徒喬喬而追之。光緒十四戊子二月二十二日。小疾而涅槃。嗚呼罔極哉。上足苾蒭贊儀等。茶毘畫眞。壽三十九。臘二十三。

360. 조계종사 포우 선사전

휘는 행성幸性이고 자는 운수雲叟, 법자法字는 포우布雨이다. 속성은 강姜씨이고 아버지 이름은 상백甞百이며 어머니는 김金씨이다. 도광 30년 경술년(1850, 철종 1) 12월 8일에 순천군 송광면 인덕리에서 태어났다. 처음에 어머니 김씨가 어떤 기이한 사람이 붓 한 자루를 주는 꿈을 꾸고는 깨어나서 임신을 하였다.

9세 때 아버지를 여의고 어머니의 가르침으로 입학하였는데, 맹모삼천의 가르침과 육시六時[181]의 교훈이 있었다. 어찌 특별히 맹모孟母일 뿐이겠는가?

15세 때(1864, 고종 1) 경전과 불서를 열람하였는데 그 필명이 향리에 파다하였다. 이것이야말로 어머니 김씨의 꿈과 부합된 것이 아니겠는가. 어떤 점술가가 출가를 시키면 연명할 것이라고 말하자, 어머니는 아들이 요절할 것을 두려워하여 출가를 허락하였다.

16세 을축년(1865, 고종 2)에 조계산 인암 대덕印庵大德을 찾아가서 머리를 깎고 출가하였고, 연봉 대사蓮峯大師에게 계를 받았으며, 거듭하여 경전 공부에 들어가서 하루를 이틀로 삼아 독서를 하였다. 그것은 마치 비가 모래를 모아 오는 것과 같았고 진홍색 흙이 다른 색을 압도하는 것과 같았다. 뛰어난 재능으로 글을 읽고 문장을 지었고, 더욱이 이두吏讀를 좋아하였으며, 소장訴狀을 써 줄 때마다 반드시 엄제嚴題[182]를 얻어 냈다. 이에 사람들이 산중의 아전(山中吏生)이라 일컬었다.

21세 때 제방을 유력하면서 우담과 함명 두 대가에게 참문하여 교학과 경론에 대하여 토론하였는데 도리에 합치되지 않은 적이 없었다.

---

181 육시六時 : 하루를 신조·일중·일몰·초야·중야·후야의 여섯으로 나눈 시간.
182 엄제嚴題 : 예전에 백성이 낸 소장이나 원서 따위에 쓰던 관청의 엄한 판결이나 지령이다.

29세 무인년(1878, 고종 15)에 청진암에서 건당하였고, 영허盈虛의 가풍에서 법인을 받고서 보조암의 조실에 주석하였다. 이에 개당을 하고 불자를 치켜세워서 오연五緣[183]을 두루 갖추니 사부대중이 모두 모여들었다. 또한 시율詩律을 좋아하여 필묵으로 제목을 붙여서 시를 읊으니 그 문중에서 많은 사람이 배출되었다. 다음과 같은 시가 있다.

승선교 밑의 물은 동쪽으로 흐르는데
점점이 흩어진 낙화 편편이 떠간다네

일상생활에서 주고받는 시들이 모두 이와 같았다.
신사년(1881, 고종 18)에 광원암으로 주석처를 옮겼는데, 숙환이 병으로 진행되었다. 갑신년(1884, 고종 21) 12월 초이렛날에 숙환이 위중해져 조용하게 시적하였다. 상족인 성학聖鶴이 색신을 받들어 붙들고서 끝없이 애통하게 곡을 하였다. 가치加峙에서 다비를 마쳤다. 세수는 35세이고, 법랍은 19년이다.

曹溪宗師布雨禪師傳

諱幸性。字雲叟。布雨。法字也。姓姜。父嘗百。母金氏。道光三十庚戌十二月八日。生於順天松光面仁德里。初金夢有異人。授毛穎一枚。覺有娠。九歲遭孤。依母教入學。三遷之敎。六時之訓。何特孟母而已哉。十五閱經籍。筆名播鄉里。無乃金夢之符契歟。有相者。令出家延命。母畏夭許之。十六乙丑投曹溪印庵大德剃度。於蓮峯大師得戒。仍入經倍日并讀。如雨聚沙。如絳壞色。才敏屬文。尤好吏讀。每寫訴狀。必得嚴題。人稱山中吏生。二十一遊方參優曇菌溟二大家。討論教經。莫不泐合也。二十九戊寅竪

---

183 오연五緣 : 주 176 참조.

幢於淸眞庵。佩印乎盈虛之家。住普照室。開堂堅拂。五緣周備。四衆畢集。又喜詩律。翰墨題詠。多出其門。有詩曰。昇仙橋下水東流。點點落花片片浮。其尋常酬酌。皆如此。辛巳移錫廣原庵。以宿症爲患。至甲申十二月初七日。宿患篤重。奄然示寂。上足聖鶴。號奉色身。痛悼罔極。茶毘于加峙。壽三十五。夏十九。

361. 조계종사 하담 선사전

순천군 낙천면 동내리 출신으로 아버지 조석록曹錫錄과 어머니 김金씨의 아들이다. 도광 30년 경술년(1850, 철종 1) 8월 13일에 태어났다. 어려서 아버지를 여의고 자당을 모셨는데 살림살이가 무척 가난하였다.

15세 갑자년(1864, 고종 1) 2월 25일 선암사의 선찬 수좌善贊首座를 따라서 머리를 깎고 출가하였고, 설악雪嶽을 참례하고 계를 받았으며, 환월幻月을 친견하고 선禪을 전하였고, 만화萬花와 경붕景鵬 강백을 참방하여 경전을 배웠다.

광서 8년 임오년(1882, 고종 19) 4월 17일에 이르러 조계산의 은담 선사銀潭禪師에게서 법을 받았는데, 곧 묵암 화상의 제5세손이다.

가업이 청빈한 것이야말로 실로 납자의 본색이고, 예술에서 기교를 버리는 것이야말로 곧 교묘한 기술의 재주이다. 일찍이 사산四山의 선지식을 참방하면서 항상 자기의 주인공을 찾아다녔다. 향을 피우면서 부처님을 받드는 것이 곧 일생의 장기長技이고, 물 긷고 나무를 하는 것이 하루 육시의 자비수행이었다. 총명한 지혜는 비록 빼어났지만 언사는 어눌하였다.

휘는 향섭向燮이고 자는 국천掬泉이며 호는 하담荷潭이다. 나이 75세 갑자년(1924)에 이르러 태안사로 가서 주지 임무를 맡았다. 이듬해 을축년(1925) 9월 29일에 병도 보이지 않고 입적하였다. 세수는 76세이고, 법랍은 61년이다.

曹溪宗師荷潭禪師傳

順天洛川面東內里曹錫錄母金氏之子也。道光三十庚戌八月十三日生。早孤奉萱。家道甚薄。十五甲子二月二十五日。從仙嵓寺善贊首座剃度。禮雪嶽而得戒。見幻月而傳禪。參萬花景鵬講下學經。至光緖八年壬午四月十七日。受法於曹溪之銀潭禪師。卽默庵和尙之五世孫也。家業淸寒。實衲子本色。藝術絶巧。是工業餘才。早訪四山之知識。常覓自家之主翁。沾香奉佛。卽一生之長技。運水搬柴。乃六時之行慈。聰慧雖絶。言詞若訥。諱向孌。字掬泉。號荷潭也。年至稀五甲子。行泰安寺住持任。明年乙丑九月二十九日。無疾而化。壽七十六。臘六十一。

362. 조계종사 함호 선사전

처음 이름은 기현基玄이었지만 이후에 개명하여 완규玩珪라고 하였다. 호는 함호菡湖이다. 순천군 해촌면 덕암리 출신이다. 속성은 장張씨이고 아버지 이름은 필주弼周이고 어머니는 서徐씨이다. 함풍 3년 계축년(1853, 철종 4) 11월 13일에 태어났다. 골상은 미남이었고, 피부는 윤택하였으며, 성품은 무척 뚝심이 있었고, 심지는 금강석과 같았으며, 요사스러운 마귀마저도 동요시키지 못하였다. 조계산 송광사의 승허 대사乘虛大師에게 동진 출가하여 머리를 깎고, 서주西舟 법사에게 계수예배를 하고 계를 받았다.

20세 때 우담·함명·경붕에게 참문하여 경전을 배웠다.

33세 을유년(1885, 고종 22) 봄에 휴암休庵 법사에게서 법인을 받았는데, 곧 응암 조사應庵祖師의 제5세손이다. 마음은 비록 중생을 구제하는 학문이 간절하였지만 몸은 이미 경제적인 처방이 다급하였기 때문에 썩은 흙조차 아끼기를 보배처럼 하였고, 행위는 검박하여 두타행처럼 하였다. 가옥이 점차 윤택해지자 수도를 위한 활용도 점차 충족되어 갔다. 이에 먼저 법조法祖의 진영을 모셨는데, 항상 선조들의 진영이 없는 것을 한탄스러워하였다. 이에 신해년(1911) 봄에 금명錦溟과 함께 상의하여 땅을 팔아서 선조들의 진영을 모시고, 이어서 불조佛祖의 재수齋需로 활용하도록 봉헌하였다.

계축년(1913) 봄에 송광사에서 생전예수시왕생칠재生前豫修十王生七齋를 지내기 위하여 사산四山에 시왕에 대한 공양을 시설하였다. 연후에 일생 동안 모은 재물로 슬하의 칠부대중七部大衆에게 지속적으로 음식을 제공하였다. 세제世諦가 이미 골고루 미치게 되자 다시 법력의 도모에 힘썼다. 그 일환으로 먼저 관음암과 지장암에서 하안거를 결제하고, 이어서 천은사泉隱寺와 삼일선원三日禪院과 미타전彌陀殿과 칠불방七佛房에서 동안거를 결제하였다.

또한 청진당淸眞堂과 봉서암鳳瑞庵에서는 1년 내내 연중으로 안거를 하였다. 또한 그곳에서 10년 동안 주석하면서 육시염송六時念誦을 하였는데, 언제나 귀신들을 기쁘게 해 주려고 세 숟가락의 음식을 남겨 두었으며, 날짐승까지 불러 보시로 공양하였다. 그리고 지극히 중요한 계획이나 중요한 불사의 경우에 있어서 사람들의 합의가 없으면 설령 목을 자른다 해도 믿음으로써 따르지 않았고, 권속들이 협의하면 설령 살점을 베어 낸다 해도 그것을 애석하게 여기지 않았다. 타고난 성품이 이와 같았는데 그 누가 감히 이러쿵저러쿵하겠는가?

무진년(1928) 봄에 토지를 내놓아 마련한 쌀 10석을 관음불전의 공양미로 충당하였고, 다시 중단된 향공양에 충당하였다. 또한 염불당에 쌀 17석을 봉헌하여 영구히 염송이 단절되지 않도록 하였고, 금 30속束을 팔아서 삼신불의 개금으로 활용하였다. 또한 사중과 선원에 쌀 13석을 봉헌하였고, 또한 30석의 토지를 팔아서 700냥이나 되는 재수품을 희사하여 사중과 염불당에 맡겨 두고 무차법회를 개최하도록 하였다. 또한 천도 기타 장례 비용과 문도들이 자생하는 데 필요한 설비 자금 등 갖가지를 마련하여 그들에게 맡겨 둘 것을 붓으로 기록해 두었다.

이후 8월 9일에 개금불사를 시작하여 15일에 마치고 그것을 봉안하였다. 그리고 이튿날 오후 4시 무렵에 아무런 병도 없이 음식을 물리치고 조용하게 좌화坐化하였다. 그런데 안색이 엷은 황조를 띠고 있어서 평소와 같이 앉아서 눈을 감고 있는 것과 같았다. 주검을 보관하고 있는 방에 구경하는 이들이 시장처럼 넘쳤는데 어린이들이 찾아와서 "우리 스님께서 주무시고 있다."라고 하였다. 다비식으로 장례를 마치는 경우에도 여전히 장자長者의 위의와 같았다. 오호라, 세수는 76세이고, 법랍은 61년이다. 문인 종식鍾植과 동수東秀 등이 영골을 수습하여 비등碑嶝에 부도탑을 건립하였고, 영당에 진영을 모셨다.

曹溪宗師菡湖禪師傳

初名基玄。後改云玩珪。號菡湖。順天海村德嵩里人。姓張。父弼周。母徐氏。咸豊三年癸丑十一月十三日生。像如冠玉。膚脊潤澤。性甚固執。心柱如砥石。妖孼莫能動。童眞出家於曹溪山松廣寺乘虛大師家剃髮。稽首西舟師服戒。二十參優曇菡溟景鵬學經。三十三乙酉春。受休庵之法印。卽應庵祖之五世孫也。心雖切於濟衆之學。身已急於經濟之方。惜糞壤如金玉。行儉朴如頭陀。家屋漸潤。用道稍足。先掛法祖之影像。常恨先祖之無影。辛亥春與錦溟議。買土封影故也。次獻佛祖之齋需。癸丑春修生七齋於本寺。設十王供於四山然後。一生鳩聚之財。膝下七衆。鱸列而食。世諦旣周。法力更圖。先結夏於觀音地藏庵。次安居于泉隱三日院彌陁殿七佛房。亦一膓之掛牌。淸眞堂鳳瑞庵。幷十年之住錫。六時念誦。必神祇之懽悅。三匙殘飡。招烏鵲而施供。經綸至大。事業必重。人無合意兮。雖殞首。不足以信從。眷有惻情兮。雖割肉。不足爲愛惜。賦性如是。孰敢間然。戊辰春納土十石。爲觀音佛粮。更設停止之香供。又獻十七石于念佛堂。永世不絶念誦。買金三十束。以銑三佛改金。又獻十三石于寺中及禪院。而又捨三十石土。賣爲七百兩齋之需。囑于寺中及念佛堂。使作無遮之會。以資賓路其他葬費。及門徒資生之具。色色磨鍊而言而囑之。筆以記之後。八月初九改金始役。十五日畢。奉安之。又明日晡時。無病撤飮。奄然坐化。顔色淡黃。如常坐眠。尸歛之房。玩者如市。小輩赴曰。吾師眠矣。茶毘葬式。況如長者之威儀。嗚呼。世壽七十六。坐夏六十一。門人鍾植東秀等。收拾靈骨。塔于碑嶝。掛眞于影堂。

363. 조계종사 취월 선사전

선사의 휘는 기순琪珣이고 법호는 취월翠月이며, 속성은 장張씨이고 아버지 이름은 염廉이고 어머니는 김해 김金씨이다. 함풍 2년(1852, 철종 3) 임자년 정월 25일에 동복군 군면[184] 하가리에서 태어났다.

8세 때 입학하였고, 봄에는 밭을 갈고 가을에는 책을 읽으면서 다만 가난한 선비의 가풍을 이어갔다. 또한 무속의 말을 목숨을 늘리는 도道로 믿었다.

17세 무진년(1868, 고종 5)에 부모를 떠나 순천군 조계산 송광사로 출가하여 서룡 율사瑞龍律師를 은부로 삼고, 계는 선사桂隱禪師를 계사로 삼았으며, 거듭하여 『치문緇門』과 사집四集 등을 읽었다. 3년 동안 시봉을 하였는데 이미 삼평三平의 행업으로 간주되었다. 그러니 세간을 벗어나는 불사의 수행이야 어찌 번뇌를 벗어날 기약이 없겠는가?

신미년 19세(1870, 고종 7)에 이르러서 유행하기로 마음먹었다. 처음에 경붕景鵬과 구연九淵의 2대 강백을 참방하여 모든 불경(竺墳)을 열람하였다. 다시 기룡騏龍·응화應化·우담優曇·경봉景峯의 4대 석학을 찾아가서 어언 14년 동안 『춘추』(魯史)를 섭렵하였다. 그동안 답습했던 글방의 방적芳跡을 벗어나서 서감書監의 직책을 맡았다.

33세에 이르러 조계에서 건법당建法幢을 해서는 추파 홍유秋波泓宥의 법수法水를 받아들였고, 청진암淸眞庵에 주석하면서 침연枕淵의 선등禪燈을 계승하였다. 이에 그 법연을 따르고 의기투합한 것이 마치 범종이 종 치는 시간을 기다리는 것과 같았고, 거울이 피로를 잊은 것과 같았는데, 그것이 10여 년으로 끝난 것이 아니었다. 또한 다시 불전佛殿에서는 향을 받

---

184 동복군同福郡 군면郡面 : 원문에는 '同福郡' 다음에 같은 글자를 표시하는 기호 하나가 있어 『韓國佛敎全書』에서 '郡'으로 기입했으나, 혹 두 글자(동복)를 반복하라는 의미로 쓰일 가능성도 있다. 이 경우 동복면이 된다.

들었고, 혹 유나가 되었는데, 법사法事에 매우 부지런하여 결코 게으름을 피운 적이 없었다.

또한 의술에 있어서도 스스로 그 근원을 터득하였는데, 먼저 허생許生의 고결高訣에 참문하여 공부하였고, 이어서 정안鄭安의 진혈眞穴을 살피며 공부하였다. 이 때문에 사찰과 이웃 마을에서도 응급 환자가 발생하면 반드시 맞아들여 사양하는 법이 없었고, 새벽이나 저녁이나 추우나 더우나 마치 목마른 사람이 물 찾듯이 달려갔는데, 특히 침술에 뛰어났다. 이 때문에 사람들이 장의선생張醫先生이라 불렸다.

曹溪宗師翠月禪師傳

師諱琪珣。翠月。法號也。姓張氏。父諱廉。母金海金氏。咸豊二年壬子一月二十五日。生於同福郡郡面下佳里。八歲入學。春耕秋讀。只不絶寒士之家風。又信巫筮之說。以續命之道。年至十七戊辰。謝親出家於順天郡曹溪山松廣寺。以瑞龍律師爲恩父。以桂隱禪師爲戒師。仍讀緇門四集。三年侍汲。旣做三平之行。出世事業。盡無出籠之期。至辛未十九歲。恣其遊學。初參景鵬九淵二大講下。閱盡竺墳。更謁騏龍應化優曇景峯四大碩德。涉獵魯史。於焉十四年間。出履覺海之芳跡。入作書監之任班。至三十三歲。建法幢於曹溪。吸秋波之法水。掛住錫於淸眞。繼枕淵之禪燈。於是隨緣唱酬。如鍾待扣。鏡忘疲者。不是十餘年而已。亦復奉香於佛殿。或行維那。於法事。唯勤無怠。又於醫方。自得其源。先參許生之高訣。次察鄭安之眞穴。所以寺內及隣里。或有急症。必以邀迎而不辭。晨昏寒暑。奔臨如渴。最有力於鍼灸。人稱張醫先生云爾。

364. 조계종사 화성 선사전

처음의 휘는 성진性眞이었는데 주흔湊忻이라고도 불렀으며, 자는 병연丙淵이며, 처음의 호는 법해法海였는데 또한 화성華性이라고도 하였다. 속성은 김金씨이고 아버지 이름은 이성伊城으로 본래 낙안 사람이었는데 송광면 삼청리로 옮겨 살았고, 어머니는 이李씨이다. 함풍 4년(1854, 철종 5) 갑인년 8월 23일에 태어났다. 10세 때 부모를 여의고 고애자가 되어 맏형에게 몸을 의탁하였지만 보존할 수가 없었다.

12세 을축년(1865, 고종 2) 조계산 은적암에 들어갔다. 14세 때 한운 장로漢雲長老를 참례하여 머리를 깎고 출가하였고, 영담 대사影潭大師에게 수계를 받았으며, 침연 화상枕淵和尙에게 참문하여 경전을 배웠다.

21세 때 제방을 유행하면서 경붕景鵬·원화圓華·혼해混海·범해梵海 등 여러 대강백을 참례하여 그들의 현오玄奧를 터득하였고, 경붕 화상景鵬和上에게서 선禪을 받았다.

30세 계미년(1883, 고종 20) 조계산 광원암에서 건당을 하고, 은부恩父의 법인을 받아서 개당을 하여 불자를 치켜세워서 사원社院의 가풍을 계승하였다.

무자년(1888, 고종 25) 봄에 보조암으로 옮겼는데 마침 전당이 기울어 무너졌다. 이에 화주로 재물을 모아서 동서東序[185]와 북쪽의 건물에 각 한 칸씩을 증축하여 훤하게 일신하였다. 옛날에 청제厗祭 때문에 고충을 겪었는데 그 청厗을 옮기고 제사를 폐지했던 적이 있다. 이것은 곧 오랜 세월 동안의 고질병이 하루아침에 문득 치유된 것이라 말할 수 있을 것이다.

또한 천성이 산수를 좋아하여 멀리는 옥룡玉龍[186]의 비법을 계승하였고,

---

[185] 동서東序 : 서서西序에 상응하는 건물이다. 선사禪寺에서 대중의 일을 보살피는 일을 맡은 소임들로서, 도사都寺·감사監寺·유나維那·부사副寺·전좌典座·직세直歲의 6지사知事를 말한다. 이들은 법당을 기준으로 동쪽에 위치하므로 동서라 말한다.

가까이는 백운白雲[187]의 학문을 따라 걸었다. 이에 음양가의 현담과 묘리에 자못 유인游刃[188]의 경지와 같은 점이 있었다. 일용생활에서도 손에서 백팔 개의 염주를 놓지 않았고, 입으로는 『천수경千手經』 주문을 그만두지 않았다. 한 개비의 단향을 피워 두고 육시로 예경하면서 무량한 관자재보살을 일생의 과업으로 삼아 염송하여 재앙을 없애고 복을 불러오는 경앙慶殃을 자신의 기쁨으로 누렸다.

임인년(1902)에 섭리攝理의 임무를 맡았다. 이후 사산四山의 유람에 나섰는데 쌍계사의 방장암과 동리산의 명적암과 여수의 향일암 등은 모두 선사의 주석처였다.

신유년(1921) 겨울에 태안사의 선원에 주석하였고, 갑자년(1924)에 다시 향일암으로 갔으며, 을축년(1925) 겨울에 태안사로 돌아와 주석하였고, 병인년(1926) 가을에 조계산으로 돌아갔으며, 정묘년(1927) 봄에 별을 보며 백일기도를 하였는데, 제50일에 이르러 작은 병을 보이고는 4월 8일 저녁에 조용하게 입적하였다. 세수는 74세이고, 법랍은 60년이다.

曹溪宗師華性禪師傳

初諱性眞。又名湊炘。字丙淵。初號法海。又曰華性。姓金。父伊城。本樂安人。寓松光面三淸里。母李氏。咸豊四年甲寅八月二十三日生。十歲喪孤哀。托身兄長。莫能保存。十二乙丑投曹溪之隱寂庵。十四拜漢雲長老祝髮得度。受戒於影潭大師。參枕淵和尙學經。二十一遊方禮景鵬圓華混海梵海諸大講伯。盡得其玄奧。受禪於景鵬和上。三十癸未建幢于曹溪之廣原。

---

186 옥룡玉龍 : 신라 시대 풍수에 뛰어났던 도선 국사道詵國師의 별호.
187 백운白雲 : 고려 말기 선승으로 무심선無心禪을 실천했던 백운 경한白雲景閑(1301~1382)을 가리킨다.
188 유인游刃 : 『莊子』 「養生主」에 나오는 포정해우庖丁解牛의 이야기를 가리키는데, 여기에서는 선사의 탁월한 능력을 의미한다.

受恩父之法印。開堂堅拂。能繼祉院之家風。戊子春移普照庵。適乎殿宇傾頹。倡化鳩財。東序北廡。各增一間。煥然一新。昔有厲祭之苦瘼。移其厲廢其祭。是可謂積年苦疾。一朝頓瘳者也。且性好山水。遠承玉龍之術。近步白雲之學。陰陽家之玄談妙理。頗所遊刃也。至於日用。手不釋百八之珠。口不掇千手之呪。一炷檀香。六時禮敬。以無量觀自在。為一生之課念。其消灾降福之慶怏。只可自悅而已。壬寅行攝理之任。四山之遊覽。雙溪之方丈。桐山之明寂。麗水之向日庵。皆是住錫之地。辛酉冬住泰安之禪院。甲子再赴向日庵。乙丑冬還住泰安寺。丙寅秋返于曹溪。丁卯春祈星一百日。至第五十日。示微疾。四月八日夕奄化。世壽七十四。僧臘六十。

365. 조계종사 수경 선사전

　남원 세전細田 출신으로 아버지 김익룡金翼龍, 어머니 김金씨의 아들이다. 함풍 5년(1855, 철종 6) 을묘년 7월 9일에 태어났다.
　18세 임신년(1872, 고종 9)에 곡성의 동리산에 나아가서 준화 대사俊華大師에게 참례하고 머리를 깎았고, 호월 선사皓月禪師에게 참문하여 찬민贊玫이라는 계명을 받았으며, 강백 경붕당景鵬堂에게서 경전을 배웠고 또한 향을 사르고 선을 받았으며, 호은 율사虎隱律師에게서 보살계를 받았다.
　계미년(1883, 고종 20) 29세 때 조계산 선월 화상禪月和尙에게서 법을 받고, 호는 수경袖鯨이라 하였으며 송광사 동일암東日庵에 주석하였다.
　35세 때 16국사의 진영에 대한 개채불사改彩佛事를 하였다.
　57세 신해년(1911)부터 3년 동안 송광사 주지를 지냈다. 병진년(1916)에 방장산 천은사에 초청되어 나아갔고, 약사암의 강원에 주석하였다. 이듬해(1917) 경산 봉원사奉元寺에 초청되어 나아갔고, 가을에 금강산에 들어가서 표훈사에서 수개월 동안 머물다가 유점사에 나아가 주석하면서 강의를 하였다.
　이듬해(1918) 봄에 송광사로 돌아왔고, 동년 가을에 해인사의 원종가람圓宗伽藍을 참방하였으며, 통도사의 불종계단佛宗戒壇을 참례하였고, 범찰 선원에 명패를 걸어 두고 안거를 하고자 하였는데 용주사에서 보내온 초청을 받아들여 용주사로 옮겨서 안거를 하자 수많은 납자들이 모여들어 공경하고 엄숙하게 안거를 지냈다.
　이듬해(1919) 가을에 명승지를 방문하며 선지식들을 참방하였다. 용성龍城(남원) 고향으로부터 조계산으로 돌아오니 그 4, 5년 동안에 청산은 옛날 그대로인데 세파는 혁신되어 있었다. 이로써 두구비야杜口毘耶(비야리성에서 유마가 침묵했던 일화)하면서 부처님께 귀심歸心하였는데, 배가 고프면 밥을 찾아 먹고 피곤하면 잠을 자고 좌포단 위에서는 다리를 뻗고 누대의 난간에서는 머리를 치켜드니 소위 일대사를 마친 범부였다.

그 성품은 우직하였고 그 말은 솔직하여 남들의 기탄忌憚을 가리지 않았고, 그 글은 부드럽고 그 재능은 민첩하여 남들이 공능에 둔한 것을 기뻐하지 않았으며, 시율詩律에도 기뻐하지 않았지만 혹 어떤 사우士友가 청하여 운을 부르면 즉시 화답하였는데 이미 지어 놓은 것을 읊는 것과 같았다.

임술년(1922) 겨울에 이르러 중풍에 걸렸는데, 완치하지 못하고 이듬해 계해년(1923) 4월 11일에 입적하였다. 세수는 69세이고, 법랍은 51년이다.

曹溪宗師袖鯨禪師傳

南原細田人。金翼龍。母金氏之子也。咸豊五年乙卯七月九日生。十八壬申。投谷城之桐裡山。禮俊華大師剃。參皓月禪師戒。名賛玟。於景鵬講伯堂下學經。又拈香受禪。受菩薩戒於虎隱律師。癸未受法於曹溪山禪月和尙。號袖鯨也。住本寺東日庵。三十五十六尊改彩佛事。五十七辛亥。本寺住持三年行。丙辰赴方丈山泉隱寺請。住藥師講院。明年赴京山奉元寺請。秋入金剛。住表訓寺未數月。赴楡岾寺憩錫講授。明春還寺。同年秋參海印之圓宗伽藍。禮通度之佛宗戒壇。掛牌於梵利禪院。意欲結臘矣。料表有龍珠寺請。移錫過臘。濟濟多士。穆穆布列。明秋訪名勝地。參善知識。自龍城故里。而還山四五年間。靑山依舊。世波革新。仍以杜口毘耶。歸心佛陁。飢索飯。困打眠。伸脚蒲團。矯首華欄。所謂了事凡夫是也。其性愚。其口直。不擇人之忌憚。其筆滑。其才捷。不喜人鈍工能。詩律而亦不喜。或有士友請。呼韻卽答。如宿搆焉。至壬戌之冬。偶因風症不完。越癸亥四月十一日化。世壽六十九。法臘五十一。

366. 조계종사 혼명 선사전

속성은 황黃씨이고 아버지 이름은 맹복孟卜이며 어머니는 한韓씨이다. 함풍 8년 무오년(1858, 철종 9) 9월 17일에 고흥의 팔영산 아래서 태어났다.

8세 때 고아가 되어 형에게 의탁하였지만 보존하기가 어려웠다. 능가사楞伽寺에 나아갔는데, 조계산에서 온 침송 수좌枕松首座가 선사를 한번 보고는 기뻐하면서 머리를 깎아 주고 출가시켜 키워 주었으며, 남화南華에게서 오계를 받게 하였는데 법명은 성호誠昊였다.

13세 때(1870, 고종 7) 은사를 따라 조계산의 은적암으로 돌아왔다. 인월印月에게서 사미계를 받고 범패를 배웠으며, 침허枕虛를 따라서 사집四集을 배웠다.

20세 때(1877, 고종 14) 제방을 유력하였는데 경붕景鵬·혼해混海·원해圓海 등의 여러 강백 밑에서 경학을 마쳤다. 남쪽으로 대흥사에 가서 범해 선사梵海禪師에게서 구족계를 받고, 원해 대사를 따라서 세간의 학문을 배웠다.

33세 경인년(1890, 고종 27) 봄에 광원사廣原社에서 건당을 하고 은사의 가업을 이었는데 호를 혼명混溟이라 하였다. 청진암에 주석하였지만 세간 업에는 청빈하였다. 향을 사르고 부처님을 받드는 것으로 일생의 정업淨業을 삼으면서 법부를 시봉하였다.

이후 곡성 도림의 태안사로 가서 재삼 주석하였고, 무등산의 원효암에서 마음을 깨쳤다. 이후 복천의 유마정사에서 금륜을 굴렸고, 결사를 하여 10년 이상 안거를 하였다.

63세 경신년(1920)에 능가사의 주지로 나아갔다. 임술년(1922) 봄에 옹성산甕城山 몽성암夢聖庵으로 옮겨 주석하면서 크게 교화를 펼치자 신도들이 수없이 모여들었다.

계해년(1923) 봄에 산속에 족적을 감추더니, 다시 농장의 객이 되었다.

曹溪宗師混溟禪師傳

姓黃。父孟卜。母韓氏。咸豊八年戊午九月十七日。生於高興之八影山下。八歲遭孤。托於兄。難可保。抵楞伽寺。有曹溪來枕松首座。一見而喜。剃度而養。戒受於南華。名曰誠昊。十三隨師還曹溪之隱寂庵。受戒於印月學梵音了。從枕虛學四集。二十遊方。參景鵬混海圓海諸講下經學了。南至大興寺。梵海禪師受具戒。隨圓海大師。學世間解。庚寅春建幢於廣原社。得恩師家業。其號曰混溟。住淸眞庵。世業淸寒。以奉香侍佛。爲一生之淨業。侍法父。而追後谷城之道林泰安。再三憩錫。無等之元曉澄心。福川之維摩金輪。結社安居十有稔矣。六十三庚申。行楞伽寺住持任。壬戌春移住甕城山夢聖庵。敎化大行。信徒坌集云尒。癸亥春隱迹林野。便作農庄之客。

367. 조계종사 경명 선사전

본래는 함평 출신이지만 영광군 기동리로 옮겨서 살았다. 속성은 강姜 씨이고 아버지 이름은 재평在平이며 어머니는 주朱씨이다. 이름은 태민泰 敏인데, 함풍 8년 무오년(1858, 철종 9) 12월 3일에 태어났다. 심성이 태연 하였고, 손재주가 민첩했기 때문에 그렇게 이름했으리라. 어려서 부모를 여의고 의탁할 곳이 없어서 완산의 통구와 금구의 원평 등 여기저기 떠돌 아다니면서 아침저녁으로 문지방을 넘어들었다.

11세 때(1868, 고종 5) 장성의 백양사에 들어가 수월 장로水月長老에 의지 하여 출가하였고, 기봉 법사奇峰法師를 계사로 삼았다. 15세 곧 지학志學 의 나이에 경전을 공부하려는 마음을 일으키고는 돈을 모으기 시작하였 는데, 약간의 저축이 될 때마다 반드시 학사學舍에 이름을 올리면서 백양 사와 용흥사의 강원에 수년 동안 다녔다. 점차 남쪽으로 내려갔는데 조계 산 송광사에 나아가서 다행스럽게도 동허 화상洞虛和尙과 결연을 맺고, 원 해圓海·월화月和 등 여러 종장들을 참문하여 경전을 배웠다.

29세 병술년(1886, 고종 23)에 범해 선사에게 참례하여 구족계를 받았다.

30세 때 건당을 하여 동허 화상의 법의法衣를 받고 호를 경명景溟이라 하였다. 만일당萬日堂에 주석하면서 여름 안거를 보냈다.

무술년(1898, 고종 35)에 해인사에서 안거를 하였고, 신축년(1901)에는 쌍 계사에서 하안거를 하는 도중에 법부의 부고를 듣고는 곧바로 밤을 달려 서 찾아갔다. 다비를 하던 날 밤에 상서로운 광명이 허공을 훤히 비추는 것을 원근에서 다 보았다. 그러고는 대중들이 선사에게 법부의 자리를 계 승할 것을 청하였다.

만일회를 마치고, 이어서 무량회로써 그것을 계속 이어 갔는데, 경술년 (1910)에 이르러 그것이 혁신되었고 염불회도 혁파되었다.

을묘년(1915) 봄에는 벌교의 포교당에 나아가서 인연을 따라서 설법하여 교화하였다.

기미년(1919)에는 다시 염불회가 벌교의 포교당에 개설되어 화주로 초청되었다.

임술년(1922) 봄에 염불회를 자정암慈靜庵으로 옮겨서 사분염송四分念誦(하루에 네 차례에 걸쳐 염불하는 수행)을 하면서 일심으로 정진하였다. 선사는 항상 다음과 같이 말했다. "이 사바세계를 나는 반드시 벗어나겠다. 연화정토야말로 곧 내가 돌아갈 곳이다."

정묘년(1927) 겨울에 주석처를 관음전으로 옮겨서 부처님을 받들고 정진하였다.

무진년(1928) 겨울에는 염불당으로 주석처를 옮기고 입승立繩의 소임을 맡아서 머물렀다.

曹溪宗師景溟禪師傳

本咸平人。靈光郡基東里寓居。姓姜。父在平。母朱氏。名泰敏。咸豊八年戊午十二月三日生。心性泰然。手藝敏捷故名焉歟。早孤無賴。流離浪藉。完山之通衢。金溝之院坪。卽晨夕門闌。十一入長城之白羊寺。依水月長老得度。奇峰師爲戒師。志學之年。尙有看經之心。僅鳩斗儲。必掛牌於學舍。白羊龍興講肆。出沒數年矣。漸次南行。抵曹溪山松廣寺。幸結緣於洞虛和尙。參圓海月和諸宗匠學經了。丙戌禮梵海禪師。受具足戒。三十建幢。得洞虛和上法衣。號景溟。住萬日堂。安居解夏。戊戌赴海印寺安居。辛丑結夏於雙溪寺。聞法父之告訃。罔夜馳走。茶毘之夕。祥光洞虛。遠近渾見。仍大衆請繼法父之席。畢了萬日會。續以無量會做去。至庚戌革新。念佛會亦革罷。乙卯春赴筏橋布敎堂。隨緣說化。己未念佛會更設于本所。請爲化主。壬戌春移會于慈靜庵。四分念誦。一心精進。師常曰。堪忍世界。是吾必離。蓮花淨土。是吾所歸云。丁卯冬移住觀音殿。奉佛精進。戊辰冬移住念佛堂。住立繩位。

368. 조계종사 영월 선사전

휘는 축문竺文이고 또한 효문孝文이며 자는 화옹花翁이고 호는 영월映月이며, 속성은 양梁씨이고 아버지 이름은 혜갑惠甲이며 어머니는 경주 김金씨이다. 함풍 11년【철종 12년(1861)】신유년 정월 28일에 구례군 간문면 동해리에서 태어났다. 11세 신미년(1871, 고종 8)에 입학하였다.

13세 계유년(1873, 고종 10)에 곡성 태안사의 명적암明寂庵에 나아가서 척허 장로尺虛長老에 의지하여 출가하였다. 14세 갑술년(1874, 고종 11)에 보명葆明에게 계를 받고 사집四集을 배웠다. 17세 정축년(1877, 고종 14) 속가 아버지의 영결식에 곡을 하였다. 무인년(1878, 고종 15)에 제방을 유력하면서 경붕景鵬·경운擎雲·원해圓海 등의 강원에서 참문하면서 7, 8년 동안 모든 경전과 불교 전적을 열람하였다.

27세 정해년(1887, 고종 24)에 건당을 하고 금운 화상錦雲和尙의 법맥을 이었는데, 곧 석존의 제74세손이다. 무자년(1888, 고종 25) 봄에 명적암을 중수하고, 경운 화상에게 나아가서 선법과 참법을 받았다. 경인년(1890, 고종 27) 봄에 사산四山의 명승지로 선지식을 참방하였다. 신묘년(1891, 고종 28) 봄에 자원하여 만일회를 개설하였고, 부도전浮屠殿도 중수하고 개선하였다.

임진년(1892, 고종 29)에는 화엄회를 개설하였고, 을미년(1895, 고종 32)에는 화엄회를 다시 개설하였으며, 정유년(1897)에는 각 부部의 탱화불사를 하면서 영남 지방을 교화하였다. 통도사에서 여름 안거를 보내면서 산청에서 큰솥(鐺鼎) 2좌를 구입하였다.

경자년(1900, 고종 34) 봄에 화주행을 하였는데, 완산 송주상宋柱商 집에서 천 냥을 화주하여 보국사輔國寺의 대종 하나를 구입하였다. 그 무게는 350근이고, 가격은 1,700냥이었다. 부족한 700냥은 보국사의 토지 일곱 마지기를 내놓아 감당하였다.

계묘년(1903)에 명적암으로 주석처를 옮겼다. 이곳은 곧 일찍이 영월 법사가 원답願畓 아홉 마지기를 내놓은 곳이었고, 법부法父가 다시 사찰의 토지 열두 마지기 반을 내놓은 곳이었는데, 법회 대중의 양식은 이것으로 풍족하였다.

갑진년(1904)에 본당을 중수하였고, 아울러 사성각四聖閣의 서각西閣으로 물러나 머물렀다. 6월에 속가의 어머니가 돌아가시자 곡을 하였다.

을사년(1905) 7월에 법부가 입적하여 곡을 하였다.

무신년(1908)에 병란으로 인하여 만일염불회가 폐지되었는데 18년 동안[189] 이어졌다. 이에 지리산에 들어가 은둔하였다.

기유년(1909)에 도림사와 길상사로 옮겨서 매일 저녁 성중에게 백배를 하면서 단지 국가의 태평과 안녕을 축원할 뿐이었다.

경술년(19010)에 태안사로 돌아와서 혜철국사탑 아래에 은둔하였지만 마음이 안정되지 않자 송광사 장경전으로 옮겨서 향을 살랐다. 여기에서 다리에 병을 얻어 고생하였다.

신해년(1911) 가을에 대웅전에 주석하였다.

임자년(1912) 가을에 태안사로부터 초청을 받고 나아가서 대웅전에 주석하였다.

54세 갑인년(1914) 겨울에 태안사의 주지 임무에 선출되었다.

을묘년(1915) 건물 30칸에 기와불사를 하였다.

병진년(1916)에 대로전大爐殿과 석정石井 일구一口를 신축하여 낙성하였고, 칠성각을 중수하였으며, 대웅전과 응진당의 기와불사를 하였다. 11월에 태안사 주지 제2기에 임명되었다.

정사년(1917) 봄에 선당인 동일암東日庵을 수선하였고, 일주문을 중건하였으며, 응접실을 새로 짓고 사무실을 수리하였고, 사면의 담장을 개축하

---

[189] 18년 동안 : 1891년에 개설되어 1908년에 폐지되기까지의 기간이다.

였다.

경신년(1920) 봄에 봉서암鳳瑞庵을 창건하였다. 11월에 태안사 주지 제3기에 임명되었다.

신유년(1921)에 요사채 30칸에 기와불사를 하였고, 삼천교三川橋를 신축하였다.

임술년(1922) 봄에 선당과 보제루(空樓)와 주방을 신축하였고, 승당의 지대방을 새롭게 수선하여 사무소로 삼았으며, 탑전塔殿으로 물러나 머물면서 사무에 대해서는 더 이상 돌아보지도 않고, 안양국에 태어날 염불수행을 업으로 삼았다.

기사년(1929) 정월 28일에 이르러 이인二寅에게 전법을 하고, 3월 초하루에 병 없이 입적하였다. 세수는 69세이고, 법랍은 56년이다.

曹溪宗師映月禪師傳

諱竺文。又孝文。字花翁。映月號也。姓梁。父惠甲。母慶州金氏。咸豊十一年【哲宗十二年】辛酉一月二十八日。生于求禮艮文東海里。十一辛未入學。十三癸酉投谷城泰安之明寂。依尺虛長老而得度。十四甲戌。受戒于葆明。學四集。丁丑哭嚴君永訣。戊寅遊方。參景鵬擎雲圓海講下。七八年閱盡經籍。二十七丁亥建幢。繼錦雲和尙法脈。卽釋尊七十四世孫也。戊子春本庵修繕。就擎雲和尙受禪懺。庚寅春訪善知識於四山勝地。辛卯春自願設萬日會。浮屠殿亦重修改繕。壬辰設華嚴會。乙未再設華嚴會。丁酉各部幀佛事。化行嶺南。結夏於通度。山靑鐺鼎二座買還。庚子春化行。至完山宋柱商家。得化金一千兩。買輔國寺大鍾一座。重三百五十斤。費金合一千七百餘。不足金七百餘。放己土七斗落自當也。癸卯移會于明寂庵。此卽法師願畓九斗落曾納之處。而法父更納己土十二斗五升落。會中資粮從此豊足。甲辰重修正堂及四聖閣西閣退立。六月哭慈母。乙巳七月哭法父。戊申因兵亂。念佛會廢止爲十八年也。入智異山隱遁。己酉移道林吉祥。日夕百拜聖衆。只祝國界泰安耳。庚戌還本隱國師塔下。心猶未定。移于松廣寺藏經殿奉香。偶以脚症小患。辛亥秋住大雄殿。壬子秋赴本寺請。住大雄殿。五十四甲寅冬。被選本寺住持任。乙卯燻瓦三十間。丙辰大爐殿石井一口新成。七星閣重修。大雄殿應眞堂鱻瓦。十一月本寺住持二期認可行。丁巳春禪堂東日庵修繕。一柱門重建。應接室新建。事務室修理。四面墻垣改築。庚申春鳳瑞庵籾建。十一月三期住持認可行。辛酉燻瓦三十臥。三川橋新成。壬戌春禪堂空樓厨間新成。僧堂後房新繕。爲事務所。退居塔殿。不顧事務安養爲業。至己巳一月二十八日傳法二寅。同三月一日。無疾化。壽六十九臘五十六。

369. 조계종사 호붕 선사전

휘는 진홍振弘이고 자는 부요扶搖이며 법호는 호붕浩鵬이고, 속성은 김金씨로서 본관은 경주이다. 아버지 이름은 윤언允彦이고, 어머니는 김金씨인데 본관은 김해이다. 고흥군 점암면 두지리 출신으로 동치 2년 계해년(1863, 철종 14) 4월 8일에 태어났다. 태어나면서부터 특출났는데 자라면서 재주와 이름을 날렸다. 11세에 입학을 하였는데 가정이 너무 어려웠다. 더구나 13세 때 집안에 어려움이 닥치자 가업을 보존할 수가 없어서 아버지와 헤어지게 되었다.

14세 때 팔영산의 능가사에 들어가서 영호 대사影湖大師를 의지하여 머리를 깎았고, 15세 때 설암 선사雪巖禪師에게서 계를 받고 3년 동안 시봉을 하였다. 19세 때 조계산 구연 화상九淵和尙의 강원에 나아가서 경전을 배웠고, 경운擎雲·원화圓華 등의 제 종사를 참문하여 내전과 외전의 경적經籍을 대략이지만 모두 섭렵하였다.

30세 임진년(1892, 고종 29)에 조계산 감로사甘露社에서 건당을 하고, 은부 영호 대사의 법의를 받았다. 그러나 뛰어난 명안종사(鑑老)의 텃밭을 벗어나서 자신만의 법을 펼치니 뛰어난 납자들이 수많이 모여들었다. 이에 그 향기가 널리 퍼져서 참으로 공석불난孔席不煖[190]이었다. 곧 금강산의 신계사, 곡성의 태안사, 방장산의 쌍계사와 대원사, 승평군의 선암사, 조계산의 보제당 등은 모두 선사가 교화를 폈던 지역이다. 조계에서 시작하여 조계에서 끝났지만 선사의 교화가 어찌 조계에만 깊이 국한되었겠는가? 만세에는 청진암淸眞庵에 은거하여 보임하면서 염송을 하여 장차 정토업을 기약하였다.

---

190 공석불난孔席不煖 : 공자의 경우처럼 교화하느라고 편안히 앉아 있을 틈이 없이 바쁘다는 말.

기미년(1919)에 환해幻海 선조의 비문을 건립하였는데 이것이야말로 선사의 일생에 걸친 대업이었다. 무진년(1928) 봄에 동리산의 강석에 나아갔고, 기사년(1929) 가을에 태안사로 돌아와서 자정암慈靜庵에 주석하였다.

曹溪宗師浩鵬禪師傳

諱振弘。字扶搖。法號浩鵬。姓金。本慶州。父允彦。母金氏。本金海。高興占嵓斗池里人。同治二年癸亥四月八日生。生而秀異。稍有才名。十一入學。家道太難。十三遭內艱。不能保祖業。父子相離。十四入八影之楞伽。依影湖大師祝髮。十五受雪崑禪師戒。三年服勤。十九至曹溪山九淵和尙講下學經。參擎雲圓華諸宗師。內外經籍。略皆涉獵。三十壬辰。建幢于曹溪之甘露社。衣[1]恩父之法衣。拂鑑老之塵拂。獅徒坌集。腥羶播遠。孔席不煖。金剛之神溪寺。谷城之泰安寺。方丈之雙溪寺大原寺。昇平之仙嵓寺。曹溪之普濟堂。皆師之化儀之地也。始於曹溪。終於曹溪。師之化緣。偏深於曹溪歟。晚歲隱淸眞庵保任念誦。將期淨土業矣。己未堅幻海先祖碑。是師一生大事業也。戊辰春赴桐山之講席。己巳秋還本。住慈靜庵。

---

1) ㉠ '衣'는 '受'이어야 옳다.

370. 조계종사 취암 선사전

속성은 오吳씨이고 아버지 이름은 경주經柱이며 어머니는 장張씨이다. 동치 4년【이태왕 2년】을축년(1865) 3월 16일에 곡성군 죽곡면 유봉리에서 태어났다. 5세 때 아버지를 여의고 어머니를 따라서 순천군 송광면 오봉리에서 살았다. 10세 때 입학하였는데 재주가 민첩하고 총명하였다.

16세 경진년(1880, 고종 17)에 어머니의 가르침을 따라서 송광사 선월 대선사禪月大禪師에게 머리를 깎고 출가하였다. 그리고 기룡 대사麒龍大師에게 오계를 받고 영은環恩이라 이름하였고, 자는 귀일歸一이다.

18세 때 구연 강헌九淵講軒을 따라서 처음으로 경전을 배웠고, 경운擎雲·원화圓華 등 제 종장을 참문하여 5, 6년 동안 내전과 외전의 전적을 종합적으로 살펴보지 않은 것이 없었다.

경인년(1890, 고종 27) 봄에 조계의 수선사修禪社에서 건당을 하여 은부의 신의信依를 받았고 호를 취암翠菴이라 하였으며, 광원암廣原庵의 조실에 주석하면서 개당하여 교학을 시설하였다. 이곳은 곧 진각 혜심眞覺慧諶 국사가 『선문염송』을 결집한 곳이었으니, 어찌 『염송』에 감응된 업이 아니었겠는가?

광원암에 오랫동안 풍우가 순조롭지 못하여 버텨 나갈 길이 없자 용선 대덕龍船大德과 함께 시주 집으로 화주를 다니면서 암자를 일신하여 중즙重葺하니, 그것은 곧 건당 초기에 세운 원력에서 나온 것이었다.

갑오년(1894)에 동학의 난을 피하여 스승을 모시고 은적암의 초당으로 옮겼다. 초당은 곧 4세조인 경월 조사鏡月祖師가 개창한 곳으로 법부法傅가 거기에서 생을 마치려 한 곳이었기 때문에 모든 관리와 보수는 다 선사에게 책임이 있었다. 그리고 선사는 법부에게 효도하면서 물 긷고 나무하는 것도 동자에게 떠맡기지 않았고, 밥과 죽도 몸소 자신의 손으로 지었으며, 항상 스승을 받드는 것이 부족한 것을 안타까워하였다.

어느 날 홀연히 바위 절벽에 영초靈草가 있음을 보고 그것을 팔아서 스승을 받드는 비용으로 쓰려고 하자 그 말을 들은 사람이 축하하며 말했다. "이것은 반드시 효심이 감응한 것입니다." 이에 은적암의 사성각四聖閣과 초당草堂을 급히 헐어 내고 곧 수선하여 고쳤다.

경자년(1900) 겨울에 법부의 영결식에서 곡을 하였고, 3년 동안의 복제를 마쳤다.

임인년(1902)에 유마사로 주석처를 옮겼고, 계묘년(1903)에 본사의 총섭인惣攝印을 받았으며, 병오년(1906)에 보조암의 조실에 주석하였고, 무신년(1908)에 이르러 전쟁으로 인한 재해로 동암과 보암의 두 암자가 불타 버린 가운데서 옥석玉石이 모두 불타 버렸는데[191] 더 이상 무엇이 남아 있었겠는가?

경술년(1910)에 이르러 지팡이 하나에 옷 한 벌로 천산만수를 답파하다가 용주사의 요청을 받고서 그곳에 주석하여 불법을 강의하였다. 기타 봉은사와 봉선사와 전등사와 마곡사 등에서 다투어 초청하지 않는 곳이 없었다. 이에 10년 동안 강의를 다니느라고 '공자의 좌석이 따뜻할 새가 없었다는 것을 꾸짖을 정도였고, 묵자의 굴뚝에 검댕이가 낄 틈이 없었다는 것을 나무랄 정도였다(孔席之誚, 墨埃之譏)'[192]고 한다면 지나친 말은 아닐 것이다.

선사는 시율詩律에도 뛰어나서 거의 방옹放翁[193]의 첫걸음을 터득했다고들 말하였다.

---

191 옥석玉石이 모두 불타 버렸는데 : 착한 사람과 악한 사람을 막론하고 모두 재해를 입은 것을 가리킨다.
192 공자의 좌석이~나무랄 정도였다 : "공자가 앉았던 자리는 따뜻해질 틈이 없고, 묵자가 묵었던 집의 아궁이는 검댕 낄 틈이 없다.(孔席不暇暖, 而墨突不得黔。)"라는 한유韓愈의「爭臣論」의 말을 인용한 것으로, 선사가 강의로 분주한 나날을 보낸 것을 찬탄한 것이다.
193 방옹放翁 : 남송의 시인 육유陸遊(1125~1209)를 가리킨다.

기미년(1919)에 송광사의 요청을 받고 나아가서 도림사 길상암에 주석하였다. 이에 묘길상이 나한의 도량에서 탄생한 곳과 같고, 경치는 뛰어나고 연기 피어나는 인가가 멀리 있으니, 실로 산사람이 살기 좋은 곳으로 천수를 마치기에 좋은 곳이었다.

갑자년(1924)에 백양사 강사의 초청을 받고 그곳에 나아갔다.

기사년(1929) 봄에 조계산 송광사의 요청을 받고 나아가서 홀로 산실山室을 지켰다.

曹溪宗師翠菴禪師傳

姓吳。父經柱。母張氏。同治四年【李太王二年】乙丑三月十六日。生於谷城竹谷留鳳里。五歲孤。隨母寓順天松光五峯里。十歲入學。才敏聰慧。十六庚辰。依慈訓。出家於松廣寺禪月大禪師祝髮。戒受猊[1]龍大師。名璟恩。字歸一。十八從九淵講軒。始入經。衆擎雲圓華諸宗匠五六年。內外典籍。莫不綜核。庚寅春建幢于曹溪之修禪社。受恩父之信衣。號翠菴。住廣原室。開堂設教。此卽眞覺國老結集拈頌之社也。何業感頌哉。本庵久病風雨。無路抵撑。與龍船大德。叫化檀門。一新重葺。卽建幢初願力之流出也。甲午避東匪之亂。奉師移錫隱寂草堂。堂卽四世祖鏡月祖師之所剙。法傳欲終於此故。凡所周章。盡責於師。師孝於傅。搬汲不任於僮。饌粥唯作於手。每恨奉師乏資。一日忽見靈草於嵓崖。售爲奉師之資。聞者賀云。必以孝心所感云。本庵四聖閣與草堂。急於剝落。卽修繕而救之。至庚子冬。哭法父之永訣。三年服終。壬寅移錫維摩寺。癸卯受本寺摠攝印。丙午住普照室。至戊己[2]之兵燹。東普兩庵。燒爐之中。玉石俱焚。有何餘存哉。越庚戌一杖一衣踏破千山萬水。而爲龍珠寺所挽住錫講法。其他奉恩寺。奉先寺。傳燈寺。麻谷等寺。無不競邀。十年驪亭。孔席之銷。墨埃之譏。倘或免哉。師善詩律。庶得放翁之初步云。己未赴本寺之請。住道林寺吉祥庵。卽妙吉祥。生羅漢之道場。境絶而烟復。實山人可居地。欲終天年云尒。甲子有白羊寺講師請赴之。己巳春赴本山之請。獨守山室。

1) ㉮ '猉'는 '麒'이어야 옳다. 2) ㉯ '己'는 '申'이어야 옳다.

371. 조계종사 율암 선사전

휘는 찬의贊儀이고 자는 남계藍溪이며 법자法字는 율암栗庵이다. 속성은 김金씨이고 아버지 이름은 응식應植이며 어머니는 위魏씨이다. 동치 6년 정묘년(1867, 고종 4) 10월 6일 여수 율촌면 사항리에서 출생하였다. 기상이 특별하게 뛰어났고, 호랑이 이마에 제비턱을 가졌으며, 눈썹이 빼어나고 눈은 늘어졌으며, 코는 오뚝하고 뺨은 풍부하며, 언변이 능란하여 강물과 같고 눈동자는 번개처럼 반짝였으니, 원래부터 용렬한 무리의 국량이 아니었다.

어린 나이(卯歲)에 입학을 하였다. 비록 하나를 들으면 열을 안다고까지는 말할 수 없을지라도 반드시 한 번 척 보면 그대로 기억한다고 말할 수 있을 만큼 총명한 지혜는 짝할 이가 없었는데 기억하는 것이 마치 어제처럼 역력하였다.

15세 무렵(志學) 경전과 불교 전적을 두루 열람하였고 배운 것은 반드시 가르쳤으며 들은 것은 결코 잊지 않았다. 이야말로 신족迅足으로 빨리 달리는 모습이 가히 늦게 출발했으면서도 선인들을 넘어선다고 말하는 것이 진실로 거짓은 아니었다. 자字를 남계藍溪라고 지은 것은 청출어람靑出於藍이라고 말하는 것에 부끄럽지 않아야 한다는 의미였다. 그러나 숙세에 심어 놓은 신령스러운 새싹인들 어찌 선인과의 인연처럼 달갑겠는가? 왜냐하면 은애란 버리기 어려운 줄을 알고 있으며 성을 넘어 출가했다는 부처님의 고사를 들어 왔기 때문이다.

그래서 광서 8년 임오년(1882, 고종 19) 가을날 밤중에 집을 버리고 자취를 감추어 선암산에 숨어 들어가 월주 대사月宙大師에게 머리를 깎았다. 그리고 호운 선사浩雲禪師에게 계를 받고 경운 강헌擎雲講軒을 참방하여 경전을 배웠다. 이후 남쪽으로 유향하여 두륜산에서 범해梵海 옹翁에게 참례하여 향을 사르고 구족계를 받았다. 그리고 다시 조계산으로 들어가서 원해 법사圓海法師에게 참문하여 불교의 교의를 갈고닦았다. 남쪽으로 유행하다가 갑자기 돌이켜서 북쪽으로 유행하면서 10년의 세월을 보냈는데, 진제에 들어갔다 세속에 나왔다 하면서 1만 두斗의 구준衢樽의 술에 만취하기도 하였다.

27세 임진년(1892, 고종 29)에 조계산의 비전碑殿에서 법당法幢을 세우고, 원해 법부法父의 가정家庭(家風 또는 門庭)에서 신의를 걸쳤는데, 곧 임제종의 적손으로 부휴파의 제10세이다. 보조암의 조실에 주석하면서 사방에 가풍을 드날리니 이름이 더욱더 현창하였다.

계사년(1893, 고종 30) 봄에 방장의 요청을 받고 나아가서 수도암에 주석하니 수많은 대중이 운집하였는데, 손가락으로 꼽을 만한 사람만 해도 50명이었다. 이듬해(1894, 고종 31) 봄에 석장을 떨치고 대중을 해산하고는 명승지를 참방하였다. 북쪽으로는 묘향산 보현사를 참방하였고, 동쪽으로는 금강산 법기암法起庵을 참방하였으며, 강동 팔경과 영남 사불산四佛山을 두루 널리 찾아다녔다. 다시 조계사로 돌아와서 다리를 뻗고 잠을 자면서 장차 안심입명을 도모하였다.

갑진년(1904)에 이르러 총섭인惣攝印을 받았고, 경술년(1910) 봄에 학교를 세우고 한문 교원이 되었다.

임자년(1912)에 행해당行解堂의 강의 교수(講授)로 주석하였다. 그 밖에 가람을 수호하는 임무를 맡아서 선사先師인 월주 대사가 지어 놓은 가람을 보수하려 하자 처음에는 모든 것이 여의치 않았지만 건물과 사람과 자량이 점차 충족되어 갔다.

임술년(1922) 봄에 선암사 주지 임무를 맡았다.

병인년(1926) 가을에 천금을 출자하여 보조암 국사탑을 보수하였다.

기사년(1929) 봄에 병을 보이더니 4월 29일 조용히 입적하였다. 세수는 63세이고, 법랍은 47년이다. 문인들이 진영을 방장산에 모셨다.

曹溪宗師栗庵禪師傳

諱贊儀。字藍溪。法字栗庵。姓金。父應植。母魏氏。同治六年丁卯十月六日。生於麗水栗村面沙項里。氣像殊特。虎額燕頷。眉拔目懸。準高頰豊。辯捷河晴閃電。原非庸流之局。卅歲入學。雖莫曰聞一知十。必可云一覽輒記。聰慧絶倫。記歷如昨。知[1]學之年。周覽經籍。學必敎授。聞必不忘。是可謂迅足駿駸。後發前至者。信不誣矣。其字云藍溪者。不愧乎靑於藍之謂歟。然宿植靈芽。奈仙緣之甘心何也。知恩愛難捨。耳踰城古事。光緒八年壬午秋夜半。辭家遯跡隱於仙嵓山。祝髮於月宙大師。得戒于浩雲禪師。叅擎雲講軒學經。南遊頭崙禮梵海翁。而拈香受具。反入曹溪。叅圓海師。而叩椎敎義。遊南返北。遽費一十年之光陰。入眞出俗。滿醉十千斗之衢樽。二十七壬辰。竪法幢於曹溪山之碑殿。着信衣於圓海父之家庭。卽臨濟宗之嫡孫。乃浮休派之十世。住普照室。譽四飛。名益彰。癸巳春赴方丈之請。憩錫于修道庵。海會雲集。指屈半百。明年春拂錫散衆。叅訪名勝。北叅妙香山之普賢。東謁金剛山之法起。江東之八景。嶺南之四佛。周遍叅覓。返本曹溪。伸脚打眠。將圖安命。至甲辰佩揔攝印。庚戌春設學校。行漢文敎員。壬子住行解堂講授。其餘護茄藍之委任。爲先師之倡囚。未能一一也。閏屋閏身資粮位稍足云。壬戌春行本山住持任擧行。丙寅秋出千金。修普照國師塔。己巳春示疾。四月二十九日奄眞。壽六十三。臘四十七。門人掛眞于方丈。

---

1) ㉗ '知'는 '志'가 옳다.

372. 조계종사 용암 선사전

속성은 최崔씨이고 아버지 이름은 시선時先이며 어머니는 박朴씨이다. 휘는 진수振秀이고 자는 토정土定이며 호는 용암龍巖으로 순천군 송광면 장안 출신이다. 동치 7년 무진년(1868, 고종 5) 6월 1일에 태어났다. 용모가 깨끗하고 깔끔하였으며 눈썹과 눈동자가 수려하고 맑았기 때문에 사람들이 옥골미남이라 불렀다. 8세 때 입학하였는데 낮에 배운 것은 밤에 반드시 암송하였다. 13세 때 『통사通史』를 마쳤다. 점술가의 가르침을 받아들여 부모가 출가를 허락하였다. 14세 때 조계산으로 가서 계월 선사桂月禪師에게 머리를 깎았고, 법운 대사法雲大師에게 계를 받았다. 18세 때 은사가 입적하자 곡을 하고 3년 동안 복제를 하였다.

23세 경인년(1890, 고종 27) 금명 화상錦溟和尙의 강원에 나아가서 경전을 배웠고, 화성華性과 호붕浩鵬에게 참문하면서 6, 7년 동안 모든 경전과 불교 전적을 열람하였다.

30세 정유년(1897, 고종 34) 겨울에 보조난야에서 건당을 하였고, 인월 대사印月大師의 법인을 얻어 광원사廣原社에 주석하였다.

정미년(1907)에 총섭에 나아갔고, 무신년(1908)에는 병란을 피하여 사산四山을 유력하다가 양산 통도사에 있는 불종佛宗의 계단묘戒壇廟에 참례하고서 수개월 동안 결연을 한 후 범어선원梵魚禪院으로 가서 안거를 보냈다.

이듬해 법종法宗 스님의 경각經閣에 참례하였고, 방장산의 아자방亞字房으로부터 화엄사에 나아가서 사리탑에 참례하고 조계산의 감로사甘露社로 돌아왔다. 세간에 있으면서도 염송을 그만두지 않았고, 대중이 많은 시장에 있으면서도 기강을 잃지 않았으며, 마음에는 규승規繩을 어기지 않았고, 성품에는 정애情愛에 물들지 않았으며, 일상의 기거동작에서도 항상 출가의 본의를 생각하였고, 아침저녁으로 매일 정토의 불사를 생각하였다. 그리고 먼 후손(雲仍)¹⁹⁴을 교육함에 있어서도 부지런히 왕생의 길을 닦아 준 사람이었으니, 곧 세간과 출세간에 은거하는 납승이었다.

임술년(1922) 겨울에는 대웅전에 나아가서 향 사르는 소임을 받들었다.

갑자년(1924)에 다시 대웅전에 나아가서 향 사르는 임무를 게을리하지 않았다.

무진년(1928) 겨울에는 가벼운 병을 보여 병상에 있으니 해은海隱 상족이 탕약을 시봉하였는데, 삼평三平과 왕상王祥과 맹종孟宗도 그를 능가하지 못할 만큼 부끄러움이 없었다.

경오년(1930) 정월 2일에 조용히 입적하였다. 문도들이 모여 다비를 하고 방장산에 진영을 모셨다.

曹溪宗師龍嵓禪師傳

姓崔。父時先。母朴氏。諱振秀。字土定。號龍嵓。順天松光壯安人。同治七年戊辰六月一日生。容儀素潔。眉瞳秀澄。人稱玉骨美男。八歲入學。日所學夜必誦。十三通史畢。爲數者所敎。父母許以出家。十四投曹溪之桂月禪師祝髮。戒受於法雲大師。十八哭恩師。三喪禮行。二十三庚寅。就錦溟和尙講下學經。衆華性浩鵬。六十¹⁾七年閱盡經籍。三十丁酉冬。建幢於普照蘭若。得印月大師法印。住廣原社。丁未行摠攝任。戊申避兵亂。遊歷四山。至梁山之通度寺禮佛宗之戒壇廟。數月結緣。向梵魚禪院。結臘安居。明年禮法宗之經閣。自方丈之啞房。抵華嚴。禮舍利塔而還本住甘露社。而處世間而不廢念誦。處衆閙而不失綱紀。心不違規繩。性不染情愛。俯仰常恐出家之本意。晨夕每念淨土之事業。敎育雲仍。勤修冥路者。是乃世出世之隱居衲僧耶。壬戌冬行大雄殿奉香任。甲子再行之不倦也。戊辰冬偶以微疾

---

194 먼 후손(雲仍) : 아래로 8대손인 운손雲孫과 7대손인 잉손仍孫을 아울러 이르는 말이다.

在床。有上足曰海隱。侍湯擧行。不愧三平及王孟未過云尒。庚午一月二日奄然歸眞。門徒會集。茶毘掛眞于方丈。

---

1) ㉑ '十'은 없어야 옳다.

373. 조계종사 설월 선사전

속성은 이李씨이고 아버지 이름은 병하丙夏이며 어머니는 김金씨이다. 휘는 용섭龍燮이고 호는 설월雪月로서 순천군 주암면 용촌리 출신이다. 동치 7년 무진년(1868, 고종5) 10월 16일에 태어났다. 정수리 가운데가 가라앉았고 얼굴이 넓었으며, 눈썹 언저리가 모나면서 둥글었으며, 손에는 검은 반점이 있었고 재주는 민첩하고 총명하였다. 10세 때 입학하였는데 『통사通史』에 달통하였다. 그러나 어머니를 여의고 집안이 가난하여 독서를 할 수가 없었다.

15세 때 집을 떠나 송광사로 가서 신월 대사信月大師에게 머리를 깎았다. 호산 대사湖山大師에게 오계를 받고 4, 5년 동안 시봉하다가 제방을 유행할 것을 고하였다.

23세 경인년(1890, 고종 27)에 금명 화상을 참방하여 경전을 배웠고, 화성과 호붕 등 제 종장을 참문하여 6, 7년 동안 모든 경사經史를 열람하였다.

30세 정유년(1897, 고종 34)에 보조암에서 건당을 하고 은부恩父의 신의信依를 받아 염불회에 참여하여 머물렀다.

무신년(1908)에 총섭인惣攝印을 맡았는데 의병의 난으로 가혹하게도 동암과 보암의 두 암자가 불타 버린 변고를 만나자 곧 총섭인의 임무를 그만두고, 고양의 능가산에 숨었다.

기유년(1909) 겨울에 조계산으로 돌아와서 두 암자를 혁신하는 초기에 송광사 주지에 선출되었기 때문에 불가피하게 거행하게 되었다. 절 안에 학교를 설립하고 승속을 병합하자 수많은 학생들이 모여들었다.

경술년(1910) 봄에 청계당을 신축하였다.

신해년(1911)에 순천군의 환선정喚仙亭을 수리하여 포교당으로 만들었다.

임자년(1912) 봄에 봉불식을 거행하고, 계축년(1913)에 교당校堂과 교원실敎員室을 보수하였으며, 을묘년(1915)에는 낙안 벌교 포구에 포교당을 설립하였고, 병진년(1916)에는 풍암 세찰楓嚴世察의 탑을 보조암으로부터 비등碑嶝으로 옮겨 봉안하였으며, 정사년(1917)에는 비전碑殿의 담장을 신축하였고【그 비용은 세 문중에서 감당하였다.】, 사항홍교獅項虹橋를 신축하였다.【안한붕安漢朋이 혼자 감당하였다.】

무오년(1918)에 새로 비전碑田을 개척하였고, 아울러 일주문을 축석築石하였으며, 선조先祖 부휴 선수의 비문을 세웠다.

기미년(1919) 가을에 이르러 관음전을 건립하였고, 교당 사무실 앞의 옹벽 공사를 마쳤으며【이 또한 계명溪明이 혼자 감당하였다.】, 16국사전을 일신하여 중수하였고, 법성루를 보수하였다.

신유년(1921)에 자정암의 지대방을 보수하였다.

경술년(1910)으로부터 임술년(1922)에 이르기까지 12년 동안 4기의 주지를 맡아서 고생하지 않은 적이 없었지만, 불사 또한 탁월하지 않음이 없었다. 그러나 그동안 동암과 보암이 불에 타서 소멸되었다느니(1908), 일곱 기의 비碑를 새롭게 세우면서 용맥龍脉을 뚫고 잘랐다느니, 재산을 낭비했다느니, 이해를 저울질하여 상벌과 선악을 내렸다느니, 신목神目과 명감冥鑑에 자재했다느니 하는 등 일일이 거론하기 어려울 정도다. 선사는 즐겨 과일나무를 재배하였는데, 밭에다 묘목지를 설치하여 기르면서 몸소 적막감을 달랬다.

병인년(1926)에 대웅전에 불상의 부전 임무를 맡았다. 가히 이理와 사事를 겸비한 납자였다. 기사년(1929) 5월에는 주지 대리를 지내기도 하였다.

曹溪宗師雪月禪師傳

姓李。父丙夏。母金氏。諱龍燮。號雪月。順天住嵓龍村人。同治七年戊辰十月十六日生。頂低面廣。眉宇方圓。手有黔瘢。才捷聰敏。十歲入學。能通史。然遭哀。家貧不能讀書。十五辭家。抵松廣寺於信月大師髮祝。於湖山大師戒受。四五年侍汲。告以遊方。二十三庚寅。訪錦溟和尙入經。叅華性浩鵬諸宗匠。六七年閱盡經史。三十丁酉。建幢于普照。受恩父信衣。住念佛會。至戊申佩抱攝印。以義兵亂。酷遭東普兩庵燒爐之變。卽解印謝任。晦隱於高陽之楞伽。己酉冬還山。以革新之初。本寺住持被選。不得免擧行。而設學校於寺內。僧俗幷合。生徒濟濟。庚戌春聽溪堂新建。辛亥本郡喚仙亭修理。爲布敎堂。至壬子春奉佛式行。癸丑校堂及敎員室幷修繕。乙卯樂安筏橋浦。設布敎堂。丙辰楓嵒塔。自普庵隅。奉安于碑嶝。丁巳碑殿墻垣新築。【費金自三門中當。】獅項虹橋新築【安漢朋獨當。】戊午新碑場所開拓。及一柱門築石。浮休先祖碑營建。至己未秋。建畢觀音殿。校堂事務室前石築了。【此亦溪明自當云。】十六國師殿一新重修。法性樓修治。辛酉慈靜庵後房修繕。自庚戌至壬戌十二年間。四期住持擧行。靡不辛苦。事業亦無非卓犖。而至於二庵之燒滅。七碑之新基。龍脈之穿斫。財産之浪費。秤量利害。賞罰善惡。自在於神目冥鑑。不足枚擧也。性好果樹栽培。設圃培養。足尉寂莫。至丙寅奉香大雄殿佛尊任。可謂事理兼行也。己巳五月。又住持代理擧行。

374. 조계종사 눌봉 선사전

　속성은 이李씨이고 아버지 이름은 재석載石이며 어머니는 완산 이李씨이다. 동치 8년 기사년(1869, 고종 6) 7월 11일에 순천 낙호리에서 태어났다. 10세 때 취학을 하였는데 재명才名이 있었고 글씨는 더욱 기특하였다. 13세 때 아버지를 여의자 어머니는 아들을 불쌍하게 여겨서 출가를 허락하여 몸을 보존하고 글을 읽도록 하였다.

　15세 계미년(1883, 고종 20)에 송광사로 가서 월송 대사月松大師에게 출가하였고, 초우草雨 법사를 계사로 하여 정기正基라는 이름을 얻었으며, 원해圓海 법사를 따라서 경전을 배웠다.

　18세(1886, 고종23)에 제방을 유행하면서 경운擎雲과 월화月華 등 제 종장에게 참문하면서 7, 8년 동안 횡해橫海(교학의 전당)를 찾아다니면서 모든 삼장을 열람하였다. 이미 신근身根이 깊이 갖추어져 있어서 낮에는 정해 놓은 경전을 백 독씩 하였고, 밤에는 불상 앞에서 백 배씩 하였으며, 항상 계를 수지하여 신불의 수많은 가피를 받아 숙세의 업장이 거의 소멸되었다. 담화 대덕曇華大德을 따라서 범패를 배웠고, 대붕大鵬 선사를 참문하여 범자梵字를 배웠다.

　29세 정유년(1897, 고종 34) 겨울에 보조암에서 건당을 하고 용선龍船 법사의 법인을 받았는데 호는 눌봉訥峯이다. 금명錦溟 사형에게서 전강을 받고서 대중을 상대하여 널리 제접하였는데 언변이 강물과 같이 거침이 없었다.

　기해년(1899)에 해인사의 장경법회에 나아갔다. 천하의 용상龍象들이 모두 모인 그 자리에서 명패를 뒤집고 설법을 하였다(撥牌輪說).[195] 어느 날

---

195 명패를 뒤집고 설법을 하였다(撥牌輪說) : 법회 내지 논강하는 자리에서 특별한 논지 내지 설법에 대항하여 그 의견을 물리치고 새로운 의견을 제시하는 것을 가리킨다.

선사는 가장 젊은 납자로서 승당하여 한바탕 설법을 하였는데 선사를 존경하여 그 어느 누구도 다시는 설법을 하지 않았다. 이로부터 그 명성이 사방에 드날렸는데, 화엄법회와 법화법회와 정토법회 등이 개설되는 경우에는 초청되지 않는 때가 없어 부득이하게 인연을 따라서 설법하고 정진을 행하였는데 신도들이 복종하지 않는 자가 없었다. 선사가 손수 토굴을 지은 것이 한두 군데가 아니었다. 곧 무등산의 지장암 석실과 모후산의 송광대 병풍암이 그것들이었는데, 그곳은 기성祈聖과 주축呪祝의 장소이기도 하였다.

어떤 신도의 청을 받아서 『화엄경華嚴經』을 사경하였는데, 향을 사르고 목욕을 하고 옷을 갈아입고 매 행마다 일 배씩 하고 매 장마다 일 독을 하며 화엄대경의 전체를 아무런 장애가 없이 사경하여 마쳤다. 송광사에는 염불당이 있었는데 화주를 자청하여 3년 동안 정진하였다.

을묘년(1915)에 해남 대흥사의 초청을 받아 나아갔고, 이듬해(1916) 경기도 화장사의 초청을 받아 나아갔으며, 정사년(1917)에 무등산 지장암으로 주석처를 옮겼고, 기미년(1919)에 관음사에서 봉불을 하는데 초청을 받아 나아갔으며, 또한 그해 겨울에는 도림사의 주지가 되어 나아갔다.

도림사는 성 밑에 있었는데 폐허가 된 묘지에다 길가에다 더러 남아 있는 민가 등으로 둘러싸여 있으며 빗줄기가 들이칠 만큼 지붕이 열려 있고 해진 빨래가 바람에 어지럽게 널브러져 있었다. 선사는 온 마음과 힘을 다하는 지극한 정성으로 원력을 세워 중수하였는데, 다행스럽게도 큰 신도를 만나서 훌륭한 법당과 요사채로 일신하여 중건되었다. 이에 그 지역 사람들은 선사를 가리켜서 창건주가 거듭 도래하였다고들 말하였다.

경신년(1920) 10월에 어머니가 돌아가시자 곡을 하였는데 생전의 효도가 사후에 더욱더 간절하다는 것은 더 말할 필요가 없다.

을축년(1925)에 길상암에 주석하면서 불상을 보수하였는데 암자 건물이 불꽃처럼 환하게 빛났다.

기사년(1929) 봄에 완산포교당에 나아갔는데 신도들이 폭주하였다. 그 해 가을에 길상암에 주석하면서 금명錦溟 사형과 함께 결사를 하여 백일정토산림百日淨土山林을 수행하자 신도들이 시장과 같이 모여들었는데 자손들의 수복을 기원하는 자는 성취되지 않은 자가 없었다.

曹溪宗師訥峯禪師傳

姓李。父載石。母完山李氏。同治八年己巳七月十一日。生於順天洛湖里。十歲就學。有才名。筆尤奇。十三孤。母矜其丁零。許以出家。安身讀書。十五癸未。投松廣寺月松大師得度。以草雨爲戒師。名正基。從圓海學經。十八遊方叅擎雲月華諸宗匠。七八年遊泳橫海。閱盡三藏。信根旣深。日百讀課經。夜百拜聖像。爲恒戒。多蒙冥加。庶消宿障。從曇華大德。學梵音。叅大鵬禪師。學梵字。二十九丁酉冬。建幢於普照庵。佩龍船師之法印。號訥峯。受錦溟兄之傳講。應機普接。辯若河決。越己亥赴海印藏經會。天下龍象。畢集于此。撥牌輪說。一日師以寂少衲子。陞堂說破一會。肅敬更無能說者。自是腥塵四飛。若華嚴會法華會淨土會。凡有設會。莫不請邀。不得已隨緣。說精進行。信徒無不靡然。手搆土窟。非止一二。或無等山之地藏菴石室。母后山之松廣臺屛風嵓。幷是祈聖呪祝之處也。有檀氏請。寫華嚴經。焚香浴衣。每行一拜每張一讀。一部大經。無障寫了。本寺有念佛堂。化主請三年精進。乙卯赴海南大興寺請。明年赴京畿華藏之請。丁巳移無等山地藏庵。己未赴觀音寺奉佛請。同年冬赴道林寺住持任。此寺卽城底。廢幕路傍殘舍。雨脚連天。風襟撓壁。苦心血誠。願力重修。幸得大檀信。寶殿紺宇。一新重建。鄕士稱以叔主重來云。庚申十月哭慈喪。生前孝死後悉。不足枚道也。乙丑住吉祥庵。銑以佛像修之。菴宇莫不煥然。己巳春赴完山布敎堂。檀信幅湊云云。同年秋住吉祥庵。與錦兄結社。修百日淨土山林。信徒歸向。恰如市門。求壽福乞子孫者。莫不成就也。

375. 조계종 예운 선사전

속성은 조趙씨이고 아버지 이름은 성숙成淑이다. 어머니는 임林씨인데, 사문이 집에 들어와 기숙하는 꿈을 꾸고 임신을 하였다. 명치 6년 계유년 (1873, 고종 10) 9월 3일에 보성군 노동면 영신리에서 태어났다. 전생에 심어 둔 빼어나고 신령스러운 싹이 있었던지 골상이 특수하고 눈썹 언저리가 수려하였으며 남들과 어울려 놀기를 좋아하지 않았다. 일찍이 부모를 여의고 의탁할 곳이 없어서 나이 16세 무자년(1888, 고종 25) 2월 3일 장성군 백양사로 가서 영안 대사永安大師에 의탁하여 허드렛일을 하면서 1년을 지냈다.

기축년(1889, 고종 26)에 이르러 12월 8일에 먹물 옷을 입고 출가하고 선종禪宗이라는 이름을 받았고, 보봉 선사寶峯禪師에게 계를 받았다.

임진년(1892, 고종 29) 3월에 순창군 구암사의 설유 화상雪乳和尙의 강원에 들어가 사집四集을 수료하였다.

갑오년(1894, 고종 31) 2월에 구암사의 영호 강사映湖講師 밑에서『능엄경楞嚴經』과『대승기신론大乘起信論』을 수료하였다. 생활이 곤궁하여 바람 앞의 등불과 같이 정처가 없었고 개구리밥처럼 한곳에 머물러 있을 수가 없었다. 여러 곳을 전전하다가 조계산 송광사 광원암廣原庵의 강사 만성 화상晩惺和尙 밑에서『반야경般若經』과『원각경圓覺經』을 마쳤다. 화상께서 해인사의 초청을 받아서 그곳에 나아가자 화상을 따라서 해인사 강헌으로 가서『화엄경』과『염송拈頌』등을 수료하였다.

갑진년(1904) 9월 28일에 보조암에서 건당을 하고 용연실龍淵室에서 인가를 받았는데 호를 예운禮雲이라 하였다.

이듬해(1905) 3월 8일에 회광 율사晦光律師가 조계산에 계단을 세웠다. 이에 거기에서 구족계를 받았는데 이로부터 계주戒珠가 맑고 청정하였다. 이후 홀연히 선풍에 마음이 움직여 마음이 맞는 도반 도량道良과 더불어 초연히 제방을 유행하였다.

무신년(1908)에 일어난 의병의 난을 만나서 풀 속에 은거하며 숲속에다 이름을 감추었다.

경술년(1910) 4월 8일에 간신히 칠불방七佛房을 참방하여 백용성白龍城 조사의 조실에서 여름 안거를 보냈다. 또한 그해 해인사의 제산 선사霽山 禪師의 회하에서 겨울 안거를 보냈다.

신해년(1911) 봄에 범어사의 성월 화상惺月和尙을 참방하여 여름 안거와 겨울 안거를 보냈다.

대정 2년(1913) 계축년에 통도사에서 여름 안거를 보내고, 혜월 존숙慧月尊宿에게 참문하여 연속해서 다섯 번의 안거를 보내고, 이어서 병진년(1916) 여름에는 천은사泉隱寺의 호은 선백湖隱禪伯을 참방하였다.

무오년(1918) 봄에 금강산에 들어가 마하연에서 여름 안거를 보냈고, 겨울에는 오대산에 들어가 상원암에서 겨울 안거를 보냈다.

기미년(1919) 봄에 예산군의 정혜사定惠寺로 돌아와서 만공 선사滿空禪師와 보월 선백寶月禪伯에게 참문하였다. 이에 거리를 활보하였는데 삶이 이미 익을 대로 익었고, 방외의 선지식은 이미 참방하여 마쳤다.

    낙엽은 반드시 뿌리로 돌아가듯이
    집에 도착하고 나서 길을 묻는다네
    집에 돌아와서는 침대 위에 누워서
    두 다리를 쭉 뻗고 낮잠을 잔다네

이처럼 자유롭게 보림을 하였다.

병인년에 이르러 법부法父 영안 대사永安大師가 광원암에서 입적하자 곡을 하였고, 세속법을 따라서 3년 동안 복제의 예를 마쳤다. 기사년(1929) 봄에 다시 산새의 길을 따라서 걸림 없이 떠났다가 되돌아왔다. 그해 겨울 안거는 송광사 삼일암에서 보냈다.

曹溪宗禮雲禪師傳

俗姓趙氏。父諱成淑。母林氏。夢見沙門入見寄宿。有娠。明治六年。癸酉九月三日。生於寶城郡蘆洞面靈新里。宿挺靈芽。骨相殊特。眉宇淸秀。不喜群戱。早離怙恃。無所可托。年十六戊子二月三日。投長城郡白羊寺。依永安大師。負汲周年。至己丑臘月八日。零染得度名禪宗。寶峯禪師爲戒師。越壬辰三月。淳昌郡龜嵓寺雪乳和尙講下。四集修了。甲午二月同寺映湖講師下。楞嚴起信修了。生活艱草。風燈未定。萍踪難繫。轉到曹溪山松廣寺廣遠[1])庵晩惺和尙講下。般若圓覺了畢。和上赴海印寺請。同隨講軒。華嚴拈頌等修了。甲辰九月二十八日。建幢於普照庵。佩印於龍淵室。號曰禮雲。明年三月八日晦光律師。建戒壇於曹溪山。仍受具戒。自是戒珠澄淸。禪風忽動。心友道良超然遊方。適値戊己[2])之義亂。潛草裡韜名林間。庚戌四月八日。僅衆七佛房白龍城室中結夏。同年結臘於海印寺霽山禪師會下。辛亥春訪梵魚寺惺月和尙解夏及過臘。大正二年癸丑。結夏於通度寺。衆慧月尊宿。連過五際。而丙辰夏訪泉隱寺湖隱禪伯。戊午春入金剛山摩衍結夏。冬入五臺山上院庵過臘。己未春還禮山郡定惠寺。衆滿空禪師與寶月禪伯。於是路頭活步。生已熟矣。方外知識衆已了也。葉落必歸根。到家罷問程。歸臥臺上。伸脚打眠。自由保任矣。至丙寅哭法父於廣遠[3])庵。隨俗服制三年終禮。己巳春更發山鳥之行。無碍徔返也。同年冬安居于本三日庵。

---

1) ㉮ '遠'은 '原'이어야 옳다.　2) ㉮ '己'는 '申'이어야 옳다.　3) ㉮ '遠'은 '原'이어야 옳다.

376. 조계종 호명 선사전

곡성군 석곡면 염촌리 김정호金正浩의 장남으로 어머니는 박朴씨이다. 동치 13년 갑술년(1874, 고종 11) 4월 16일에 태어났다.

14세 정해년(1887, 고종 24) 8월에 순천군 송광사로 출가하였다. 용선 대사龍船大師에 의지하여 득도得度하였고, 경해 선사鏡海禪師에게서 계를 받고 이름을 봉욱琫旭이라 하였다.

22세 을미년(1895, 고종 32)에 호붕浩鵬과 금명錦溟 등 제 종사에게 참문하여 7, 8년 동안 내전과 외전의 학문을 모두 이력하였다.

31세 때 은사의 법의를 받고 호는 호명皓溟이라 하였다.

39세 임자년(1912)에 금명 율사錦溟律師의 계단에서 구족계를 받았다. 대정 3년(1914) 중덕中德의 법계에 올랐고, 대정 5년(1916) 조계산 송광사로 가서 법무法務를 맡았다. 이듬해(1917)는 감무監務를 맡았는데, 그 마음과 행동이 순직順直하였고, 말소리는 맑고 깨끗하였으며, 수행으로 범음梵音을 터득하여 부처님을 찬탄하고 축성祝聖하는 것이 몸에 배어들었다. 또한 무릇 법요를 집행할 경우에도 근면하여 게으름을 피우지 않았다. 이에 사람들이 자선慈善의 가풍이라고 말하였다. 또한 누구라도 응급 환자가 발생하면 반드시 선사를 청하여 기성祈聖하고 주축呪祝하였는데, 그 원인을 보고 밝혀내지 못하는 경우가 없었다. 이에 선사를 가리켜서 신명神明으로도 헤아리기 어려운 사람이라고 말하였다.

曹溪宗皓溟禪師傳

谷城郡石谷面念村里金正浩之第一男也。母朴氏。同治十三年甲戌四月十六日生。十三[1])歲丁亥八月。出家於順天郡松廣寺。依龍船大師得度。於鏡海禪師得戒。名琫旭。二十一[2])乙未。叅浩鵬錦溟諸宗師。七八年間。歷盡內外學。三十[3])受恩師法衣。號曰皓溟。三十八[4])壬子。受具於錦溟律師戒壇。大正三年陞中德法階。大正五年行本山法務任。明年行監務任。以其心行順直。語音淸亮。鍊得梵音。讚佛祝聖爲己能。凡於法要執行。唯勤不怠。盖稱謂慈善家風云。人有急疾。必請而祈聖呪祝。無不見効。謂之神明叵測云云。

---

1) ㉠ '三'은 '四'이어야 옳다. 2) ㉠ '一'은 '二'이어야 옳다. 3) ㉠ '十' 뒤에 '一'이 있어야 옳다. 4) ㉠ '八'은 '九'이어야 옳다.

377. 조계종 대우 선사전

아버지의 휘는 한주漢柱로서 이조판서에 제수되었는데, 성은 김金씨로서 옛날 가락국왕의 후예이다. 어머니는 광산 김金씨로서 숙부인淑夫人에 봉해졌는데, 학이 푸른 구슬을 토해 내자 치마를 펴서 그 구슬을 받는 꿈을 꾸고 임신하여 곡성군 목사면 유치리에서 낳았다. 이때가 곧 광서 원년 을해년(1875, 고종 12) 8월 8일이었다. 골상은 단정하고 얼굴빛은 선명하고 희었으며 눈썹의 언저리는 순수하였다.

11세 을유년(1885, 고종 22)에 순천군 송광면 낙수리로 이사하여 그곳에서 입학을 하고 사서史書 등을 마쳤다.

14세 무자년(1888, 고종 25)에 홀연히 출가할 마음을 내어 부모를 작별하고 송광사에 가서 용호 대사龍湖大師에게 참례하고 먹물 옷을 입었다. 그리고 화성 선사華性禪師에게서 계를 받고 이름을 금추錦秋라 하였다. 그때 부모는 곡성군 석곡면 용두리로 옮겨 살았다.

21세 을미년(1995, 고종 32)에 월화月華와 청호淸昊 법사에게 참문하여 중과中科를 배웠다.

31세 을사년(1905)에 향을 사르고 은사의 조실에서 건당을 하였는데 호를 대우大愚라 하였다.

병오년(1906) 봄에 제방의 유행을 시작하였다. 곧 방장산의 칠불암과 천은사의 삼일선원과 화엄사의 탑전 등이 안거했던 장소이다.

또한 무신년(1908) 여름에 해인선원에 있었다. 그때 꿈을 꾸었는데 하얀 진주 서 말(斗)이 하늘에서 쏟아지자 이에 장삼을 펴서 그것을 받았는데 하나도 땅에 흘리지 않았고, 그것을 물병 속에 감추어 두었는데 아직 실에 꿰지 못한 것이 안타까웠다. 여름 안거를 마치고 삼일선원으로 돌아와서 겨울 안거를 보냈다.

명치 42년 기유년(1909) 의병의 난 때에 수개월 동안 완장을 찼지만 이에 사양하고 말했다. "이것은 불자가 할 일이 아니다." 그리고 방외에 은거하였다.

신해년(1911) 8월 13일 아버지가 돌아가시자 곡을 하였다.

임자년(1912) 4월 8일에 금명 선사錦溟禪師에게서 구족계를 받았다. 이로부터 걸림이 없이 출입하였다.

병진년(1916)에 송광사에서 법무의 소임을 맡았다.

무오년(1918)에 감무의 소임을 맡았다. 이후에 선원으로 물러나 앉았다가 다시 염불수행을 시작하였다.

을축년(1925) 4월에 은부恩父가 병에 걸렸다. 어느 날 큰 소리로 선사(大愚)를 불러서 양손으로 짚는 두 지팡이를 주면서 말했다. "그대는 이것을 알겠는가?" 대우 선사가 답했다. "하나는 심법心法을 전승한다는 것이고, 다른 하나는 신법身法을 전한다는 것을 표시합니다." 이에 은부는 무릎을 잡고 껄껄 웃었다. 선사의 지해知解가 모두 이와 같았다.

이후 4월 28일에 은부가 입적하자 곡을 하였다. 그리고 3년 동안 복제를 마쳤다. 이 또한 홀로 계신 어머니의 독거 생활을 잊지 못하여 매번 친히 찾아뵙고 자주 간호를 하면서도 터럭 끝만큼도 고생한다는 생각이 없고 오직 어머니의 옥체가 편안하지 않을까를 염려할 뿐이었다. 이것이야말로 지극한 효심이 온몸에 배어 있었기 때문이었다. 그러나 일상의 생활에 있어서는 고요하거나 시끄럽거나 일여一如하였다. 그래서 밤이 되어 고요해지면 불자를 치켜세우고 자신의 주인공을 불러 말했다. "진주 서 말을 언제 꿸 것인가? 이것을 염두에 두고서 절대 잊지 말거라." 무릇 일상생활에서 잊지 않는 것이 바로 이와 같은 종류들이었다.

曹溪宗大愚禪師傳

父諱漢柱。贈吏曹判書。姓金。故駕洛國王之裔。母光山金氏。贈淑夫人。夢鶴吐靑珠。布裳受之。娠而生於谷城郡木寺面酉峙里。卽光緒元年乙亥八月八日也。骨相端正。面光鮮白。眉宇純粹。十一歲乙酉。移于順天郡松光洛水里。仍入學。了史書等。十四戊子。忽有出家志。辭親投松廣寺。拜龍湖大師零染。叅華性禪師得戒。名錦秋。于時父母。寓於谷城郡石谷面龍頭里。二十一乙未。叅月華淸昊。學中科。三十一乙巳。拈香堅幢恩室下。號大愚。丙午春發足遊方。以方丈之七佛。泉隱之三日。華嚴之塔殿。爲安居之所也。又戊申夏在海印禪院。時有一夢。白眞珠三斗自天注下。以長杉布而受之。無一枚落地。藏軍持中。然未能貫線爲恨。解夏還本寺三日庵過臘。明治四十二年己酉。義兵之亂。佩印數月。乃辭曰。此非佛子所行。隱居方外。辛亥八月十三日哭嚴父喪。壬子四月八日。受具戒於錦溟禪師。自是無碍出入。丙辰行本山法務任。戊午行監務任。退居禪院。更提叅念。乙丑四月恩[1)]在病。一日强呼大愚。以雙杖幷授之。[2)] 汝知否。愚答曰。一是傳心。一是傳產之表也。恩[3)]搏膝呵呵。師之知解。皆如此也。後二十八日。哭恩父。三年服終。亦未忘偏慈之獨居。每每觀親。數數幹護。無毫末之苦念。唯恐慈體之不寧。此乃至孝之心滿身故也。然所做日用。靜鬧一如。每到夜靜。堅拂喚主曰。眞珠三斗何時貫。着得心頭切莫忘。盖不忘日用者。此類也。

---

1) 옝 '恩' 뒤에 '父'가 있어야 옳다.　2) 옝 '之' 뒤에 '曰'이 있어야 옳다.　3) 옝 '恩' 뒤에 '父'가 있어야 옳다.

378. 조계종 용월 선사전

속성은 정鄭씨이고 아버지의 이름은 재홍在洪이며 어머니는 한韓씨이다. 세간에서는 곡성군 석곡면 온수리에서 살았는데, 광서 2년 병자년(1876, 고종 13) 2월 9일에 태어났다. 정골이 솟아났고 얼굴과 눈동자가 풍성하였으며 말소리는 맑고 깨끗하였고 시가를 읊거나 독송을 하면 듣는 사람이 대단히 기뻐하였다. 11세 때 입학하였는데 다만 사서史書만 읽었다.

17세 임진년(1892, 고종 29) 정월 24일에 순천군 송광사로 출가하였다. 경암 선사警庵禪師에게 정식으로 득도得度하고 계를 받았는데, 이름은 우천佑天이다. 스승을 시봉하느라고 제방을 유력하거나 경전을 배울 수가 없었기 때문에 단지 은부恩傅의 책만 읽을 수 있을 뿐이었다. 아울러 범음梵音을 익히면서 옥천玉泉[196]의 유풍을 따라서 단련하였다. 구련九蓮과 월화月華와 호붕浩鵬 등 제 종백을 만참하면서 초등과 중등 과목을 수료하였다.

30세 때(1905) 동호 대사東湖大師에게 법을 받았는데 호를 용월龍月이라 하였고, 은적암에 주석하였다.

계축년(1913) 봄에 제방을 유행하면서 여러 대 선지식을 참문하였다.

경신년(1920) 겨울에 부모를 위하여 생전예수시왕생칠재生前豫修十王生七齋를 봉행하였다.[197]

병진년(1916)에는 송광사 법무의 소임을 맡았다.

임술년(1922) 가을에는 금명 대사錦溟大師에게 만참하여 대교과를 졸업

---

196 옥천玉泉 : 옥천사玉泉寺 곧 쌍계사雙磎寺이다. 일찍이 신라 말기에 당나라 창주 신감滄州神鑑의 선법을 계승했던 진감 국사眞鑑國師 혜소慧昭가 옥천사 곧 쌍계사에 머물면서 범패를 만들고 보급했던 것을 가리킨다.
197 이 대목은 연대순으로 보면 아래의 병진년 뒤에 위치해야 한다.

하였다.

정묘년(1927)에는 삼일선원에서 여름 결제를 하였다. 안거에서 보여 준 성품과 행실은 신중하였고, 향을 사르면서 정진하여 부지런히 게으름을 피우지 않았는데 하루에 3회 대지전大持殿(凝香閣)에 들어갔고, 또한 일상의 일과를 잊지 않았다. 이것이야말로 진정으로 납승의 살림살이(行李)였다.

기사년(1929) 봄에 속가의 맏형을 위하여 생전예수시왕생칠재를 봉행하였는데 열흘 동안 정성을 다하여 몸소 정진하였다. 형제애로 보여 준 돈독하고 화목한 믿음이 모두 이와 같았다.

경오년(1930) 정월에 퇴전退殿하여 수양하면서 낮에는 경전을 읽고 밤에는 참선을 하면서 마음에 게으름이 없었다.

曹溪宗龍月禪師傳

俗姓鄭。父諱在洪。母韓氏。世居谷城郡石谷面溫水里。光緒二年丙子二月九日生。頂骨秀高。面眸豊厚。語音雄亮。歌詠讀誦。聞者適悅。十一歲入學。只讀史書。十七歲壬辰一月二十四日。出家於順天郡松廣寺。於警庵禪師得度而受戒。名佑天。爲師侍供。不能遊方學經。徒能讀父書。兼習梵音。隨鍊玉泉遺風。晚叅九蓮月華浩鵬諸宗伯。修了初中等科。三十歲受法於東湖大師。號曰龍月。住隱寂庵。癸丑春遊方叅諸大知識。庚申冬爲父母修十王生七齋。丙辰行本山法務之任。壬戌秋晚叅錦溟大師。大敎科卒業。丁卯夏結制於三日禪院。安居性行愼重。奉香精進。勤以不怠故。三入大持殿。亦不忘日用之課。眞是衲僧之行李云。己巳春爲其舍伯。行十王供。十日致誠。躬行精進。其篤睦信根。皆如此也。庚午一月退殿修養。晝誦夜叅。心不放逸。

379. 조계종 우송 선사전

휘는 선명善明이고 호는 우송友松이며, 속성은 황黃씨이고 아버지 이름은 천석天錫이며 어머니는 박朴씨이다. 명치 12년 기묘년(1879, 고종 16) 11월 1일에 보성군 문덕면 곡천리에서 태어났다. 정골이 넓었고 눈자락(眼堂)이 풍성하였다.

15세 명치 26년 계사년(1893, 고종 30) 6월 모일에 순천군 송광사로 가서 향호 대사香湖大師에게 득도하였고, 함호 선사涵湖禪師에게 계를 받았다.

18세 명치 29년 병신년(1896)에 광원암廣原庵에서 안거를 하였다.

21세 명치 32년 기해년(1899) 4월 8일에 송광사에서 실시한 대선법계大禪法階에 합격하였다.

23세 명치 34년 신축년(1901)에 월화月華와 호붕浩鵬 법사에게 참문하여 초등 과정과 중등 과정 그리고 외전外典과 사서史書 등을 수료하였다.

24세 명치 35년 임인년(1902) 7월에 중덕법계中德法階로 승진하였다. 건당을 하고 임성任性 법사의 조실에서 가사(衣)를 받았는데 곧 소요 태능逍遙太能 조사의 후예였다.

29세 명치 40년 정미년(1907)에 청호淸昊 법사에게 참문하여 대교과를 수료하였다.

35세 대정 2년 계축년(1913)에 송광사에서 감무직을 맡았다.

37세 대정 4년(1915) 7월에 낙안 동화사의 주지직에 취임하였고, 그해 금강암 주지를 함께 맡았다. 대정 7년(1918)에 동화사 주지를 재임하였다. 그간 10년 동안에 사원을 창수하고 불상을 개금했던 사실은 다 열거할 수 없을 정도로 화려하게 일신하고 중수하였다.

曹溪宗友松禪師傳

諱善明。號友松。姓黃。父天錫。母朴氏。明治十二年己卯十一月一日。生於寶城郡文德面曲川里。頂骨廣。眼堂豊厚。明治二十六年癸巳六月日。投順天郡松廣寺香湖大師爲之度。菡湖禪師爲之戒。二十九丙申安居廣遠[1]庵。三十二己亥四月八日。松廣寺選試大禪法階。三十四辛丑。叅月華浩鵬師。修初中等外典史書等了。三十五年壬寅七月。中德法階昇進。建幢受衣於任性之室。卽逍遙祖之後裔。四十年丁未。叅淸昊師。大敎科修了。大正二年癸丑。松廣寺監務職行。四年七月。樂安桐華寺住持任就職。同年金剛庵住持兼行。七年桐華寺住持再任。這間十年之內。寺院之毀修。佛像之改金。未能枚擧。煥然輪焉。一新重修云。

---

1) 편 '遠'은 '原'이어야 옳다.

380. 조계종 금월 선사전

법명은 찬진燦珍이고 호는 금월錦月이며, 속성은 박朴씨인데 본관은 밀양이고, 아버지 이름은 여화如化이며 어머니는 최崔씨이다. 명치 13년 경진년(1880, 고종 17) 8월 8일에 순천군 여수면 서재리에서 태어나 경술년(1910) 11월 21일에 입적하였다.

오호라, 안타깝다. 어린 나이에 재명才名이 있어서 매영梅營이라고들 크게 칭찬하였다. 그러나 어려서 어머니를 여의고 가계가 탕진되어 책을 읽을 형편이 못되었다.

15세 갑오년(1894)에 아버지의 권유를 따라서 조계산 송광사에 나아갔는데, 용선 대사龍船大師가 보고는 크게 기뻐하면서 스승과 상좌의 인연을 맺었고, 혼명 대덕混溟大德에게 계를 받았다.

17세 병신년(1896)에는 유학遊學을 떠났는데, 먼저 호붕浩鵬과 금명錦溟의 두 법사의 강당을 참문하였다. 이후에 방장산의 진응 강사震應講師의 강헌을 참방하여 그 말후대사末後大事(최후의 가장 궁극적인 가르침)를 모두 터득하였고, 또한 진응 강사의 조실에서 구족계를 받았다.

25세 갑진년(1904) 9월 10일에 은부 용선 대사의 법당에서 법을 받았는데, 벽담 조사碧潭祖師의 제7세손이다. 보조암의 조실에 주석하자 납자들이 구름처럼 모여들자 명성이 멀리 퍼졌다.

무신년(1908)의 난을 맞아서 방장산 화엄사에 은신하였는데 그곳에서 머물러 줄 것을 요청받았지만 인연을 따라서 송광사로 돌아왔다.

경술년(1910) 봄에 몸에 병이 들어서 송광사로 돌아온 지 수개월 만에 약순가락에 의존하여 살아갔다. 그해 11월 21일에 이르러 조용하게 입적하였다. 세수는 31세이고, 법랍은 16년이다. 재주가 있는 청년이 무상하게도 어찌 그리 서둘러 갔는지 모르겠다.

曹溪宗錦月禪師傳

法名燦珎。號錦月。姓朴。貫密陽。父如化。母崔。明治十三年庚辰八月八日。生於順天郡麗水面西齋里。庚戌十一月二十一日亡。嗚呼惜哉。齠年才名。梅營之盛稱。而早失慈氏。家道蕩敗。勢不能讀。十五歲甲午。從嚴訓而投曹溪山松廣寺。龍船大師見而便悅。結師佐緣。得戒於混溟大德。十七歲丙申仍遊學。先叅浩[1]錦溟兩師堂下。後訪方丈山震應講師軒下。盡得其末後大事。又受具於震應之室。二十五甲辰九月十日。受法於恩父堂下。碧潭祖之七世孫。住普照室中。衲子雲奔。頗有腥名。當戊己[2]之亂亂[3]身。方丈之華嚴寺。爲住席之請。隨緣徃返。庚戌春偶以身病。還本數月。刀圭爲事。至十一月二十一日。奄忽寂然。壽三十一。臘十六。青年才子之無常。一何速哉。

---

1) 영 '浩' 뒤에 '鵬'이 있어야 옳다. 2) 영 '己'는 '申'이어야 옳다. 3) 영 '亂'은 '隱'이어야 옳다.

381. 조계종 응하 선사전

이름은 학수學守이고 호는 응하應夏이며, 속성은 이李씨이고 아버지 이름은 윤식閏植이며 어머니는 한韓씨이다. 명치 14년 신사년(1881, 고종 18) 4월 8일에 곡성군 석곡면 봉암리에서 태어났다. 7세(1887, 고종 24) 때 아버지를 여의고 위로 할아버지를 모시고 홀어머니와 함께 살았는데 집안 형편이 어려워 책을 읽을 수가 없었다.

13세 계사년(1893, 고종 30)에 할아버지의 권유로 순천군 송광사로 가서 호연 대사浩然大師를 스승으로 삼았다.

갑오년(1894, 고종 31) 8월 15일에 금명 선사錦溟禪師의 계단에서 계를 받고, 을미년(1895, 고종 32)에 계사에 의지하여 초등 과정을 수료하고 이에 제방을 유행하였다. 호붕浩鵬과 진응震應 등 제 종장에게 참문하여 그 종요를 모두 얻었는데, 특히 진응 강백의 골수를 터득하였다. 마치 빈손으로 갔다가 가득 채워 돌아온 것과 같았고 구준衢樽의 술에 만취한 것과도 같았다.

26세 병오년(1906) 10월 20일에 은부恩父의 법인을 받고 광원암의 조실에 주석하였는데 곧 무의자無衣子(眞覺慧諶)가 결사를 했던 곳이었다. 납자들이 만당하였으니 그 누가 공경하고 우러르지 않을 수 있었겠는가?

정미년(1907) 봄에 알 수 없는 병을 얻었다. 이에 백방으로 약을 구하고 부처님과 신장들에게 기도를 하였지만 효험을 볼 수가 없었다.

무신년(1908) 3월 초나흘에 이르러 홀연히 삼매 속에서 슬프게 울부짖었다. 은부恩傅의 입적으로 상명喪明하여 실성하였다는 것은 더 이상 논하지 않는다. 심지어 할아버지와 늙은 어머니의 경우에는 피눈물과 화천火喘[198]은 또 무슨 말로 견뎌 낼 수 있겠는가? 세수는 28세이고, 법랍은 16

---

198 화천火喘 : 화기가 폐와 위로 떠오르며 나타나는 지속적인 기침 증세. 목이 타는 듯

년이다.

曹溪宗應夏禪師傳

名學守。號應夏。姓李。父諱閏植。母韓氏。明治十四年辛巳四月八日。生於谷城郡石谷面鳳嵓里。七歲喪嚴君。上有祖考與偏母。家勢不能讀書。十三歲癸巳。依祖訓。投順天郡松廣寺。以浩然大師爲師。甲午八月十五日。得戒於錦溟禪師壇。乙未依戒師。初等科修了仍遊方。叅浩鵬震應諸宗匠。盡得其要。唯切應伯之骨髓。虛徃實歸。滿醉衢樽矣。二十六丙午十月二十日。佩恩父之法印。住廣遠[1]庵室中。卽無衣子結社之處也。衲子滿堂。誰不欽仰哉。丁未春偶以無何之疾。百方救得。祈聖禱神。不能見効。至戊申三月初四日。忽入三昧海中。嗚呼哀哉。恩傅之喪明失性。猶在不論。至於祖考老慈之血淚火喘。忍何言哉。壽二十八。夏十六。

---

1) ㉮ '遠'은 '原'이어야 옳다.

382. 조계종 추강 선사전

 법명은 봉우鳳羽이고 헌호軒號는 추강秋江이며, 속성은 조趙씨이고 아버지 이름은 익서益西이며 어머니는 □씨이다. 명치 15년 임오년(1882, 고종 19) 정월 27일 순천군 별량면 현절리에서 태어났다. 태어나면서부터 총명하여 언변이 출중했고 재주와 기질이 민첩하였다. 어려서 아버지를 여의고 어머니를 모셨는데, 비록 삼천지교三遷之敎는 없었을지라도 또한 두 번이나 이사한 교훈은 보여 주었다. 11세 임진년(1892, 고종 30)에 입학하였다. 낮에는 밭을 갈고 밤에는 독서를 하였는데 사서史書에 능통하였다.
 14세 을미년(1895, 고종 33)에 조계산 송광사의 천자암으로 가서 만성 대사晩惺大師에 의지하여 먹물 옷을 입었고, 서룡 율사瑞龍律師에게 계를 받았다.
 17세 무술년(1898, 고종 37)에 호붕 대사浩鵬大師에게 참문하여 사집四集 과목을 수료하였다.
 19세 경자년(1900)에 진응 강사震應講師에게 참문하여 중등 과정을 수료하였다.
 21세 임인년(1902)에 호붕 강사에게 재참문하여 고등 과정인 수의과(高等隨意科)를 마쳤다.
 29세 경술년(1910) 봄에 은사에게서 법의를 받고 호를 추강秋江이라 하였는데, 벽담 조사의 제6세손이다.
 31세 임자년(1912) 4월 8일에 금명 선사錦溟禪師의 계단에서 구족계를 받았다.
 34세 을묘년(1915)에 은부가 입적하자 곡을 하였고 3년 동안의 복제를 마쳤다.
 40세 대정 10년 신유년(1921)에 송광사 감무의 직무에 취임하였고, 이듬해(1922) 그만두었다. 이후로 몸에 병환이 생겨 순천부의 병원으로 오고 가면서 신약神藥과 침과 뜸에 의지하는 생활을 하였다. 그러나 세월은 신속하여 잠자는 것과 먹는 것에 대한 자미도 모를 정도였다. 소화 4년 기사년(1929) 여름에 이르러 숙환이 더욱 심해져 호흡이 언제 끊길지 모르는 상황이 자주 있었다. 부처님의 신명과 신통(難思)한 의방醫方으로 겨우 성명을 보존하면서 지금에 이르고 있다.

曹溪宗秋江禪師傳

法名鳳羽。軒號秋江。姓趙。父諱益西。母□氏。明治十五年壬午一月二十七日。生於順天郡別良面玄切里。生而穎悟。辯口出衆。才質捷足。早孤侍母。雖無三遷之敎。亦有二趨之訓。十一歲壬辰入學。日耕夜讀。能通史書。十四乙未。投曹溪山松廣寺天子庵。依晚惺大師零染。受戒於瑞龍律師。十七戊戌叅浩鵬大師。四集科修了。十九庚子叅震應講師。中等科了。二十一壬寅再叅浩鵬講師。高等隨意科了畢。二十九庚戌春建幢。受恩師法衣。號曰秋江。卽碧潭祖之六世孫也。三十一壬子四月八日。受具於錦溟禪師壇下。乙卯哭恩父喪。三年服終。四十歲大正十年辛酉。本寺監務任就職。明年謝免。自後身患之痛。出沒府郡之院。弓圭鍼灸爲業。不知光陰之迅速。寢食之滋味也。昭和四年。至己巳夏。宿症尤甚。幾於呼吸者。累次矣。以神明之聖力。難思之醫方。僅保性命于玆而已。

383. 조계종 석호 선사전

법명은 형순炯珣이고 호는 석호錫虎이며, 속성은 임林씨이고 아버지 이름은 환상煥相이며 어머니는 □씨이다. 명치 20년 정해년(1887, 고종 24) 10월 2일 곡성군 석곡면 온수리에서 태어났다. 태어나면서부터 총명하였고 얼굴의 모습은 매우 희었으며 눈빛은 밖으로 드러났고 입술과 이는 가지런하고 촘촘하였으며 체질은 적정하였다. 8세 때 온수리의 사립학교에 입학하여 경사經史를 수료하였다.

16세 임인년(1902) 정월 10일에 순천군 송광사로 가서 경해 선사鏡海禪師에게 득도를 하였다. 이듬해(1903) 원봉 대사圓峯大師에게 계를 받았고, 거듭하여 제방을 유행하면서 호붕浩鵬의 강석에서 초등과 중등 과정을 수료하였다.

21세 명치 40년(1907)에 송광사의 중선中選과 대선大禪 법계를 품지하였다.

22세 무신년(1908)에 호은 율사虎隱律師에게 구족계를 받았다.

25세 임자년(1912) 봄에 송광사에서 설립한 사립학교 보통 과정을 졸업하였다.

명치 44년(1911)에 중덕中德 법계에 올랐다.[199]

대정 2년(1913) 계축년에 대덕大德 법계에 올랐다.

대정 4년 을묘년(1915)에 금명 강사錦溟講師에게 참문하여 대교과와 수의과에서 선·교·속전俗典 등을 수료하였다.

대정 6년 정사년(1917)에 순천 지방의 과원科員으로 있으면서 은부의 법인을 받고 보제원普濟院에 주석하였는데, 곧 제운 해징霽雲海澄 조사의 제7세손이다.

---

[199] 이 대목은 연대순으로 보아 신해년에 해당하므로 위의 임자년 앞에 위치해야 한다.

대정 7년 무오년(1918)에 순천 송광사 지방학림의 학감學監으로 있었으며, 그해 가을에 백양사 강사 겸 순천 지방 교원으로 부임하였다.

　대정 9년 경신년(1920)에 송광사 내에서 와세다(早稻田) 중학 강의를 자수自修하였다.

　대정 10년 신유년(1921)에 경성의 보성학교 법과를 수료하였다.

　대정 13년 갑자년(1924)에 벌교포筏橋浦의 불교포교사 및 사립 송명학관松明學舘의 장을 겸행하였다.

　소화 3년 무진년(1928)에 송광사 감무직에 취임하였으며, 곡성군 도림사 주지도 겸행하였다.

曹溪宗錫虎禪師傳

法名炯珣。號錫虎也。俗姓林氏。父諱煥相。母□氏。明治二十年丁亥十月二日。生於谷城郡石谷面溫水里。生而穎悟。眉宇端粹。面皃鮮白。眼光發外。唇齒齊密。體資得中。八歲入學溫水里私塾。修了經史。十六歲壬寅一月十日。投順天郡松廣寺。依鏡海禪[1)]得度。明年得戒於圓峯大師。仍遊方於浩鵬講下初中等科修了。明治四十年。松廣寺中選大禪法階。戊申受具於虎隱律師。壬子春松廣寺私立學校普通卒業。四十四昇中德法階。大正二年癸丑。升大德階。四年乙卯叅錦溟講師。大教科隨意科禪教俗典等修了。六年丁巳。地方科員。佩恩父之法印。住普濟院。卽霽[2)]祖之七世孫也。七年戊午。地方[3)]林學監。同年秋白羊寺講師。兼地方教員赴任。九年庚申。松廣寺內早稻田中學講議自修。十年辛酉。京城普成學校法科修了。十三年甲子。筏橋浦佛敎布敎師私立松明學舘長兼行。昭和三年戊辰。松廣寺監務任就職。谷城郡道林寺住持任兼行也。

---

1) ㉠ '禪' 뒤에 '師'가 있어야 옳다.　2) ㉠ '霽' 뒤에 '雲'이 있어야 옳다.　3) ㉠ '方' 뒤에 '學'이 있어야 옳다.

384. 조계종 환경 선사전

아버지 이름은 기성基城이고 어머니는 채蔡씨이며 순천군 별량면 외동리 출신이다. 어머니 채씨는 범승梵僧이 밤에 숙직하며 지켜 주는 꿈을 꾸고 임신을 하였고, 명치 23년 경인년(1890, 고종 27) 8월 2일에 선사를 낳았다. 정골이 툭 솟았고 얼굴 모습이 얼음처럼 희었으며, 눈동자에서는 빛이 났고 이는 촘촘하며, 입술은 붉었고 말은 빨랐으며, 음성은 낭랑하였다. 어려서 아버지를 여의고 어머니에게서 가르침을 받았다. 8세 때 입학을 하여 경서經書와 사서史書 등의 고서를 읽었고, 배운 것은 반드시 암송을 하였다.

11세 경자년(1900)에 모자가 서로 손을 잡고 전전하다가 송광사에 도착하였다. 영운 대사榮雲大師가 선사를 보고는 기특하게 여겨서 스승과 제자의 인연을 맺어 먹물 옷을 입혀 주고 득도시켜 주었다.

이듬해(1901) 중구일重九日에 영운 대사에게 계를 받고 이름을 형관炯寬이라 하였는데, 이에 양식을 짊어지고 제방을 유행하면서 영남 지방의 불보종찰인 통도사 금강계단에 나아갔다.

정미년(1907) 2월 15일에 해담 율사海曇律師에게서 구족계를 받고 곧 송광사로 돌아와서 호붕 강사浩鵬講師에게 참문하여 사교과를 수료하였다.

명치 43년 경술년(1910)에 송광사에서 설립한 사립학교 보통 과정을 졸업하였다.

신해년(1911) 봄에 경상북도 상주군 남장사에 나아가서 용성 화상龍城和尚에게 참문하여 『시경詩經』・『서경書經』・『남화경南華經』 등 세속에 전승된 책들을 배웠다.

임자년(1912)에 백양사에 나아가서 환응 선로幻應禪老에게 참문하여 선문의 어록 등을 연찬하였다. 그해(1912) 가을에 송광사로 돌아와서 다시 호붕 법사에게 참문하여 대교과를 졸업하였다.

갑인년(1914) 가을에 금명 강사錦溟講師에게 참례하여 『염송拈頌』 등 선문의 어록 등을 참구하였다.

을묘년(1915) 봄에 건당을 하여 은사의 법인을 받고 호를 환경喚鯨이라 하였는데, 곧 제운 해징 조사의 제7세손이다. 이에 송광사 강원에 주석하면서 금명 강백의 전강을 받았다.

병진년(1916)에 대교사大教師의 법계에 올랐다. 그리고 곧 경성에 올라갔는데 광주군 봉은사의 초청을 받고 나아갔다.

정사년(1917)에 송광사로 돌아왔는데 곧 공자의 좌석이 따뜻할 새가 없었다는 것과 묵자의 굴뚝에 검댕이가 낄 틈이 없었다는 것이 진실로 거짓이 아니었다. 아아, 한탄스럽구나. 무상한 목숨이여, 얼마 가지 않아 알 수 없는 질병이 무단히도 몸에 침투하니, 만반으로 살길을 구하였지만 백약이 무효하여 신음하며 고통스러워하였다.

8월 28일에 이르러 조용히 무성삼매無聲三昧에 들어갔으니 어찌 망극하지 않겠는가? 은부가 홀어머니의 실명과 실성을 보고 무슨 말을 할 수 있었으랴. 세수는 28세이고, 법랍은 17년이다.

曹溪宗喚鯨禪師傳

父諱基城。母蔡氏。順天郡別良面外洞里人。蔡夢有梵僧宿衛娠。而誕於明治二十三年庚寅八月二日。頂骨特秀。面兒冰潔。眼瞳電發。齒密唇朱。語捷聲亮。早喪嚴君。從母所訓。八歲入學。書史墳典。學必立誦。十一歲庚子。母子相携。轉到松廣寺。有榮雲大師。見而奇之。便結師資緣。零染得度。明年重九。得戒於本師。名炯寬。卽裹粮遊方。抵嶺南之佛宗刹金剛戒壇下。丁未二月十五日。受具於海曇律師。卽還本寺。叅浩鵬講師。四教科修了。四十三年庚戌。本寺私立學校普通卒業。辛亥春走慶北尙州郡南藏寺。禮龍城和尙。學詩書南華等世俗傳。壬子奔白羊寺。叅幻應禪老。硏味禪門語錄等。同年秋還本寺。更叅浩鵬師。大教科卒業。甲寅秋拜錦溟講師。絫拈頌禪門錄要等。乙卯春建幢。受恩師法印。號喚鯨。卽霽雲祖之七世孫也。芿住本講院。卽錦溟伯之所傳云尒。丙辰升進大敎師法階。卽赴京城廣州郡奉恩寺請。丁巳還本。卽所謂孔席不暖。墨堗不黔者。信不誣矣。嗚嗚嘻嘻。無常之命。無何之疾。無端而侵身。萬般救活。百藥無效。呻吟苦痛。至八月二十八日。奄入無聲三昧。罔極奈何。恩父之於偏慈之喪明失性。忍何言哉。壽二十八。夏十七。

385. 조계종 해은 선사전

화순군 외남면 벽송리, 속성은 김金씨이고 본관은 김해이며 휘가 양단良瑞이었던 분의 둘째 아들이다. 어머니는 박朴씨인데, 명치 23년 경인년(1890, 고종 17) 10월 27일에 태어났다. 정수리가 높이 솟고 얼굴은 길며, 피부는 검고 키는 보통 사람보다 컸다. 눈동자는 가을 물처럼 맑고 눈썹은 봄날의 안개처럼 옅었으며, 이는 깨끗하고 매우 희었고 음성은 맑고 밝았다. 성정은 완급을 잘 조절하였고 재능은 총명하고 민첩하였다. 어려서 입학하였는데 조운曹雲과 강백崗白과 운흥雲興의 글방에 나아가서 사서史書와 경전의 전적들을 섭렵하지 않은 것이 없었다. 13세 때(1902) 아버지를 여의고 곡을 하였으며 3년 동안 복제를 하였다.

이후 18세 정미년(1907) 8월에 어머니의 가르침을 받들어 출가하였다. 이에 순천군 송광사의 용암 선사龍巖禪師에게 나아가서 머리를 깎고 먹물옷을 입었다. 혼명 대덕混溟大德에게서 십계를 받았고, 금명 선사錦溟禪師에게서 구족계를 받았다.

명치 45년(1912)에 보통학교를 졸업하였다. 거듭하여 제방을 유행하면서 청운靑雲과 진응震應과 금명錦溟과 호붕浩鵬 등 여러 대강헌들을 5, 6년 동안 참문하여 그 양종兩宗(선종과 교종)의 가르침과 전적을 모두 터득하였다.

대정 6년 정사년(1917)에 대원사大原寺로부터 시작하여 제방을 유행하고 돌아와서, 건당을 하기도 전에 하동 쌍계사 강원으로부터 청을 받아 쌍계사 조실에 주석하면서 7년 동안 안거를 보냈다.

무오년(1918)에 송광사에서 대덕의 법계에 올랐고, 순천 송광사 지방학림의 학감으로 부임하여 8년을 보냈다.

기미년(1919) 봄에 은부의 조실에서 건당을 하고 법을 받았다. 이후 개당을 하여 보제당普濟堂에 주석하면서 금명의 전강을 받았다.

경신년(1920)에는 아울러 순천 지방학림의 교사를 지냈다.

신유년(1921)에 송광사의 법무를 지냈다.

임술년(1922)에 송광사의 감무를 지내면서 긴급히 수리하지 않으면 허물어질 사원을 창건하고 보수하였는데, 곧 천문千門과 만세문萬歲門과 화장루華藏樓와 월조당月照堂과 용화당龍華堂과 문공루門空樓와 공양간(廚堂)과 승당僧堂과 공루空樓와 대장전大藏殿과 노전爐殿과 동변고東便庫와 서변고西便庫 등 도합 37동이었다. 그리고 신축한 것으로는 화장문華藏門과 명성각明星閣과 당사고堂司庫와 도감고都監庫와 용화당龍華堂과 서우료西隅寮 등 무릇 15동 이상이었다. 그리고 보수한 것으로는 범종루梵鍾樓와 응접실應接室과 하사당下舍堂과 청운당靑雲堂과 백운당白雲堂과 여관사旅舘舍 등이었다. 그리고 옹벽과 담장 등을 화려하게 수선한 것은 일일이 열거할 수 없을 정도였다.

계해년(1923) 봄에 범어사 강원의 초청을 받고 나아갔으며, 무진년(1928) 봄에 송광사 강원으로 돌아와서 다시 금명 강백의 강석을 이었다. 그해 여름에 은사恩師를 위하여 월봉月俸을 털어서『국역동경장경國譯東京藏經』가운데『화엄경』1질을 구입하여 송광사에 법보로 봉납하였다. 12월에 이르러서 법부法父의 병환을 간호하기 위하여 방장실로 퇴거하여 침과 뜸과 약탕의 준비를 일과로 삼으면서 세월을 보냈다.

경오년(1930) 정월 2일에 은부가 입적하자 곡을 하였고 애통을 그치지 않았는데, 정성을 보여 준 도리는 다할 수 없을 정도였다. 또한 송광사의 감무를 맡았다.

曹溪宗海隱禪師傳

和順郡外南面碧松里。姓金。貫金海。諱良瑞之第二男也。母朴氏。生於明治二十三年庚寅十月二十七日。頂高隆面尺所。色紺黎體丈餘。眼澄秋水。眉分春烟。齒潔鮮皓。音徹淸亮。性能緩急。才兼聰敏。早入學庠。詣曹雲崗白雲興私塾。史書經籍。無不涉獵。十三歲哭嚴君。三年侍殯。後十八歲丁未八月。奉慈訓而出家。投順天之松寺龍嵓禪師。爲之剃染。受十戒於混溟大德。得具戒於錦溟禪師。明治四十五年。普通校卒業。仍以遊方。叅靑雲震應錦溟浩鵬諸大講軒五六年間。盡得其兩宗敎海翰墨之粗粕。大正六年丁巳。自大原寺遊方回路。未建幢。時爲河東雙溪寺講院請。住室安居七年。戊午松廣寺中。選昇大德法階。行地方[1]林學監任八年。己未春建幢受法於恩父之室中。開堂住室於普濟堂上。受錦溟之傳講也。庚申兼行地方敎師。辛酉松廣寺法務行。壬戌行監務任。其於粃修寺院。不繁可壞者。於千門萬歲門華藏樓月照堂龍華堂門空樓厨堂僧堂空樓大藏爐殿東便庫西便庫合三十七棟也。其新建者。曰華藏門明星閣堂司庫都監庫龍華堂西隅但[2]十五餘棟。其修理者。曰梵鍾樓應接室下舍堂靑雲堂白雪堂旅舘舍等也。其石築及垣墻等。煥然輪焉者。未能枚擧也。癸亥春赴梵魚寺講院請。越戊辰春。還本寺講院。再奪錦溟伯之講席。同年夏爲恩師。捐月俸。輪國譯東京藏經中華嚴經一帙。奉鎭寺內法寶。至十二月。爲法父之患憂。退居方丈。日事鍼灸刀圭。消遣光陰而已。庚午一月二日。哭恩父喪。哀痛罔極。悬誠之道。不能煩焉。又以本監務任就職。

---

1) 영 '方' 뒤에 '學'이 있어야 옳다. 2) 영 '但' 앞에 '寮'가 있어야 옳다.

386. 조계종 기산 선사전

속성은 임林씨이고 아버지 이름은 원오元悟이며 어머니는 김金씨이다. 명치 25년 임진년(1892, 고종 29) 5월 19일 송광면 장안리에서 태어났다. 태어나면서부터 총민하고, 얼굴 모습이 무척 미남형이었으며, 물 위로 나온 연꽃처럼 맑고 투명한 눈동자를 지녔고, 구름에서 내리치는 번개처럼 재능이 평범한 경지를 초월하였으며, 성품은 혼돈하지 않았으니, 실로 촌로들의 사랑을 듬뿍 받는 아이였다. 11세 임인년(1902)에 장안리의 용호재龍虎齋에 입학하고 김찬국金贊國에게 참례하여 사서史書 등을 수료하였다. 12세 때(1903) 아버지를 여의고 곡을 하였는데 점차 가계가 기울어 몸을 보존할 수가 없었다.

14세 을사년(1905) 11월 13일에 어머니 곁을 떠나서 송광사 천자암에 몸을 의탁하여 취월 장로翠月長老를 은사로 모셨다. 호붕 대사浩鵬大師에게서 사미계를 받고 이름을 석진錫珍이라 하였고, 은사에게서 사미과를 수료하였다.

16세 정미년(1907)에 이르러 금명 선사錦溟禪師에게 참문하여 사집四集과 초등 과정을 수료하였다.

경술년(1910)부터 임자년(1912)까지 송광사에서 개설한 사립학교의 보통 과정을 졸업하였고, 그해 4월 8일에 금명 선사에게서 구족계를 받았다.

대정 2년 계축년(1913)에 호붕 법사에게 참문하여 중등 과정을 수료하였다.

24세 을묘년(1915) 봄에 경성의 중앙학림 중학 과정을 졸업하였다.

기미년(1919)에 송광사 지방학림의 교원 및 학감을 겸하였다.

경신년(1920)에 송광사의 중선中選에서 대덕법계로 승진하여 건당을 하여 인봉당印峰堂이라는 이름을 받고, 호를 기산綺山이라 하였는데, 곧 제운 해징霽雲海澄의 제6세손이다.

신유년(1921)에 송광사에서 설립한 보통학교의 교원 및 학감을 맡았다.

계해년(1923)에 송광사 감무를 맡고 있을 때 주지를 대리하여 30본산을 결단하였고, 일본 관람을 다녀왔다.

소화 2년 정묘년(1927) 다시 송광사 감무를 맡았을 때 사원을 창건하고 보수하였는데, 응접실應接室과 해청당海淸堂과 옹벽 공사 등을 마무리하였고, 보조 국사의 감로탑을 개축하였으며, 비석을 새로 건립하였고, 송광사의 사고史庫 3권의 회편會編을 완료하였다.

소화 4년 기사년(1929) 봄에 송광사 전문강원의 강사로 취임하여 내규를 혁신하여 신·구의 편제에서 공부해야 할 교과서를 연구하고 교수하였다.

曹溪宗綺山禪師傳

姓林氏。父諱元悟。母金氏。明治二十五年。壬辰五月十九日。生於本面壯安里。生而聰敏。鮮姸面兒。如出水之蓮。澄淸眼瞳。若拔雲之電。才超中庸。性不混沌。實村老之所愛玩者。十一歲壬寅入本洞龍虎齋。禮金贊國史書等修了。十二哭嚴君。家道漸蕩。未能保存。十四歲乙巳十一月十三日。辭親。投身於松廣寺天子庵。以翠月長老爲師。受沙彌戒於浩鵬大師。名錫琮。依恩師。沙彌科了。至丁未叅錦溟[1]師。四集初等科了。自庚戌至壬子。松廣寺普通科卒業。同年四月八日。受具戒於錦溟禪師。大正二年癸丑。叅浩鵬師。中等科修了。乙卯春京城中央學林中學科卒業。己未松廣寺地方學林敎員及學監兼行。庚申松廣寺中選。陞大德法陛[2]。建幢。佩印峰堂之印。號綺山。卽燾雲祖之六世孫也。辛酉。普通校敎員學監兼行。癸亥松廣寺監務時住持代理。三十本山結團。日本觀覽行。昭和二年丁卯松廣寺監務再行。時寺院颫修者。應接室海淸堂石築等。普照國師甘露塔改築。碑石新建。本寺史庫三局會編了。四年己巳春。本寺專門講院講師就任。革新之規。新舊叅詳敎科書硏究敎授云。

---

1) ㉮ '溟' 뒤에 '禪'이 있어야 옳다.　2) ㉯ '陛'는 '階'가 옳다.

387. 조계종 인담 선사전

속성은 허許씨로서 본관은 김해이고, 아버지 이름은 정頑이며 어머니는 고高씨이다. 명치 30년 정유년(1897, 고종 34) 12월 13일 경남 통영군 서면 서충리에서 태어났다. 태어날 때부터 지혜가 총명하였다. 8세 때(1904) 입학을 하였는데 자못 재명才名이 있었다. 11세 때(1907) 아버지가 돌아가시자 곡을 하였고, 가계가 어려워져 책을 읽을 수가 없었다.

15세 때(1911) 어머니를 따라서 통영군의 용화사龍華寺로 출가하여 영월 장로永月長老에 의지하여 먹물 옷을 입고 득도하였다. 이에 계를 받고 이름을 정용正鏞이라 하였다.

대정 2년 계축년(1913)에 유학遊學을 하여 전남 구례군 화엄사의 진응 선사震應禪師의 강원에 이르러 사미과를 수료하였고, 거듭하여 보통과를 졸업하였다.

대정 3년(1914)에 사교과를 수료하였다.

대정 5년(1916)에 순천군 송광사 금명 화상錦溟和尙의 회하에서 대교과를 비롯한 선문禪文의 제반에 걸쳐 함께 수료하였다. 거듭하여 송광사의 지방학림에 들어가 3년 과정을 졸업하였다.

대정 7년(1918)에 만하 선사萬下禪師의 계단에서 구족계를 받았다.

대정 11년 임술년(1922)에 경성부 보성학교 법률과를 졸업하였고, 계해년(1923) 봄 학기에는 보성군 벌교면 송명학교의 교원으로 취직하였다.

대정 14년 을축년(1925)에 은사인 영월당永月堂에게서 건당을 하고, 호를 인담印潭이라 하였는데, 곧 응암 낭윤應庵朗允 조사의 제6세손이다.

소화 4년 기사년(1929) 7월 12일에 낙안의 관제舘第에서 어머니가 돌아가시자 곡을 하였는데 애통함이 끝이 없었다.

경오년(1930) 정월에 송광사의 불교전문강원 강사로 취임하여 교수하였다.

曹溪宗印潭禪師傳

俗姓許氏。貫金海。父諱禎。母高氏。明治三十年丁酉十二月十三日。生於慶南統營郡西面西忠里。生而聰慧。八歲入學。頗有才名。十一哭嚴君。不能讀書。十五隨母出家於本郡龍華寺。依永月長老。零染得度。仍受戒。名正鏞。大正二年癸丑遊學。至全南求禮郡華嚴寺震應禪師講下。沙彌科了。仍普通科卒業。三年四敎科修了。五年順天郡松廣寺錦溟和尙會下。大敎科禪文諸般幷修了。仍入松廣寺地方學林三年卒業。七年受具戒於萬下禪師壇下。十一年壬戌京城府普成學校法律科卒業。越癸亥春期。寶城郡筏橋面松明學校敎員就職。十四年乙丑建幢於恩師永月堂下。號印潭。卽應庵祖師之六世孫也。昭和四年己巳七月十二日。哭慈室於樂安舘第。哀痛何極哉。庚午一月以本寺佛敎講師赴任敎授。

388. 조계종 용은 선사전

　법명은 완섭完燮이고 자는 용은龍隱이며, 속성은 주朱씨로서 본관은 신안이고 아버지의 이름은 종학鍾學이다. 어머니 박朴씨는 명치 30년 정유년(1897) 2월 26일 상서로운 꿈을 꾸고 나서 태교를 하여 무술년(1898) 2월 26일 완산부 방천리에서 낳았다. 7세 때(1904) 아버지의 책을 읽었고, 11세 무신년(1908) 2월 17일에 어머니를 여의고 곡을 하였다.
　12세 때(1909) 아버지를 따라서 곡성군 태안사의 영월 대사映月大師를 찾아갔고, 낙안군 하송리에 이르러 형 집에서 탈상을 하였다.
　14세 신해년(1911) 여름에 순천군 송광사로 가서 금명 대사錦溟大師에게 득도하였고, 그해 7월 15일에 영월 대사에게 계를 받았다.
　갑인년(1914) 4월 8일에 이르러 은사인 금명 대사의 계단에서 구족계를 받았다. 그해 3월에는 보명학교 보통과를 졸업하였다.[200] 그해 여름부터는 은사의 강원을 참문하여 불교전문과의 초·중등 과정과 대교 과정을 졸업하였는데, 5, 6년 동안 스승과 숙식을 같이하였다.
　경신년(1920) 3월에 순천의 지방학림의 보통과를 수료하였으며, 은사인 금명당錦溟堂에게서 법인을 받고 자를 용은龍隱이라 하였는데, 곧 선조先祖인 응암 낭윤 조사의 제7세손이다. 그해 4월에 거듭하여 일본 학교에 들어가서 계해년(1923) 봄에 이르러 일본대학의 종교학과를 졸업하고 곧 고향으로 돌아왔다.
　대정 13년 갑자년(1924)에 전주군全州郡(전라북도) 서정曙町(익산군 소재) 사립학교 교원으로 임용되어 취직하였다.
　대정 14년 을축년(1925)에 순천군 송광사에서 중선中選에서 대덕법계로 승진하였다. 그해 여름에 곡성군 태안사의 총무를 맡았고 그곳에서 임시

---

[200] 이 대목은 연대순으로 보면 구족계를 받은 4월 8일의 앞에 위치해야 한다.

로 사무를 취급하는 것까지 겸하였다.

대정 15년 병인년(1926)에 태안사 주지의 직에 취임하였다.

정묘년(1927) 병을 얻어 직책을 그만두고 전주병원에 들어가서 치료를 하였지만, 거의 죽을 지경까지 갔다가 살아났다. 그해 겨울에 송광사로 돌아와서 법부法父의 구병시식에 의지하여 겨우 죽음을 모면하였다.

무진년(1928)에 송광사의 사무원이 되어 달라는 요청을 받고 송광사의 사고史庫 1질 3권에 대하여 서사書寫하는 임무를 마쳤다.

기사년(1929) 정월 15일에 송광사 불교강원의 교사로 선발되어 교과목을 신식 교과목과 구식 교과목을 합하여 교수하였다. 『화엄강요華嚴綱要』 1권과 철집綴集[201] 등이 세간에 유행하였는데 거의 초학자들의 안목을 열어 주는 것들이었다.

경오년(1930) 정월에 송광사의 법무 직책에 선발되어 활동하였다.

曹溪宗龍隱禪師傳

法名完瓔。字龍隱。姓朱。貫新安。父諱鍾學。母朴氏。明治三十年丁酉二月二十六日胎交有夢瑞。越戊戌二月二十六日。生於完山府坊川里。年七歲讀父書。十一歲戊申二月十七日。哭慈室。十二歲隨父。自谷城郡泰安寺。訪映月大師。抵樂安郡下松里。從兄家解喪。十四歲辛亥夏。投順天郡松廣寺。依錦溟大師得度。同年七月十五日。得戒於映月[1)]師。越甲寅四月八日。受具於恩師壇下。同年三月。普明學校普通科卒業。同年夏以來叅恩師講下。佛教專門科初中等大教科卒業。五六年間。食其父牛。庚申三月地方科了。佩法印於恩師堂下。字龍隱。卽應庵先祖七世孫也。同年四月。仍入日本學校。至癸亥春。本校大學宗教科卒。卽還本鄕。大正十三年甲子。

---

201 철집綴集 : 일정한 방침 아래 여러 가지 재료를 모아 신문이나 잡지나 책 따위를 만드는 일을 가리킨다.

全州郡曙町私立學校敎員任就職。四[2]年乙丑。順天郡松廣寺中選大德法階陞進。同年夏谷城郡泰安寺摠務任。兼行臨時事務取扱者。十五年丙寅同寺住持任就職。丁卯因病謝免。入全州病院治療。幾見死境而甦矣。同年冬還于松廣寺。依法父救病。僅免死地。戊辰在本事務員所請。本寺史庫一帙三局。書寫役度了。己巳一月十五日。本寺佛敎講院敎師選擧。而敎科以新舊式叅合敎授。華嚴綱要一卷。綴集行世。庶開初學之眼目。庚午一月。以本寺法務職得選行之。

1) ㉠ '月' 뒤에 '大'가 있어야 옳다. 2) ㉠ '四' 앞에 '十'이 있어야 옳다.

찾아보기

가야산伽耶山 / 135, 138
가지산迦智山 / 52, 104, 105, 145
각범 혜홍覺範慧洪 / 125
각암覺庵 / 65
각엄 각진覺儼覺眞 / 61, 62
각흘覺屹 / 154, 158
감로탑甘露塔 / 40
감로사甘露社 / 54, 312, 321
감로사甘露寺 / 91
감로암甘露庵 / 55
강월헌江月軒 / 88
개천사開天寺 / 95, 96
거돈사居頓寺 / 69
거조사居祖寺 / 39
경관慶觀 / 95, 109
경담 진현鏡潭振賢 / 219, 229
경명景溟 / 306
경붕 익운景鵬益運 / 263, 283, 285, 287, 292, 294, 297, 299, 302, 304, 308
경성 일선敬聖一禪 / 111, 122, 123
경승京升 / 58
경암 돈화警庵頓和 / 215, 250, 338
경암 성일鏡巖性一 / 185
경운 원기擎雲元奇 / 308, 312, 314, 318, 327
경월鏡月 / 314
경잠敬岑 / 285
경지鏡智 / 49, 73, 75

경해 관일鏡海官一 / 285, 333, 348
계룡산鷄龍山 / 101, 110
계송繼松 / 94
계월桂月 / 270, 321
계은桂隱 / 297
고경古鏡 / 117
고달산高達山 / 101
고당 웅古堂雄 / 65
고봉 법장高峯法藏 / 64, 99
고봉 원묘高峰原妙 / 110
『고봉원묘선사어록高峰原妙禪師語錄』 / 110
고암杲庵 / 116
고운 설우孤雲雪祐 / 169
고운암孤雲庵 / 94
고운 정특孤雲挺特 / 164
고한 희언孤閑希彦 / 163
고한 희연孤閑希演 / 170
곤륜 준극崑崙準極 / 170
공부선工夫選 / 86
곽주사郭住寺 / 73
관산冠山 / 145, 147
관음암觀音庵 / 294
관훈寬訓 / 261
광륵廣玏 / 154, 159
광명사廣明寺 / 69, 84, 92, 101, 105
광엄사光嚴寺 / 96
광원사廣原社 / 304, 321
광원암廣原庵 / 261, 285, 314, 330, 331, 340
광지廣智 / 91

구곡 각운龜谷覺雲 / 108, 109, 114, 131
구련 묘운九蓮妙雲 / 175
구련 선하九蓮善荷 / 188
구봉 광륵龜峯廣泐 / 173
구봉암九鳳庵 / 274
구봉 처열九峯處悅 / 188
구봉 천유九峯天有 / 219
구암사龜嵓寺 / 330
구암 승각龜庵勝覺 / 184
구연 법선九淵法宣 / 251, 283, 297, 312, 314
구천동九泉洞 / 118, 136
『국역동경장경國譯東京藏經』 / 354
국일 지엄國一智嚴 / 104
국청사國淸寺 / 69
권돈인權敦仁 / 244, 250
궤운軌雲 / 224, 243
『금강경金剛經』 / 40
『금강경간정기金剛經刊定記』 / 190, 240
금강굴金剛窟 / 99
금강산金剛山 / 58, 73, 94, 102, 110, 119, 138, 200, 204, 236, 249, 302, 312, 319, 331
금강암金剛庵 / 340
금강인金剛印 / 78
금담錦潭 / 228, 268
금명 보정錦溟寶鼎 / 294, 321, 327, 333, 336, 338, 342, 344, 346, 348, 351, 353, 356, 358, 360
금보암金寶庵 / 274
금봉 여옥錦峯勵玉 / 204, 221
금봉 학수金峯鶴樹 / 181, 226
금산사金山寺 / 68, 72
금성 성운錦性性云 / 217

금오산金鰲山 / 94
금운錦雲 / 308
금월 찬진錦月燦珍 / 342
금장암金藏庵 / 102
금정암金井庵 / 273
금파 달진金波達眞 / 181
금파 성탄金波星坦 / 189
금파 신여金波信如 / 169
금파 옥균金波玉均 / 175
급암 종신及庵宗信 / 88
기룡 활해麒龍濶海 / 253, 297, 314
기봉 장오奇峯藏旿 / 224, 228, 243, 250, 253, 306
기산 석진綺山錫珍 / 356
기허 영규騎虛靈圭 / 132
길상사吉祥社 / 39, 99, 261, 309
길상암吉祥庵 / 251, 316, 328, 329

나묵 경눌懶默敬訥 / 171
나암 진일懶庵眞一 / 162, 163, 166
나옹 혜근懶翁惠勤 / 64, 86, 87, 94, 95, 100, 117
낙가산洛迦山 / 88, 236
낙암 해정洛庵海淨 / 217
낙천樂天 / 253
남파 각초南波覺初 / 227
남한산성南漢山城 / 139
『남화경南華經』 / 274, 350
남화 우정南華宇定 / 276, 304
뇌음 경연雷音敬演 / 168

뇌정 응묵雷靜應默 / 163
눌봉 정기訥峯正基 / 327
눌암 조훈訥庵照君 / 226
능가楞伽 / 232
능가사楞伽寺 / 194, 196, 232, 304, 312
능가사사적비楞伽寺事蹟碑 / 195
능가산楞伽山 / 111
『능엄경楞嚴經』/ 72, 94, 330
능엄회楞嚴會 / 74
능인能仁 / 131

단석산斷石山 / 122
단속사斷俗寺 / 43, 49, 51, 84
달마산達磨山 / 236
〈달마절로도강도達摩折蘆渡江圖〉/ 108
담당湛堂 / 57
담화曇華 / 327
대가 희옥待價熙玉 / 142, 186
대감 탄연大鑑坦然 / 83, 84
『대명법수大明法數』/ 190
대방帶方 / 59, 135
대붕 지수大鵬智藪 / 266, 281, 327
대선 정원大選淨源 / 133
『대승기신론大乘起信論』/ 330
『대승기신론소필삭기大乘起信論疏筆削記』
  / 190
대승동大乘洞 / 120
대승사大乘寺 / 268
대승암大乘菴 / 246, 247
대우 금추大愚錦秋 / 335, 336

대운大雲 / 228
대지 해연大池海淵 / 186
『대혜어록大慧語錄』/ 40, 110
대혜 종고大慧宗杲 / 39, 110, 128
대흥사大興寺 / 132, 210, 230, 304, 328
덕균德均 / 160, 203
덕민 청변德敏淸卞 / 179
덕봉 회탄德峯懷坦 / 181
덕산 선감德山宣鑑 / 210
덕유산德裕山 / 135, 138
도갑사道岬寺 / 114, 115
도림사道林寺 / 309, 316, 328
도봉산道峯山 / 68, 225
도사천渡沙川 / 118
도선道詵 / 114, 299
도영道英 / 60, 61
돈정頓淨 / 160, 200
동계 경일東溪敬一 / 167, 188, 189
동곡 치한桐谷致閑 / 216
동리산桐裏山 / 52, 236, 237, 239, 253,
  279, 300, 302, 313
동림 혜원東林慧遠 / 164
동명 지선東溟智宣 / 270
동방장산東方丈山 / 251
동수東秀 / 295
동순洞純 / 72
동일암東日庵 / 302, 309
동허東虛 / 306
동호東湖 / 208, 338
동화사桐華寺 / 198, 340
두륜 청성頭崙淸性 / 182
두월 우홍斗月禹洪 / 206, 211, 243, 273
득우得牛 / 156, 194
득재得才 / 39

마곡사麻谷寺 / 315
마하가섭摩訶迦葉 / 125
마하연摩訶衍 / 331
만경암萬景庵 / 232
만공滿空 / 331
만리 붕척萬里鵬陟 / 180, 200
만리萬里 / 160
만성晩惺 / 330, 346
만성 대기晩成大機 / 180
만일당萬日堂 / 306
만일회萬日會 / 306, 308, 309
만하萬下 / 358
만화萬花 / 292
만회萬恢 / 77
매곡 경일梅谷敬一 / 162
맹종孟宗 / 264, 322
명곡 현안明谷玄眼 / 177
명적암明寂庵 / 237, 253, 279, 300, 308
명진明眞 / 160
모암 도일母庵道一 / 215
모운 진언暮雲震言 / 157, 186
목암 찬영木菴粲英 / 104
몽산 덕이蒙山德異 / 58
몽성암夢聖庵 / 304
몽성 지인夢惺智仁 / 221, 227
묘각 수미妙覺守眉 / 114, 115, 117
묘문암妙門庵 / 76
묘엄 자원妙嚴慈圓 / 60
묘향산妙香山 / 99, 122, 153, 319
무구 성조無垢性照 / 187
무량사無量寺 / 76
무봉 섭화鵡峯攝化 / 204, 221

무생인無生忍 / 78
무설당無舌堂 / 190
무성無性 / 239
무성삼매無聲三昧 / 204, 351
무송 의인撫松義仁 / 216
무용당無用堂 / 194
『무용당문집無用堂文集』/ 194
무용 수연無用秀演 / 156, 157, 179, 192, 194, 198
무의자無衣子 / 42, 48, 344
무의 천연無依天然 / 165
무자화두無字話頭 / 91, 110
무쟁 취적無爭趣寂 / 181
무주실無住室 / 76
무주암無住庵 / 39
무학 자초無學自超 / 99
『묵암시집默庵詩集』/ 240
묵암 최눌默庵最訥 / 160, 191, 198, 200, 203, 204, 213, 215, 230, 232, 243, 292
문곡 영아文谷永訝 / 162
문수오자주文殊五字呪 / 76
『미륵상생경彌勒上生經』/ 284
미타선원彌陀禪院 / 253
미타전彌陀殿 / 236, 294
민성 의현敏性義賢 / 171
밀암 경찬密庵敬贊 / 227

ㅂ

반룡산盤龍山 / 153
반송 연우伴松延祐 / 188
『반야경般若經』/ 330

반운 상욱伴雲尙旭 / 167
방장산方丈山 / 147, 148, 152, 190, 195, 204, 243, 302, 312, 319, 321, 322, 335, 342
백곡 처능白谷處能 / 144, 184
백매 재휴白梅載烋 / 184
백산도량白傘道場 / 96
백암사白嵓寺 / 61
백암 성총栢庵性聰 / 154, 157, 159, 176~179, 190, 192, 204
백양사白羊寺 / 306, 316, 330, 349, 350
백용성白龍城 / 331, 350
백운 경한白雲景閑 / 300
백운 문연白雲文演 / 185
백운산白雲山 / 42, 111
백의대성관음보살 / 285
백일정토산림百日淨土山林 / 329
백장사百丈寺 / 136
백장암百丈庵 / 251
백파 긍선白坡亘璇 / 246
백화 팔정白華八晶 / 212
범어사梵魚寺 / 331, 354
범어선원梵魚禪院 / 321
범해 각안梵海覺岸 / 288, 299, 304, 318
법기암法起庵 / 319
법안法顔 / 160, 208
법운法雲 / 321
법융 영응法融靈應 / 120, 124
법종法宗 / 321
법주사法住寺 / 114
『법화경法華經』/ 94, 112, 150, 174, 237, 274
『법화기法華記』/ 274
벽계 정심碧溪淨心 / 109, 110, 116, 131

벽관壁觀 / 230, 244
벽담 행인碧潭幸仁 / 210, 215, 225, 234, 342
벽송대碧松臺 / 154
벽송사碧松寺 / 195
벽송 지엄碧松智嚴 / 109, 110, 120, 122, 131, 155, 156
벽암 각성碧巖覺性 / 136, 138, 142, 144, 145, 151~153, 157, 164~171
벽오 초경碧梧初冏 / 177
벽정 붕민碧井鵬敏 / 183
벽천 정현碧川正玄 / 165, 188
벽파 계파碧波戒坡 / 221
벽하 경영碧霞慶永 / 178
벽허 탄원碧虛坦圓 / 186
병풍암屛風嵓 / 328
보각 견명普覺見明 / 76, 78, 80
보감 혼구寶鑑混丘 / 80~82
보감 혜일寶鑑惠日 / 164
보개산寶蓋山 / 105, 153
보경사寶鏡寺 / 73
보광葆光 / 225
보광 경련葆光敬璉 / 223
보광명지普光明智 / 257
보광 원민葆光圓旻 / 147, 148, 157, 158
보국사輔國寺 / 96, 308
보덕굴普德窟 / 73
보리달마菩提達磨 / 110, 125, 206, 246
보리사菩提寺 / 83
보림사寶林寺 / 145, 249
보명 수일葆明守一 / 279, 285, 308
보문사普門寺 / 39, 83
보봉 맹척寶峯孟陟 / 217, 330
보월寶月 / 331

보응 위정普應偉鼎 / 182
보정寶晶 / 138
보제普濟 / 64, 65, 86
보제당普濟堂 / 312, 353
보제루(普濟樓) / 310
보제사普濟寺 / 39, 69
보제원普濟院 / 51, 348
보조실普照室 / 236
보조암普照庵 / 199, 204, 208, 232, 234, 235, 243, 246, 247, 249, 266, 270, 283, 284, 288, 290, 299, 315, 319, 324, 325, 327, 330, 342
보조 지눌普照知訥 / 39, 40, 64, 72, 76, 190, 357
보현사普賢寺 / 122, 132, 319
보현산普賢山 / 123
〈보현육아백상도普賢六牙白象圖〉 / 108
복령사福靈寺 / 80
복룡산伏龍山 / 88
복암復庵 / 63
봉림산鳳林山 / 52
봉서사鳳瑞寺 / 232
봉서사鳳棲寺 / 243
봉서암鳳瑞庵 / 236, 246, 295, 310
봉선사奉先寺 / 315
봉성 위신鳳城偉信 / 227
봉암 낙현鳳巖樂賢 / 218, 222, 230, 239
봉암사鳳嵓寺 / 72
봉욱琫旭 / 211, 333
봉원사奉元寺 / 302
봉월 광찬鳳月廣粲 / 219, 224
봉은사奉恩寺 / 92, 139, 251, 315, 351
봉의鳳儀 / 208, 236
부도전浮屠殿 / 204, 308

부용 영관芙蓉靈觀 / 112, 118, 120, 124, 131, 135
부휴 선수浮休善修 / 135, 138, 139, 145, 150~152, 163, 164, 206, 261, 273, 287, 325
분별사식分別事識 / 122
불갑사佛岬寺 / 62
불대사佛岾寺 / 52
불망념지不忘念智 / 257
불일결사문佛日結社文 / 77
불일사佛日社 / 77
불정회佛頂會 / 96
불종계단佛宗戒壇 / 302
빙암 현단冰庵顯端 / 182

사가라용왕沙迦羅龍王 / 73
사굴산闍崛山 / 49, 52
사대암四大庵 / 204, 274
사명 유정四溟惟政 / 132, 138
사분염송四分念誦 / 307
사불산四佛山 / 319
사사四事 / 115
사선四選 / 76
사암 채영獅巖采永 / 210
사암 치철思嵓致哲 / 187
사월 극원沙月極願 / 215, 219
사위의송四威儀頌 / 84
사자산師子山 / 52
사충嗣忠 / 68
삼가三歌 / 65

삼각산三角山 / 91, 104
삼관三關 / 86
삼구三句 / 86, 95
삼기 각현三幾覺玄 / 179
삼문三門 / 40
삼백三白 / 182
삼산양수三山兩水 / 86, 100
삼신산三神山 / 203
삼일선원三日禪院 / 243, 253, 256, 294, 335, 339
삼일암三日庵 / 246, 256, 332
삼일천三日泉 / 40
삼장사三藏寺 / 58, 153
삼중대사三重大師 / 48, 51, 68, 73, 76, 83
삼중 신정三重神定 / 128
삼중 신화三重神化 / 125
삼천교三川橋 / 310
〈삼청선각三淸仙閣〉 / 142
삼평三平 / 322
상원암上院庵 / 331
상월 새봉霜月璽封 / 200
상제尙濟 / 64, 65, 79
상혜尙惠 / 65, 85
생전예수시왕생칠재生前豫修十王生七齋 / 251, 294, 338, 339
『서경書經』 / 350
서굴암西窟菴 / 122
서룡瑞龍 / 297, 346
서산西山 / 131, 132
서산십걸西山十傑 / 132
서악 도태西嶽道泰 / 161
서암 만훈瑞嵓萬訓 / 176
서암 혜학西庵慧學 / 216
서우西藕 / 273

서운사捿雲寺 / 95
서유 축한西游竺閑 / 183
서주西舟 / 294
석굉釋宏 / 117
석남사石南寺 / 104
석실 명안石室明眼 / 157, 158
석옥 청공石屋淸珙 / 91, 131
석호 형순錫虎炯珣 / 348
선과禪科 / 48, 51, 61, 68
선교도총섭禪敎都摠攝 / 86, 101, 105, 131, 139
『선문염송禪門拈頌』 / 287, 314, 321, 330, 351
『선문증정록禪門證正錄』 / 261
선불장選佛場 / 72, 128
선악 간혜禪嶽侃惠 / 214
선암사禪巖寺 / 83
선암사仙嵓寺 / 148, 253, 292, 312, 319
선운 영훈船運頴訓 / 181, 225, 226
선원사禪源寺 / 48, 51, 52, 54, 94
선월禪月 / 302, 314
선월사禪月社 / 76
선월화상참문禪月和尙懺文 / 74
선찬善贊 / 292
선화 경림禪和敬林 / 171
선회禪會 / 51, 68, 72, 95
설계 처림雪溪處林 / 174
설계 천기雪溪天機 / 173
설곡 관혜雪谷冠惠 / 215, 219
설두 봉기雪竇奉琪 / 270
설명雪明 / 159, 190
설변薛卞 / 270
설봉 경오雪峯景旿 / 162
설봉산雪峯山 / 154

『설봉어록雪峯語錄』/ 152
설봉 희안雪峯希安 / 168
설빈 사순雪貧思順 / 186
설악雪嶽 / 292
설암 조흠雪巖祖欽 / 88, 312
설애 성학雪涯聖學 / 177
설월 용섭雪月龍燮 / 324
설유雪乳 / 330
설은雪訔 / 112
설인雪仁 / 261
설저雪渚 / 246
설파 민기雪波敏機 / 154, 159, 172
섭허 인규攝虛印圭 / 163, 168
성곡 철조聖谷徹照 / 172
성도암成道庵 / 230, 239, 240
성봉 장언聖峯莊彦 / 218
성암惺庵 / 253
성암 의수聖庵義修 / 228
성암 정은聖庵定垠 / 224
성영 선일性英禪一 / 171
성우 호련性宇瑚璉 / 176
성월惺月 / 331
성월 서유聖月瑞蕎 / 226
성주산聖住山 / 52
성학聖鶴 / 290
소래사蘇萊寺 / 126
소연 해천蕭然海天 / 189
소요 태능逍遙太能 / 132, 147
소지小止 / 99, 107
송계 성현松溪聖賢 / 150
송계 원휘松溪圓輝 / 147, 187, 188
송광松廣寺 / 61, 86, 101, 126, 128, 136, 140, 148, 191, 194, 196, 198, 200, 206, 208, 210, 237, 251, 264, 283,

287, 294, 297, 306, 330, 332, 333, 335, 336, 338, 340, 342, 344, 348, 350, 351, 353, 354, 356, 357, 360, 361
송광산松廣山 / 40
송념誦念 / 244
송담 신상松潭信祥 / 212
송봉 삼우松峯三愚 / 169
송악 투명松嶽透明 / 225
송암 계익松庵戒益 / 163
송암 위재松嵒偉哉 / 177
송암 탈원松庵脫遠 / 161
송운松雲 / 138
송파 여심松坡呂諶 / 214
쇄연 인현灑然仁賢 / 179
수경袖鯨 / 302
수국암壽國菴 / 112
수도암修道庵 / 274, 319
수미산須彌山 / 52
수산守山 / 287
수석정水石亭 / 192
수선사修禪社 / 40, 43, 55, 314
수월 장로水月長老 / 306
수월 징혜水月澄慧 / 184
순담淳潭 / 276
숭인 설은崇仁雪訔 / 112, 155
승허乘虛 / 294
『시경詩經』/ 350
식암 진명息庵眞明 / 185
식영 연감息影淵鑑 / 94, 186
신광사神光寺 / 88, 100, 102, 104
신륵사神勒寺 / 86, 87
신명信明 / 135
신미信眉 / 114
신성암神聖庵 / 94

신암 비현愼庵丕玹 / 158
신어산神魚山 / 65
신옹信翁 / 134
신월信月 / 324
신준信俊 / 66
신총信聰 / 118
신파 행수信波幸修 / 216
신흥암新興庵 / 191
실상산實相山 / 52
『심요心要』/ 43
심원사深源寺 / 153
쌍계사雙溪寺 / 139, 190, 191, 253, 300, 312, 353
쌍산 인행雙山印行 / 168

연실演實 / 72
연화 숭신蓮花崇信 / 183, 188
연화 인욱蓮花印旭 / 166
연회암宴晦庵 / 95, 96
연희衍熙 / 110
염불당念佛堂 / 295, 307, 328
염불암念佛庵 / 73, 74
염불회念佛會 / 306, 307, 324
영가 현각永嘉玄覺 / 91, 125
영녕사永寧寺 / 92
영담影潭 / 299
영봉당影峯堂 / 246
영봉 표정影峯表正 / 220
영송 염화咏松念華 / 226
영안永安 / 330, 331
영암 등찬影庵等贊 / 220, 226
영암사靈嵓寺 / 100
영우靈祐 / 251
영운榮雲 / 350
영원 담희靈源曇熙 / 169
영원사瑩原寺 / 80, 81, 86
영월永月 / 358
영월 청학詠月淸學 / 132, 145
영월 축문映月竺文 / 308, 309, 360
영응대군永膺大君 / 115
영지靈芝 / 134
영천암靈泉庵 / 200, 203
영취사靈鷲寺 / 152
영해 약탄影海若坦 / 156, 183, 194, 198, 200, 204
영허 해일暎虛海日 / 132
영호映湖 / 330
영호影湖 / 312
예운 선종禮雲禪宗 / 330

아자방亞字房 / 204, 243, 321
악련 등수樂蓮等守 / 226
악서 취심樂西翠諶 / 180
애운 천홍靉雲天弘 / 168
야운野雲 / 265
약사암藥師庵 / 302
양가도승통兩街都僧統 / 80, 104
양중공안兩重公案 / 128
어봉산圉鳳山 / 95
억보산億寶山 / 42
억정사億政寺 / 105
연곡동燕谷洞 / 120
연곡사燕谷寺 / 120, 122, 148
연묵蓮默 / 261
연봉 봉린蓮峯鳳麟 / 268, 289

오대산五臺山 / 72, 88, 94, 100, 111, 331
오봉산五峯山 / 148, 153, 154
오봉 은현五峯隱玄 / 213
오산鰲山 / 42
오수熬樹 / 135
오어사吾魚寺 / 76
오연五緣 / 269, 290
오운 기령五雲璣玲 / 218, 220
오조 법연五祖法演 / 80
옥뢰 양열玉瀨良悅 / 175
옥보대玉寶臺 / 249
옥암 성천玉嵒性天 / 185
옥천사玉泉寺 / 338
옹성산甕城山 / 304
와룡사臥龍寺 / 49
와암 획린臥嵒獲獜 / 225
와월 교평臥月敎萍 / 218, 222, 223, 239
완월 축행翫月竺行 / 219
완해 의준翫海義準 / 222
완허 성서翫虛性瑞 / 219
완화 처해玩華處解 / 157, 158, 226
왕상王祥 / 264, 322
용담龍潭 / 200, 203
용문산龍門山 / 99, 111, 118
용선龍船 / 314, 327, 333, 342
용안龍安 / 192
용암 채청龍庵采晴 / 161, 162
용암 진수龍嚴振秀 / 185, 321, 353
용운 어종龍雲語宗 / 221
용운 처익龍雲處益 / 244, 250, 270, 283
용월 우천龍月佑天 / 338
용은 완섭龍隱完燮 / 360
용주사龍珠寺 / 302
용천사涌泉寺 / 77

용호龍湖 / 270, 335
용화사龍華寺 / 358
용흥사龍興寺 / 306
우계 준익友溪雋益 / 176
우담 홍기優曇洪基 / 261, 270, 273, 276, 281, 283, 285, 287, 289, 294, 297
우송 선명友松善明 / 340
우암 혜림愚嵒慧林 / 188
우암 호경雨庵護敬 / 161
우인열禹仁烈 / 95
욱금사郁錦寺 / 68
운계雲桂 / 270
운문사雲門寺 / 72, 77, 104
운봉 징안雲峯澄眼 / 212, 228
운악雲岳 / 247
운암 취호雲嵒就浩 / 180
운학雲鶴 / 131
운한雲閑 / 223, 236
운해사雲海寺 / 77
『원각경圓覺經』 / 136, 330
원감 충지圓鑑沖止 / 54, 55
원규元珪 / 90
원돈관圓頓觀 / 39
원돈법圓頓法 / 110
원변 응찬圓卞應贊 / 179
원봉圓峯 / 348
원시요종原始要終 / 230
원오 일진圓悟一眞 / 156
원오 천영圓梧天英 / 51, 52, 54, 58, 61,
원융부圓融府 / 92
원응 보문圓應寶文 / 170
원조 태휘圓照太輝 / 158
원종圓宗 / 302
원증국사비圓證國師碑 / 105

원진 승형圓眞承逈 / 72~74
원통암圓通庵 / 131
원해 봉옥圓海鳳玉 / 287, 304, 306, 308, 319
원화 덕주圓華德柱 / 273, 283, 287, 299, 312, 314
원효암元曉庵 / 100, 304
월남사月南寺 / 61, 104
월등사月燈寺 / 43
월송月松 / 327
월인 방흠月印方欽 / 176
월주月宙 / 318, 319
월출산月出山 / 114
월파 인영月波印英 / 165
월화月和 / 306
월화月華 / 327, 335, 338, 340
위령葦嶺 / 129
위봉威鳳 / 118
유곡 충경幽谷冲冏 / 165
유나維那 / 129, 298
유악 책현維嶽策賢 / 214
유영 원철柳影圓哲 / 187
유인游刃 / 253, 283, 300
유점사楡岾寺 / 73, 104, 132, 304
육경六經 / 83, 287
육시염송六時念誦 / 295
『육조단경六祖壇經』 / 39, 73
윤선도尹善道 / 148
율봉 담정栗峯湛淨 / 183
율암 찬의栗庵贊儀 / 288, 318
은담銀潭 / 292
은봉 지명隱峯智明 / 180
은적선원隱寂禪院 / 253
은적암隱寂庵 / 204, 236, 246, 253, 256,

263, 266, 288, 299, 304, 314, 315, 338
응봉 의수應峯義修 / 223
응암 낭윤庵朗允 / 160, 191, 198, 200, 203, 213, 220~222, 294, 358, 360
응월應月 / 273
응하 학수應夏學守 / 344
응해應海 / 287
응허應虛 / 285
응화應化 / 270, 276, 297
의신동義神洞 / 120
의영宜映 / 283
이감로문二甘露門 / 114
이곡 효선梨谷曉善 / 189
이규보李奎報 / 45, 46
이노顧老 / 46
이봉 낙현离峯樂玹 / 249
이색李穡 / 87, 108
이암 희열怡庵希悅 / 161, 162, 187
이종성李宗城 / 135, 138
인각사麟角寺 / 78
인담 정용印潭正鏞 / 358
인봉 영준麟峯英俊 / 222
인봉 우현仁峯友玹 / 222
인암印庵 / 289
인월印月 / 321
인파印坡 / 224, 250, 253, 256, 261
임제종臨濟宗 / 109, 110, 131, 319
입승立繩 / 307

자각 정열(도영)慈覺晶悅(道英) / 57, 61

자각 종이慈覺宗頤 / 73
자백 진가紫栢眞可 / 210
자수암慈受菴 / 194
자신自信 / 261
자운慈雲 / 93
자운사慈雲寺 / 49
자응방慈應房 / 255
자자自恣 / 126
자정암慈靜庵 / 268, 285, 288, 307, 313, 325
자정 인일慈靜印一 / 56
자진 원오(천영)慈眞圓悟(天英) / 51, 52, 58, 61
『잡저문집雜著文集』 / 261
장경불사藏經佛事 / 102
장륙상丈六像 / 251
장자온張子溫 / 86
적상산성赤裳山城 / 140
적조 경념寂照敬念 / 175
전단원栴檀園 / 91
전준傳准 / 64
절상회折床會 / 122
정각 지겸(정인)靜覺志謙(定仁) / 68, 70
정골사리頂骨舍利 / 87, 112, 132, 154, 191
정관 일선靜觀一禪 / 132
정국암淨國庵 / 99
정담靜潭 / 228, 256
정련 법준淨蓮法俊 / 109, 111, 116
정법안장正法眼藏 / 128, 131, 136, 139, 144
정수암淨水庵 / 204
정암 사인靜庵思仁 / 212
정주程朱 / 111

정중호鄭仲壺 / 68
정토법회淨土法會 / 328
『정토보서淨土寶書』 / 19
정혜定慧 / 63, 104
정혜결사定慧結社 / 39
정혜사定惠寺 / 331
정혜사定慧社 / 40, 48
정홍진丁鴻進 / 45
정흠 돈오淨欽頓悟 / 182
『제경회요諸經會要』 / 200, 240
제봉霽峰 / 250
제산霽山 / 331
제운 해징霽雲海澄 / 160, 208, 214, 224, 225, 236, 348, 351, 356
제월 경헌霽月敬軒 / 132, 151, 156
제하 정특霽霞挺特 / 170
제하 청순霽霞淸順 / 165
조계산曹溪山 / 72, 99, 136, 150, 154, 192, 194, 196, 198, 200, 201, 203, 204, 206, 230, 232, 234, 300
조계선원曹溪禪院 / 122
조계 초화曹溪楚和 / 174
조백棗柏 / 268
조봉 준각祖峯雋覺 / 176
조쌍중趙雙重 / 94
조우祖愚 / 118
조운祖雲 / 119
조징祖澄 / 110
종식鍾植 / 295
종암 천눌鍾嵒天訥 / 175
종헌宗軒 / 48
종휘宗暉 / 39
죽림방竹林坊 / 128
죽암 창익竹庵暢益 / 184

죽암 회은竹嵓會銀 / 218
죽원암竹原庵 / 251
준제삼매準提三昧 / 199
중관 해안中觀海眼 / 132
중봉 문성中峯文性 / 225
중봉 우징中峯宇澄 / 158, 226
중인中印 / 65, 71
중흥사重興寺 / 91, 104, 105
지공指空 / 86, 88, 99, 100~102
지리산智異山 / 39, 43, 58, 81, 111, 122, 131, 139, 152, 230, 273, 309
지봉智峯 / 261
지성智性 / 222, 230
지장암地藏庵 / 294, 328
지족 충면知足忠勔 / 178
지효至孝 / 246
진각 혜심眞覺慧諶 / 42, 48, 314, 344
진구사珍丘寺 / 73
진명 혼원眞明混元 / 48, 49, 51
진묵 일옥震默一玉 / 132, 269
진불암眞佛庵 / 102
진속이제眞俗二諦 / 283
진응震應 / 342, 344, 346, 353, 358
진전사陳田寺 / 76
징광사澄光寺 / 200, 201, 243

ㅊ

창룡굴蒼龍窟 / 125
창복사昌福寺 / 51
채진 각현採眞覺玄 / 172
처송 식민處松湜敏 / 216, 219

척허尺虛 / 308
천경天鏡 / 80, 82
천봉 만우千峯卍雨 / 98
천봉산天鳳山 / 249
『천수경千手經』 / 300
천은사泉隱寺 / 243, 294, 302, 331
천자암天子庵 / 206, 284, 346, 356
천태암天台庵 / 251
천화사天和寺 / 83
철웅哲雄 / 157, 198
철조喆照 / 154, 159
청계사淸溪寺 / 249, 271
청공靑空 / 283, 285
청담 처신淸潭處信 / 173
청담 혜휘淸潭慧輝 / 169
청룡사靑龍寺 / 94, 96
청운靑雲 / 353
청운당靑雲堂 / 354
청원사淸源寺 / 39
「청전표請田表」 / 55
청진 몽여淸珍夢如 / 45, 48, 49, 51, 52
청진당淸眞堂 / 295
청진암淸眞庵 / 266, 268, 281, 290, 297, 304, 312
청파 성우靑坡性宇 / 214
청파 혜영淸波惠英 / 177
청평산淸平山 / 72, 119
청하공淸河公 / 73
청하 법융靑荷法融 / 133
청학동靑鶴洞 / 203
청허 휴정淸虛休靜 / 131, 145
청호淸昊 / 335, 340
초우草雨 / 327
최우崔瑀 / 43, 48

최충헌崔忠獻 / 69
최항崔沆 / 51
추강 봉우秋江鳳羽 / 346
추담秋潭 / 266, 276
추월 조능秋月祖能 / 155
추파秋波 / 208
추파 홍유秋坡泓宥 / 162, 185, 297
축원 영성竺源永盛 / 91
『춘추春秋』 / 297
충경冲鏡 / 48, 49
충담 영수忠潭永守 / 217
충암忠庵 / 211
충운忠雲 / 279
취미 수초翠微守初 / 151, 156, 158, 159, 172~176, 190
취봉翠峯 / 264
취암 영은翠菴璟恩 / 314
취암 해란翠嵒海瀾 / 172
취암 혜영翠嵒惠英 / 174
취월 기순翠月琪珣 / 297, 356
취은 옥수翠隱玉修 / 188
취죽 인정翠竹仁靜 / 174
『치문緇門』 / 190, 297
칠민七閩 / 126
칠부대중七部大衆 / 140, 294
칠불방七佛房 / 294, 331
칠불사七佛寺 / 136, 191
칠불선원七佛禪院 / 139, 253
칠불암七佛庵 / 152, 203, 204, 335
칠불원七佛院 / 246
칠전선원七殿禪院 / 253
침계 삼인枕溪三忍 / 186
침굉 현변枕肱懸辯 / 147, 156, 192
침룡枕龍 / 281

침명 한성枕溟翰惺 / 232, 246, 250, 253, 256, 261, 263, 264, 266, 268, 279
침송枕松 / 304
침연 장선枕淵章宣 / 266, 281, 297, 299
침허 율계枕虛律戒 / 166, 304

타니대수拖泥帶水 / 268
탁연卓然 / 113
탁첨卓詹 / 86, 87
태고 보우太古普愚 / 91, 92, 104, 109, 131, 206
태고 성수太古性修 / 178
〈태고암가太古庵歌〉 / 91
태안사泰安寺 / 232, 239, 243, 246, 253, 277, 292, 300, 304, 308~310, 312, 313, 360, 361
태위왕太尉王 / 58
태진 지삼太眞智森 / 173
통도사通度寺 / 251, 302, 308, 321, 331, 350
『통사通史』 / 285, 321, 324
퇴암 화일退庵華一 / 227
퇴어자退漁子 / 142
퇴운退雲 / 258
퇴은 봉의退隱鳳儀 / 223, 236, 253
퇴한 성민退閑性敏 / 178

ㅍ

판선종사判禪宗事 / 114
팔공산八公山 / 39, 73, 74, 120, 261
팔송 승혜八松勝慧 / 217
팔영산八影山 / 196, 246, 257, 304, 312
편양 언기鞭羊彦機 / 132
평산 처림平山處林 / 88
포당布堂 / 232
포우 행성布雨幸性 / 289
포허 담수抱虛談守 / 164, 273
표충사表忠祠 / 201, 250, 251
표훈사表訓寺 / 132, 302
풍암 세찰楓巖世察 / 157, 195, 198, 200, 203, 204, 208, 210, 212, 325

하담 향섭荷潭向燮 / 292
하무산霞霧山 / 91
학매學梅 / 119
한계 현일寒溪玄一 / 166
한담漢潭 / 228, 268
한암 성안寒嵒性眼 / 162
한영 신홍寒影信弘 / 171
한운漢雲 / 299
한총翰聰 / 222, 232
함명 태선涵溟太先 / 263, 270, 273, 276, 285, 287, 289, 294
함영 상징涵影尙澄 / 179
함허 득통涵虛得通 / 117
함호 완규菡湖玩珪 / 294, 340

함화 혜인含花慧認 / 167
해담海曇 / 206, 211, 350
『해동불조원류海東佛祖源流』/ 210
해란海蘭 / 154, 159
해련 선택海蓮善澤 / 163
해붕 전령海鵬展翎 / 218
해산海山 / 122
해암海巖 / 223, 236
해운 민오海雲敏悟 / 187
해운 상린海雲尙璘 / 213
해운 척제海雲尺濟 / 185
해은海隱 / 322, 353
해인사海印寺 / 136, 251, 302, 306, 327, 330, 331
해인선원海印禪院 / 335
향로봉香爐峯 / 145
향호香湖 / 340
허월 승준虛月勝俊 / 167
허종許琮 / 110
허주 덕진虛舟德眞 / 237, 244, 255
현해 각선懸解覺先 / 173
혜각 도영慧覺道英 / 60
혜각 신미慧覺信眉 / 116
혜감 만항慧鑑萬恒 / 58, 59, 99
혜공 상회慧空尙懷 / 74, 174
혜관惠寬 / 156, 192
혜능惠能 / 130
혜명慧明 / 99, 103
혜소慧炤 / 67, 83
혜월慧月 / 331
혜철慧徹 / 239, 309
혜철암慧徹庵 / 236, 279
호명 봉욱皓溟琫旭 / 333
호명 약운虎鳴若運 / 220

호봉 행정護鳳幸正 / 227
호붕 진홍浩鵬振弘 / 232, 312, 321, 333, 340, 342, 344, 346, 348, 350, 353, 356
호산湖山 / 324
호암虎巖 / 200
호연浩然 / 344
호월皓月 / 279, 302
호은湖隱 / 331
호은虎隱 / 302, 348
혹암 현정惑庵玄挺 / 186
혼명 성호混溟誠昊 / 304, 353
혼해混海 / 287, 299, 304
혼허渾虛 / 261
홍변洪辯 / 150
홍월洪月 / 115, 117
홍진弘眞 / 63
홍파 적우洪波的宇 / 183
화봉華峯 / 206, 212, 253
화산 선오華山善旿 / 246, 263
화성 성진華性性眞 / 299, 321, 324, 335
화악 재운華嶽再芸 / 220
화악 평삼華嶽評三 / 220
『화엄강요華嚴綱要』 / 361
『화엄경華嚴經』 / 208, 210, 243, 253, 328, 330, 354
『화엄경소초華嚴經疏抄』 / 190
『화엄과목華嚴科目(華嚴科圖)』 / 200
『화엄론華嚴論』 / 39, 40
화엄법회華嚴法會 / 328
화엄사華嚴寺 / 139, 140, 153, 230, 273, 274, 321, 335, 342, 358
『화엄품과華嚴品科(華嚴科圖)』 / 240
화운華雲 / 224
화월 현간華月玄偘 / 213, 227

화장사華藏寺 / 69
화청化淸 / 206
환경 형관喚鯨炯寬 / 350, 351
환선정喚仙亭 / 324
환암 혼수幻庵混修 / 86, 94, 109, 117, 131
환원 창규 / 184
환월幻月 / 292
환응幻應 / 223, 350
환적 인문幻寂印文 / 164
환해 법린幻海法璘 / 220, 222, 232
환호 유문煥乎有文 / 170
황악산黃岳山 / 109
황학루黃鶴樓 / 125
『회경록會鏡錄』 / 274
회계 휘종會溪輝宗 / 234, 249
회광晦光 / 330
회암晦庵 / 161, 200
회암사晦庵寺 / 86~88, 91, 94
회암 운권檜嵓雲捲 / 178
회암 정혜晦庵定慧 / 158, 161, 162, 200
회은 사원晦隱思遠 / 187
회은 응준晦隱應俊 / 166
회적 성오晦迹性悟 / 167
『회현기會玄記』 / 190
효오孝唐 / 258
휴암 천해休嵒天海 / 172, 294
희방사希芳寺 / 261
희양산曦陽山 / 52, 72

한글본 한국불교전서

조·선·출·간·본

조선 1 작법귀감
백파 긍선 | 김두재 옮김 | 신국판 | 336쪽 | 18,000원

조선 2 정토보서
백암 성총 | 김종진 옮김 | 4X6판 | 224쪽 | 12,000원

조선 3 백암정토찬
백암 성총 | 김종진 옮김 | 4X6판 | 156쪽 | 9,000원

조선 4 일본표해록
풍계 현정 | 김상현 옮김 | 4X6판 | 180쪽 | 10,000원

조선 5 기암집
기암 법견 | 이상현 옮김 | 신국판 | 320쪽 | 18,000원

조선 6 운봉선사심성론
운봉 대지 | 이종수 옮김 | 4X6판 | 200쪽 | 12,000원

조선 7 추파집·추파수간
추파 홍유 | 하혜정 옮김 | 신국판 | 340쪽 | 20,000원

조선 8 침굉집
침굉 현변 | 이상현 옮김 | 신국판 | 300쪽 | 17,000원

조선 9 염불보권문
명연 | 정우영·김종진 옮김 | 신국판 | 224쪽 | 13,000원

조선 10 천지명양수륙재의범음산보집
해동사문 지환 | 김두재 옮김 | 신국판 | 636쪽 | 28,000원

조선 11 삼봉집
화악 지탁 | 김재희 옮김 | 신국판 | 260쪽 | 15,000원

조선 12 선문수경
백파 긍선 | 신규탁 옮김 | 신국판 | 180쪽 | 12,000원

조선 13 선문사변만어
초의 의순 | 김영욱 옮김 | 4X6판 | 192쪽 | 11,000원

조선 14 부휴당대사집
부휴 선수 | 이상현 옮김 | 신국판 | 376쪽 | 22,000원

조선 15 무경집
무경 자수 | 김재희 옮김 | 신국판 | 516쪽 | 26,000원

조선 16 무경실중어록
무경 자수 | 성재헌 옮김 | 신국판 | 340쪽 | 20,000원

조선 17 불조진심선격초
무경 자수 | 성재헌 옮김 | 신국판 | 168쪽 | 11,000원

조선 18 선학입문
김대현 | 성재헌 옮김 | 신국판 | 240쪽 | 14,000원

조선 19 사명당대사집
사명 유정 | 이상현 옮김 | 신국판 | 508쪽 | 26,000원

조선 20 송운대사분충서난록
신유한 엮음 | 이상현 옮김 | 신국판 | 324쪽 | 20,000원

조선 21 의룡집
의룡 체훈 | 김석군 옮김 | 신국판 | 296쪽 | 17,000원

조선 22 응운공여대사유망록
응운 공여 | 이대형 옮김 | 신국판 | 350쪽 | 20,000원

조선 23 사경지험기
백암 성총 | 성재헌 옮김 | 신국판 | 248쪽 | 15,000원

조선 24 무용당유고
무용 수연 | 이상현 옮김 | 신국판 | 292쪽 | 17,000원

조선 25 설담집
설담 자우 | 윤찬호 옮김 | 신국판 | 200쪽 | 13,000원

조선 26 동사열전
범해 각안 | 김두재 옮김 | 신국판 | 652쪽 | 30,000원

조선 27 청허당집
청허 휴정 | 이상현 옮김 | 신국판 | 964쪽 | 47,000원

조선 28 대각등계집
백곡 처능 | 임재완 옮김 | 신국판 | 408쪽 | 23,000원

조선 29 반야바라밀다심경략소연주기회편
석실 명안 엮음 | 강찬국 옮김 | 신국판 | 296쪽 | 17,000원

| 조선 30 | 허정집
허정 법종 | 성재헌 옮김 | 신국판 | 488쪽 | 25,000원

| 조선 31 | 호은집
호은 유기 | 김종진 옮김 | 신국판 | 264쪽 | 16,000원

| 조선 32 | 월성집
월성 비은 | 이대형 옮김 | 4X6판 | 172쪽 | 11,000원

| 조선 33 | 아암유집
아암 혜장 | 김두재 옮김 | 신국판 | 208쪽 | 13,000원

| 조선 34 | 경허집
경허 성우 | 이상하 옮김 | 신국판 | 572쪽 | 28,000원

| 조선 35 | 송계대선사문집 · 상월대사시집
송계 나식 · 상월 새봉 | 김종진 · 박재금 옮김 | 신국판 | 440쪽 | 24,000원

| 조선 36 | 선문오종강요 · 환성시집
환성 지안 | 성재헌 옮김 | 신국판 | 296쪽 | 17,000원

| 조선 37 | 역산집
영허 선영 | 공근식 옮김 | 신국판 | 368쪽 | 22,000원

| 조선 38 | 함허당득통화상어록
득통 기화 | 박해당 옮김 | 신국판 | 300쪽 | 18,000원

| 조선 39 | 가산고
월하 계오 | 성재헌 옮김 | 신국판 | 446쪽 | 24,000원

| 조선 40 | 선원제전집도서과평
설암 추붕 | 이정희 옮김 | 신국판 | 338쪽 | 20,000원

| 조선 41 | 함홍당집
함홍 치능 | 성재헌 옮김 | 신국판 | 348쪽 | 21,000원

| 조선 42 | 백암집
백암 성총 | 유호선 옮김 | 신국판 | 544쪽 | 27,000원

| 조선 43 | 동계집
동계 경일 | 김승호 옮김 | 신국판 | 380쪽 | 22,000원

| 조선 44 | 용암당유고 · 괄허집
용암 체조 · 괄허 취여 | 김종진 옮김 | 신국판 | 404쪽 | 23,000원

| 조선 45 | 운곡집 · 허백집
운곡 충휘 · 허백 명조 | 김재희 · 김두재 옮김 | 신국판 | 514쪽 | 26,000원

| 조선 46 | 용담집 · 극암집
용담 조관 · 극암 사성 | 성재헌 · 이대형 옮김 | 신국판 | 520쪽 | 26,000원

| 조선 47 | 경암집
경암 응윤 | 김재희 옮김 | 신국판 | 300쪽 | 18,000원

| 조선 48 | 석문상의초 외
벽암 각성 외 | 김두재 옮김 | 신국판 | 338쪽 | 20,000원

| 조선 49 | 월파집 · 해붕집
월파 태율 · 해붕 전령 | 이상현 · 김두재 옮김 | 신국판 | 562쪽 | 28,000원

| 조선 50 | 몽암대사문집
몽암 기영 | 이상현 옮김 | 신국판 | 348쪽 | 21,000원

| 조선 51 | 징월대사시집
징월 정훈 | 김재희 옮김 | 신국판 | 272쪽 | 16,000원

| 조선 52 | 통록촬요
엮은이 미상 | 성재헌 옮김 | 신국판 | 508쪽 | 26,000원

| 조선 53 | 충허대사유집
충허 지책 | 성재헌 옮김 | 신국판 | 296쪽 | 18,000원

| 조선 54 | 백열록
금명 보정 | 김종진 옮김 | 신국판 | 364쪽 | 22,000원

신 · 라 · 출 · 간 · 본

| 신라 1 | 인왕경소
원측 | 백진순 옮김 | 신국판 | 800쪽 | 35,000원

| 신라 2 | 범망경술기
승장 | 한명숙 옮김 | 신국판 | 620쪽 | 28,000원

| 신라 3 | 대승기신론내의약탐기
태현 | 박인석 옮김 | 신국판 | 248쪽 | 15,000원

| 신라 4 | 해심밀경소 제1 서품
원측 | 백진순 옮김 | 신국판 | 448쪽 | 24,000원

| 신라 5 | 해심밀경소 제2 승의제상품
원측 | 백진순 옮김 | 신국판 | 508쪽 | 26,000원

신라 6 해심밀경소 제3 심의식상품 / 제4 일체법상품
원측 | 백진순 옮김 | 신국판 | 332쪽 | 20,000원

신라 12 무량수경연의술문찬
경흥 | 한명숙 옮김 | 신국판 | 800쪽 | 35,000원

신라 13 범망경보살계본사기 상권
원효 | 한명숙 옮김 | 신국판 | 272쪽 | 17,000원

신라 14 화엄일승성불묘의
견등 | 김천학 옮김 | 신국판 | 264쪽 | 15,000원

신라 15 범망경고적기
태현 | 한명숙 옮김 | 신국판 | 612쪽 | 28,000원

신라 16 금강삼매경론
원효 | 김호귀 옮김 | 신국판 | 666쪽 | 32,000원

신라 17 대승기신론소기회본
원효 | 은정희 옮김 | 신국판 | 536쪽 | 27,000원

신라 18 미륵상생경종요 외
원효 | 성재헌 외 옮김 | 신국판 | 420쪽 | 22,000원

신라 19 대혜도경종요 외
원효 | 성재헌 외 옮김 | 신국판 | 256쪽 | 15,000원

신라 20 열반종요
원효 | 이평래 옮김 | 신국판 | 272쪽 | 16,000원

신라 21 이장의
원효 | 안성두 옮김 | 신국판 | 256쪽 | 15,000원

신라 22 본업경소 하권 외
원효 | 최원섭 · 이정희 옮김 | 신국판 | 368쪽 | 22,000원

신라 23 중변분별론소 제3권 외
원효 | 박인성 외 옮김 | 신국판 | 288쪽 | 17,000원

신라 24 지범요기조람집
원효 · 진원 | 한명숙 옮김 | 신국판 | 310쪽 | 19,000원

신라 25 집일 금광명경소
원효 | 한명숙 옮김 | 신국판 | 636쪽 | 31,000원

고 · 려 · 출 · 간 · 본

고려 1 일승법계도원통기
균여 | 최연식 옮김 | 신국판 | 216쪽 | 12,000원

고려 2 원감국사집
충지 | 이상현 옮김 | 신국판 | 480쪽 | 25,000원

고려 3 자비도량참법집해
조구 | 성재헌 옮김 | 신국판 | 696쪽 | 30,000원

고려 4 천태사교의
제관 | 최기표 옮김 | 4X6판 | 168쪽 | 10,000원

고려 5 대각국사집
의천 | 이상현 옮김 | 신국판 | 752쪽 | 32,000원

고려 6 법계도기총수록
저자 미상 | 해주 옮김 | 신국판 | 628쪽 | 30,000원

고려 7 보제존자삼종가
고봉 법장 | 하혜정 옮김 | 4X6판 | 216쪽 | 12,000원

고려 8 석가여래행적송 · 천태말학운묵화상경책
운묵 무기 | 김성옥 · 박인석 옮김 | 신국판 | 424쪽 | 24,000원

고려 9 법화영험전
요원 | 오지연 옮김 | 신국판 | 264쪽 | 17,000원

고려 10 남명천화상송증도가사실
□련 | 성재헌 옮김 | 신국판 | 418쪽 | 23,000원

고려 11 백운화상어록
백운 경한 | 조영미 옮김 | 신국판 | 348쪽 | 21,000원

※ 한글본 한국불교전서는 계속 출간됩니다.

금명 보정錦溟寶鼎
(1861~1930)

김해 김씨이고 전라도 곡성에서 태어났다. 송광사에서 출가하였고 당대의 종장들에게 선과 교를 배웠다. 금련 경원金蓮敬圓의 법을 이었고 송광사, 화엄사 등에서 강석을 열었다. 송광사 주지였던 1899년 고종의 명으로 해인사 고려대장경을 인출해 삼보사찰에 배부할 때 장경전에 이를 봉안하였다. 1902년 서울 원흥사에서 열린 화엄회에서 강설하였고, 다음 해에 고종의 후원으로 원당 성수전을 송광사에 세웠다. 1910년 이후 교육과 저술 활동에 전념하였으며, 1930년 송광사 보제당에서 입적하였다. 부휴계浮休系의 법맥을 이었고 대표 제자는 용은 완섭龍隱完燮이었으며, 만암 종헌曼庵宗憲, 기산 석진綺山錫珍 등이 그에게 배웠다. 시문집과 많은 편·저서를 남겼는데 불교사 집성과 고문헌 정리에 특히 힘을 쏟았다.

옮긴이 김용태

서울대학교 국사학과를 졸업하고 조선 후기 불교사로 박사학위를 받았다. 현재 동국대학교 불교학술원의 HK교수이자 한문불전번역학과 교수이다. 저서로는 『조선후기 불교사 연구』, 『Glocal History of Korean Buddhism』, 『한국불교사』(일본 춘추사) 등이 있다.

옮긴이 김호귀

동국대학교 선학과, 동 대학원 석사 및 박사를 졸업하였다. 현재 동국대학교 불교학술원 HK교수로 재직 중이다. 저서로 『묵조선연구』·『선문답의 세계』, 역서로 『유마경의소維摩經義疏』·『금강삼매경론金剛三昧經論』 등 다수가 있다.

증의

혜덕(동국대학교 불교학과 박사)